Umkämpfte Rohstoffe

Dieter Eich, Ralf Leonhard

# Umkämpfte Rohstoffe

Märkte, Opfer, Profiteure

Ch. Links Verlag, Berlin

Die Deutsche Nationalbibliothek verzeichnet diese Publikation
in der Deutschen Nationalbibliografie; detaillierte bibliografische
Daten sind im Internet über www.dnb.de abrufbar.

1. Auflage, Oktober 2013
© Christoph Links Verlag GmbH
Schönhauser Allee 36, 10435 Berlin, Tel.: (030) 44 02 32-0
www.christoph-links-verlag.de; mail@christoph-links-verlag.de
Umschlaggestaltung: Burkhard Neie, www. blackpen.xix-berlin.de,
unter Verwendung eines Fotos von R-Studios/Shutterstock
Satz: typegerecht, Berlin
Druck und Bindung: Druckerei F. Pustet, Regensburg

ISBN 978-3-86153-710-6

# Inhalt

## Anhang

# Der Kampf um die Rohstoffe

*»Intelligenz ist die einzige*
*Ressource, die unbegrenzt ist.«*

AUTOR UNBEKANNT

Mineralische Rohstoffe sind endlich. Dieser einfachen Erkenntnis trägt der derzeitige Ressourcenverbrauch nicht Rechnung – weder bei den traditionellen Industriemetallen noch bei Mineralien mit kaum bekannten Namen, die aufgrund der explosionsartigen Entwicklung der Informationstechnologie verstärkt abgebaut werden. Zunächst interessierten sich nur Experten dafür, wie sich der zunehmende technische Wandel und die daraus erforderlichen Rohstoffbedarfe der Industrie mit dem Rohstoffhunger der großen Schwellenländer, insbesondere China, in Einklang bringen lassen. Mehrere Studien kamen zu dem Schluss, dass Angebot und Nachfrage wichtiger Rohstoffe zunehmend auseinanderklafften und Turbulenzen auf den jeweiligen Märkten erzeugten.

Einer der wesentlichen Verursacher war nicht der Massenverbraucher Stahlindustrie, sondern die rasant wachsende Informationstechnologie. Sie entwickelt permanent neue Konsumgüter für den persönlichen Bedarf, senkt durch ständig neue Produkte, oft mit Kultwert, deren Gebrauchsdauer auf Basis neuester Technologien. Das bedeutet für die Rohstoffanforderungen den Einsatz von Materialien mit hochspezifischen Eigenschaften und Lieferengpässen. Diese sich abzeichnenden Marktentwicklungen wurden in Deutschland, einem der größten Exportländer, nicht mit der notwendigen Aufmerksamkeit verfolgt. Man hatte den Entwicklungsschub falsch eingeschätzt, und es fehlte an der entsprechenden Versorgungssicherheit. Geforderte Mengen waren nicht mehr vorhanden oder bereits vom Markt weggekauft. Ein Ersatz war nur in Ausnahmefällen möglich. Die Preise schossen bis 2006 in die Höhe und machten erst dann eine Verschnaufpause, als die Finanzkrise einsetzte und die Problematik entschärfte. China war zum wesentlichen Treiber in der

Weltwirtschaft avanciert.[1] Wuchs die Weltwirtschaft in den letzten 20 Jahren durchschnittlich um 3,8 % jährlich, so pushte China seit 2004 das Wachstum vorübergehend auf 5 %.[2]

China entwickelte sich mit einem Einfuhrvolumen von 240 Mrd. US-Dollar auch zur zweitgrößten Importnation von Rohstoffen – nach der Europäischen Union – und beeinflusst deshalb in wachsendem Maße die Märkte.

Lieferengpässe, fehlende Bergbaukapazitäten, klaffende Unterschiede zwischen Massen- und Spezialrohstoffen, Konzentrationsprozesse durch Konzernübernahmen im Bergbau und im Handel verschärften die Marktmacht der großen Händler im Rohstoffgeschäft, begleitet von wachsenden Spekulationsgeschäften und verheerenden Auswirkungen auf die Agrarrohstoffe und Lebensmittelpreise. In den armen Ländern wurden die Grundnahrungsmittel zu teuer, Hunger erfasste Millionen.

Eine Studie der KfW Bankengruppe, der sicherlich keine reißerischen Ambitionen nachgesagt werden können, kommt zu dem Schluss, dass Rohstoffmangel die Zukunftsfähigkeit der deutschen Wirtschaft gefährde, und weist nach, dass die Versorgungslage für 13 mineralische Rohstoffe, ausgewählt aus insgesamt 52, als kritisch einzustufen ist.[3] Die deutsche Industrie bestätigte diese Einschätzung.[4]

Vor diesem Hintergrund, der durch ein zunehmendes Wohlstandsgefälle, eine wachsende Weltbevölkerung und sehr selbstbewusste Schwellenländer noch an Dramatik gewinnt, werden von Experten Szenarien entwickelt, nach denen relativ schnell mit großflächigen, eskalierenden Konflikten zu rechnen ist. Das Gespenst von leergeräumten Lagerstätten, Produktionsrückgängen und einer durch Rohstoffmangel gekappten Zukunft macht die Runde.

Obwohl die Handys täglich gebraucht werden, ist uns das Innenleben eines Autos sicher vertrauter.

Bei einem VW Golf machen 65 % seines Gewichtes Stahl und Eisenwerkstoffe aus, 17 % verschiedene Kunststoffe, 6 % Leichtmetalle wie Aluminium und Magnesium, 3 % Buntmetalle wie Kupfer und Messing. Hinzu kommen noch Keramik, Glas und Gummi. In der Studie »Vom Erz zum Auto« werden dieser direkte Zusammen-

# 60 Rohstoffe in einem Handy

Es war eine Röntgenaufnahme vom verwirrenden Innenleben eines Handys, die Faszination ausübte – kleinste Schaltkreise und Magnete, winzige Prozessoren als Produzenten einer oft verwirrenden Vielfalt von Funktionen.

Über 60 Rohstoffe sind in diesen »Lebenszellen der Kommunikationsgesellschaft« enthalten, viele in Kleinstmengen und auf Folien gedampft, als unabdingbare Elemente, die das Zusammenspiel aller Funktionen ermöglichen. Aber auch geringste Mengen beanspruchen in der produzierten Anzahl an Handys große Volumina. So ist in 41 Handys die gleiche Menge Gold enthalten wie in einer Tonne Golderz aus dem Bergwerk. Auch Metallexoten wie Neodym in den Magneten der Kopfhörer, dem Lautsprecher und dem Mikrofon gehören dazu, Palladium und Kobalt oder auch Terbium und Europium, ohne Letztere würde es kein farbiges Display geben. Sie zählen zu den Seltenen Erden Metallen (SME), die kaum jemand kannte, bevor sie die Medien 2012 entdeckten und ihre Bedeutung für die IT-Industrie publik machten. Der Grund: China, als Monopolist in der Förderung, stellte teilweise die Lieferung ein. Die Hightech-Welt wurde sich schlagartig ihrer Abhängigkeit und ihrer Grenzen bewusst.

Rohstoffe in einem Handy, ca. 62 Gramm schwer

| ROHSTOFF | ANTEIL (IN %) |
|---|---|
| Kunststoffe* | bis zu 60 % |
| Kupfer | 15 |
| Lithium | 3–4 |
| Aluminium | 3 |
| Kobalt | 2 |
| Nickel | 2 |
| Zinn | 1 |
| Sonstige Metalle** | 2 |
| Glas, Keramik*** | 15 |

* Kunststoffe: Herstellung größtenteils aus Erdöl, bis zu etwa 10 % aus Silizium; ** unter 1 %: Platin, Tantal, Gold, Palladium, Silber, Chrom, Titan, Wolfram, Zink, Mangan, Brom, Blei, Wismut, Barium, Beryllium, Zirkonium, Ruthenium, Strontium, Magnesium, Halbmetalle (Antimon, Arsen, Gallium); *** Glas und Keramik: Herstellung hauptsächlich aus Quarz und Tonmineralien

Quelle: Gehring, Carmen: »Die Rohstoff-Expedition – Entdecke, was in (d)einem Handy steckt!«, Bundesministerium für Bildung und Forschung, Projektgruppe Wissenschaftsjahr 2012, Bonn 2012, S. 24.[5]

hang und die daraus resultierende Verantwortung vom Abbau bis zum Automobilproduzenten beispielhaft dargestellt.[6]

Die 15 größten Automobilkonzerne der Welt produzierten im Jahr 2011 über 66 Mio. Fahrzeuge, das macht bei durchschnittlich einer Tonne Materialgewicht 66 Mio. Tonnen Rohstoffe nur für den PKW-Bereich aus.[7] Diese mannigfaltigen Rohstoffe machen die Bundesrepublik Deutschland als Konsument und Exporteur zu einem der weltweit größten Rohstoffverbraucher, der die dafür benötigten Metalle zu nahezu 100 % importieren muss. (Das 2012 entdeckte Vorkommen von rund 115 000 Tonnen Zinn im Vogtland wird noch nicht abgebaut.)

Ein Großteil der benötigten mineralischen Rohstoffe, insbesondere die Steine und Erden (auch als anorganische Nichterze bezeichnet), wird in Deutschland gewonnen. In diesem Bereich ist die Eigenversorgung in der Mehrheit sichergestellt.

Deutschland hat im Jahr 2011 Rohstoffe, Energierohstoffe und Metalle im Wert von 137,6 Mrd. Euro importiert, wobei die Energierohstoffe den größten Teil ausmachen. Diese kommen zu 47 % aus Europa, zu 3 % aus Asien und Nahost, zu 34 % aus Russland und der GUS. Aus Lateinamerika stammen 3 %, aus Nordamerika 6 und aus Afrika (vor allem Nigeria) 7 %. Exportiert wurden nach der Verarbeitung – etwa Roheisen zu Stahl – Mineralien im Wert von 35,8 Mrd. Euro, davon 71,8 % Metalle.[8]

Hinzu kommen Sekundärrohstoffe, die aus Recyclingprozessen wieder zurückgewonnen werden und 2011 einen Materialwert von zehn Mrd. Euro ausmachten. Der größte Teil der verwendeten Rohstoffe wird aus einer Vielzahl von Ländern importiert und die Bedarfe sind gewachsen.

Kernproblem ist, dass Funktionalität und Effizienz der wichtigsten Zukunftstechnologien im globalen Wettbewerb von einer überschaubar kleinen Anzahl von Metallen mit hochspezifischen Eigenschaften abhängen, für die es derzeit kein Substitut mit technisch verwertbaren Fähigkeiten gibt. So wie nichtrostende Stähle nicht ohne Chrom auskommen, können LED-Lampen nicht ohne Gallium hergestellt werden.

Das Problem wird sich noch verschärfen, wenn die Hauptför-

derer der kritischen Materialien die Eigenverwertung weiter ausbauen.

Eine Studie der Fraunhofer-Gesellschaft geht davon aus, dass sich
die Weiterentwicklung der neuen Technologien und der damit verbundene technische Wandel wesentlich auf die Rohstoffnachfrage
auswirken werden.[9] Die wachsende elektronische Kommunikations-
fähigkeit und Informationsverarbeitung, die Elektromobilität und
die »Green Technologies« stellen wachsende Anforderungen bei
hochkomplexen, herausragenden Eigenschaften, die von den kritischen Rohstoffen auch mitbedient werden müssen und die gleichzeitig völlig neue Prozesse der Verarbeitung verlangen. Nur einige
Metall- und Mineralexoten, die in der Erdkruste selten vorkommen,
verfügen darüber. Sie fallen aber oft nur als Koppelprodukte beim
Verarbeiten anderer Metalle an und müssen durch chemische Prozesse herausgelöst werden. (Wir werden darauf noch ausführlich
eingehen.)

Ohne sie wären neue Entwicklungen von Prozessoren, Flachbild-
schirmen, Touch-Screens, Tablets und Handys nicht möglich. Der
technische Wandel und die nachholende ökonomische Entwicklung
einzelner Schwellenländer sind die herausragenden Treiber der Veränderungen auf den Rohstoffmärkten.

Die Massenrohstoffe wie Eisen, mit über einer Milliarde Tonnen
Welthandelsumsatz, zeigen an, in welche Richtung sich die Industrie gerade entwickelt. Ein herausragender Indikator ist Kupfer, das
auch als »Fieberthermometer der Weltwirtschaft« gilt. An seinem
Verbrauch lassen sich ganze Branchenentwicklungen ablesen. Das
trifft ebenso auf Chrom als wichtiges Legierungsmetall zu.

Die Versorgungssicherheit ist auch durch die Abhängigkeit der
Rohstoffförderung in politisch instabilen Ländern gefährdet. Mit
Streiks wegen unzumutbarer Arbeitsbedingungen und Lohndum-
ping, die eine ganze Branche stilllegen, wie zuletzt 2012 in den Pla-
tin- und Goldminen Südafrikas, ist jederzeit zu rechnen.

Rohstoffe zu verwenden heißt, sie zu verbrauchen. Kein Rohstoff ist
unerschöpflich, keiner wächst nach, alle Bodenschätze sind einma-
lig. Das bedeutet, dass die Vorräte kontinuierlich schrumpfen. Zwar
werden neue Lagerstätten gefunden und erschlossen, aber das sind

meist Vorkommen, die schwerer zugänglich oder schwierig zu fördern sind und die Umwelt oft stark belasten. Die Zeit der einfach zugänglichen und damit billigeren Bodenschätze ist vorbei. Bei einigen Rohstoffen hat bereits die sogenannte Kehrausphase begonnen.

Die Rohstoffe lassen sich bekanntlich grob einteilen in Energierohstoffe, metallische Rohstoffe (inklusive Edelmetalle) und Agrarrohstoffe. Sie haben jeweils eigene Entwicklungen am Markt. Für die nähere Betrachtung herausgegriffen werden hier für die Energierohstoffe Kohle, Öl und Gas, für die metallischen Rohstoffe Eisen und Kupfer, für die Edelmetalle Gold und Palladium. Bei den Agrarrohstoffen wird der Widerspruch zwischen den Rohstoffen als Lebensmittel und ihrer Verwendung für Agrosprit aufgegriffen. Wasser und der sich damit entwickelnde Markt bilden den Abschluss.

An diesen ausgewählten Rohstoffen wollen wir zeigen, wie hoch die Bedarfe sind, woher sie kommen und wer sie verwendet. Dann werden wir versuchen, die Mechanismen der Märkte zu entwirren, wo es ein ganzes Netz von ausgeklügelten Finanzinstrumenten gibt, um mit den Rohstoffen zu handeln und zu spekulieren. Abschließend geht es um alternative Strategien und Denkansätze für einen neuen Umgang mit den spürbar knapper werdenden und daher immer stärker umkämpften Rohstoffen.

## Energierohstoffe

Der Weltenergieverbrauch betrug 2012 insgesamt 12,47 Mrd. Tonnen Öleinheiten, davon entfielen 4,13 Mrd. auf Erdöl, 3,73 Mrd. auf Kohle, 2,98 Mrd. auf Gas, 560 Mio. auf Kernenergie, 831 Mio. auf Wasserkraft und 237 Mio. auf erneuerbare Energien.[10] Öleinheit (ÖE) oder Öläquivalent ist die Maßeinheit für die in Form von Heizstoffen vorhandene Energie bzw. den Energieverbrauch beispielsweise bei der Stromerzeugung oder bei Verbrennungsprozessen. Die Welt-Erdölproduktion gliederte sich nach Regionen 2011 wie folgt: Mittlerer Osten: 1336,8 Mio. Tonnen, Nordamerika (Kanada, Mexiko): 721 Mio., GUS: 670 Mio., Asien und Pazifik: 397 Mio.,

Afrika: 449 Mio., Süd- und Zentralamerika: 378 Mio. und Europa: 836,4 Mio. Tonnen.[11]

Die nichterneuerbaren Energieträger wie Erdöl, Erdgas, Kohle und Uran decken aktuell etwa 85 % des Welt-Primärenergiebedarfs ab. Trotz der Umorientierung einiger Industrieländer auf erneuerbare Energieformen werden auch in den kommenden Jahrzehnten die fossilen Rohstoffe die wichtigsten Energieträger bleiben, wie mehrere Studien belegen.[12] Das betrifft auch Europa, das weitgehend von Importen abhängig ist.

## Kohle auf Wachstumskurs

Kohle (Hartkohle und Weichbraunkohle) ist noch immer einer der wichtigsten fossilen Energieträger, obwohl sie bekanntlich der größte Klimakiller ist. Im Jahr 2010 hatte Kohle einen Anteil von rund 30 % am weltweiten Primärenergieverbrauch. An der weltweiten Stromerzeugung beläuft sich ihr Anteil sogar auf 40 %.[13]

Die wichtigsten Kohleproduzenten sind China, USA, Australien, Indien, Südafrika und Russland. China ist dabei mit großem Abstand die Nummer eins und produziert doppelt so viel Kohle wie die USA. Über 85 % der geförderten Kohle verbrauchen die Förderländer selbst. Die größten Exporteure sind Australien, Indonesien, USA, Südafrika, Kolumbien, Kanada.[14] Der weltweite Gesamtexport an Kohle betrug für 2011 insgesamt 1,286 Mrd. Tonnen.[15] Auch hier zeigt sich eine große Abhängigkeit von wenigen Produzentenländern, ähnlich wie beim Erdöl. Während in einigen Ländern die Förderung zurückgeht, da die Vorkommen teilweise erschöpft sind, wie beispielsweise in Südafrika, bauen andere Länder die Produktion aus, wie etwa Russland, China, Australien und die USA. Das vorhandene Potential an Braun- und Steinkohle soll bei aktueller Fördermenge noch mehr als 100 Jahre reichen.[16] (Mehr dazu im nächsten Kapitel.)

In Deutschland wurden 2012 185,4 Mio. Tonnen Braunkohle, 10,8 Mio. Tonnen Steinkohle, 2,6 Mio. Tonnen Öl und 11,7 Mrd. m³ Erdgas gefördert. Damit wird ein wesentlicher Teil der jährlich in Deutschland benötigten energetischen Rohstoffe durch eigene Förderung gewonnen.[17] So kann der Bedarf an Braunkohle vollständig durch Eigenversorgung gedeckt werden. Die Orientierung an der Braunkohle zur Verstromung macht das Land auch zu deren größtem Verbraucher weltweit. Den weiteren Energiebedarf aus heimischer Produktion kann Deutschland bei Erdöl nur zu 2,5 % und bei Erdgas zu 14 % decken. Die wichtigsten Energielieferanten sind die Russische Föderation und Norwegen.[18]

Kohle ist in Jahrmillionen aus abgestorbenem, fossilem Material entstanden. Unter hohem Druck und Wärme setzte ein Inkohlungsprozess ein, der die in dem Material enthaltenen Kohlenstoffanteile und den Brennwert erhöhte. Die ältere Steinkohle wird meist als Kessel- oder Kokskohle verfeuert, während die jüngere Weichbraunkohle, die nasser und energieärmer ist, zum weitaus größten Teil der Erzeugung von Strom dient. Die beim Verbrennen auftretenden hohen $CO_2$-Emissionen tragen wesentlich zur Klimabelastung bei, weshalb die Internationale Energie Agentur (IEA) den neuen Boom der Kohle für höchst problematisch hält. Sie geht nach jüngsten Berechnungen davon aus, dass durch das starke Wachstum vor allem in China und Indien ab 2017 weltweit über 4,32 Mrd. Tonnen Öleinheiten jährlich verbraucht werden und das Öl auf Platz 2 der Energiebedarfsdeckung landet.[19] Damit sind die international vereinbarten Klimaschutzziele nicht mehr zu erreichen.

Die Gründe für den wachsenden Kohleverbrauch sind offensichtlich: Dieser Rohstoff ist noch vergleichsweise billig und einfach abzubauen, weltweit vorhandene Reserven sind reichlich. Da China und die USA den größten Teil ihrer Produktion im eigenen Land verbrauchen, strebt Australien an, als größter Kohleexporteur der Welt die Führungsrolle auf dem internationalen Markt zu übernehmen. Die Regierung fördert entsprechende Infrastrukturmaßnahmen und treibt die Ausweitung der Übertageproduktion voran. Bis 2017 soll das Fördervolumen bis auf 356 Mio. Tonnen ansteigen, 2011 waren es 284,5 Mio.[20]

Dass dadurch ganze Regionen gefährdet werden, wie die traditionelle Weinregion Hunter Valley, 200 Kilometer von Sydney entfernt, die in den riesigen Schaufelbaggern langsam verschwindet, erregt immer mehr die Öffentlichkeit. Es kommt verstärkt zu Sitzblockaden und Klagen gegen die Bergbaugesellschaft Xstrata, die hier verstärkt Erze fördert. Ergänzt wird die Bergbaueuphorie durch die Vergabe von Bohr- und Förderlizenzen zum Fracking. (Beim Fracking wird unter Hochdruck eine Mischung aus Wasser, Sand und Chemikalien ins unterirdische Gestein gepresst, wodurch dort Risse entstehen und das eingeschlossene Öl und Gas abgesaugt werden können.) Die Energiekonzerne können sich in Australien selbst regulieren und brauchen in den ersten fünf Jahren des Fracking-Abbaus keine staatlichen Förderabgaben zu zahlen, was die Attraktivität dieses Verfahrens für sie noch verstärkt.[21]

Nach dem Rekordfördervolumen von 471 Mio. Tonnen Kohle im Fiskaljahr 2009/2010 war es zu hochwasserbedingten Ausfällen gekommen. Eine Bremse für die Förderpläne ist eine neue Steuer, die die Kosten pro geförderter Tonne Kohle in Australien gegenüber den anderen Kohleexporteuren deutlich erhöht. Seit Mitte 2012 werden Gewinne von Bergbauunternehmen, die Kohle und Eisenerz fördern, über der Grenze von 75 Mio. Australischen Dollar (60,2 Mio. Euro) mit einer Steuer von 22,5 % belastet.

Während die Statistiken über die Kohleproduktion relativ präzise sind, ist bei allen Angaben zu Kohlevorkommen Vorsicht geboten, da die Angaben der einzelnen Länder nach höchst unterschiedlichen Kriterien erfolgen. Die für die EU erarbeitete Studie »Coal: Resources and Future Production« der Energy Watch Group stellte fest, dass die zur Verfügung stehenden Daten über die Ressourcen der Länder und Regionen von zweifelhafter Aussagekraft sind. Als extremes Beispiel wird Deutschland genannt. Die Bundesanstalt für Geowissenschaften korrigierte die angegebenen Steinkohlereserven im Jahr 2004 kurzerhand um 99 % und wies anstatt 23 Billionen Tonnen nur noch 0,18 Billionen Tonnen aus – ohne weitergehende Begründung.[22] Der World Energy Council erklärt dies damit, dass Deutschland offenbar über Jahre große Mengen an spekulativen Kohleressourcedaten angeführt habe. Eine Ausnahme?

Wie sich herausstellte, sind die Daten wichtiger Exportländer über Jahrzehnte nicht von unabhängiger Seite überprüft worden und deshalb wenig aussagekräftig. Es zeigte sich, dass bei den Erhebungen nicht sauber getrennt wurde zwischen Reserven und Ressourcen. Während unter Reserven die real bekannten und tatsächlich verfügbaren Lagerstätten aufgeführt werden, können als Ressourcen auch vermutete Lagerstätten mit angegeben werden.[23]

Reserven an Hartkohlevorkommen

| LAND | RESERVEN IN MRD. T (GIGATONNEN) |
|------|--------------------------------|
| USA | 232 |
| VR China | 181 |
| Indien | 76 |
| Australien | 57,5 |
| Deutschland | 0,1 |

Quelle: Deutsche Rohstoffagentur, Commodity Top News, Nr. 32, 11/2009

Dieses Pokern mit Daten bleibt natürlich nicht ohne Einfluss auf die Märkte, da die Preise bei den einzelnen Rohstoffen auch davon abhängen, wie viele Reserven jeweils vorhanden sind. Das kohleimportierende Deutschland hat daher natürlich ein Interesse an niedrigen Preisen und somit großen Reserveangaben.

*Erdöl und problematisches Schieferöl*

Erdöl und Erdgas sind in der Entstehung eng miteinander verbunden. In einem Prozess des Absinkens von Biomasse, deren Verdichtung und weiterer Ablagerung entstehen unter hohem Druck und bei wachsenden Temperaturen Erdöl und in der Nachfolge Erdgas. Erdöl kann sich auch in Erdgas umbilden. Wenn die Kohlenwasserstoffe, die entstanden sind, aus dem Gestein entweichen können, bilden sie konventionelle Lagerstätten. Die im Tongestein weiter verbleibenden Kohlenwasserstoffe werden als Schiefergas oder Schieferöl bezeichnet und können nur durch Spezialverfahren (Fracking) extrahiert werden.

Erdöl hat einen Anteil am Primärenergieverbrauch von 34 % und ist derzeit der wichtigste Energieträger weltweit. Der Erdölverbrauch stieg in den letzten Jahrzehnten stetig an und erreichte 2011 mit mehr als vier Mrd. Tonnen einen neuen Höchststand. Die Reserven liegen in einem geologisch engen Raum vom Nahen Osten bis nach Nordwestsibirien. In Amerika dagegen gibt es erhebliche Reserven an nichtkonventionellen Erdölen wie Schweröl, Ölsanden oder Ölschiefer. Große Vorkommen liegen in Venezuela, Kanada und den USA.[24] Trotz der außerordentlich hohen Umweltbelastungen beim

Abbau und bei der Verbrennung werden sie aller Voraussicht nach an Bedeutung gewinnen.

Die Empfehlung der Internationalen Energie Agentur (IEA), »wir sollten das Erdöl verlassen, bevor es uns verlässt«, hat bisher wenig Gehör gefunden. Selbst die Preisexplosion im Sommer 2008, als ein Barrel (Fass mit 159 Litern) statt der gewohnten 60 bis 80 Dollar plötzlich 147,50 US-Dollar kostete, änderte daran nichts. Trotz Wirtschafts- und Finanzkrise und eines deutlichen Preisrückgangs 2009 stieg der Ölpreis wieder an, obwohl er in Krisenzeiten normalerweise längerfristig niedrig bleibt. Die Förderländer und Ölkonzerne haben es verstanden, die Preise relativ hoch zu halten (bei mehr als 100 Dollar je Barrel). Der ADAC erklärte das Jahr 2012 zum »bislang teuersten Tankjahr«.

Der Ölpreis bestimmt sich nicht, wie anzunehmen wäre, vor allem aus den Förder- oder Verarbeitungskosten, sondern basiert im Wesentlichen auf politischen Motiven. Dazu gehören Konjunkturaussichten, Krisen in den Hauptförderregionen – etwa der zeitweilige Ausfall von Irak und Libyen während der Kämpfe im Jahr 2011 –, Währungsschwankungen infolge von Rezessionen und Unsicherheiten an den Märkten – etwa im Zuge der europäischen Staatsschuldenkrise – und damit verbundene verstärkte Spekulationen an den Märkten. Einfluss auf das Preisgeschehen haben auch hier die schwankenden Angaben über die noch vorhandenen Reserven in der Erde. Während viele Experten Vorboten des auslaufenden Ölzeitalters erkennen,[25] meinen andere, dass es noch reichlich erschließbare Bestände gebe. Über die noch zur Verfügung stehenden Ressourcen wird international gestritten. Es ist extrem mühsam, aus der Fülle von Quellen mit unterschiedlichen Bezugsgrößen belastbare Zahlen herauszufiltern.

Klar ist, dass die Welt nach 1945 täglich etwa 6 Mio. Fass Erdöl konsumierte. 1970 waren es bereits über 50 Mio., und gegenwärtig sind es rund 88 Mio. Fass bzw. 12,05 Mio. Tonnen.[26]

Größter Lieferant mit 40 % des Welterdölangebots ist die Organisation Erdölexportierender Staaten (OPEC) mit ihren derzeit zwölf Mitgliedsländern (Algerien, Angola, Ecuador, Irak, Iran, Katar, Kuwait, Libyen, Nigeria, Saudi-Arabien, Venezuela, Vereinigte Arabische Emirate).[27] Hinzu kommen nochmals 15 Mio. Fass aus nichtkonventionellen Quellen, also aus Ölsand und Bitumen und aus der neuen Fracking-Förderung. Die IEA geht bei schwindenden Ölreserven davon aus, dass der weltweite Ölbedarf bis zum Jahr 2030 auf 106 Mio. Barrel (14,5 Mio. Tonnen) pro Tag steigen wird. Während der Verbrauch in den Industriestaaten der Organisation für wirtschaftliche Zusammenarbeit und Entwicklung (OECD) eher stabil bleiben wird, ist mit einem steigenden Bedarf vor allem der Großverbraucher China und Indien zu rechnen. China hatte bereits 2011 mit 2432 Mio. Tonnen im Jahr einen höheren Ölverbrauch als die USA.[28] Die IEA rechnet damit, dass dies entsprechend auf den Ölpreis durchschlagen wird, für den man etwa 200 Dollar pro Fass im Jahr 2030 erwartet.

Woher das benötigte Öl kommen soll, darauf gibt es bislang noch keine gültigen Antworten. Die aktuellen Ölfelder sind nicht mehr in der Lage, diesen Bedarf abzudecken. Für das prognostizierte Wachstum wären laut IEA »vier weitere Saudi-Arabiens«[29] erforderlich. Dabei sei der sogenannte Peak, also der Punkt, an dem die Hälfte der förderbaren Menge überschritten wird, bereits 2006 erreicht worden. (Die deutsche Bundesanstalt für Geowissenschaften und Rohstoffe ist da etwas vorsichtiger und meint, dass der Peak erst in naher Zukunft übertroffen werde. Die Association for the Study of Peak Oil and Gas sieht den Peak im Jahr 2015 oder kurz danach.[30])

Unübersehbar ist ein Rückgang der Erdölproduktion in den traditionellen Ölfeldern. Hier ist an einigen Orten bereits mehr als die Hälfte ausgebeutet worden. Die Förderung in den Nordseeölfeldern beispielsweise fällt seit 2000 stetig und ging seit 2001 um 60 % zurück. Hier wurde der Peak bereits vor zwölf Jahren erreicht. Nachdem aber im Herbst 2012 die britische Regierung neue Förderlizenzen vergeben hatte, kam es zu einem Überraschungsfund der norwegischen Statoil vor den Shetland-Inseln. Sie will über 5,5 Mrd. Euro in das Feld mit einem geschätzten Volumen von drei Mrd. Fass investieren.[31] Ähnliche Vorhaben dürften in Indonesien, den USA und Mexiko geplant sein. Aus den meisten »Giant Fields«, also den größten Förderfeldern mit mehr als einer halben Milliarde Fass im Jahr, kommt das Öl bereits nicht mehr durch Eigendruck nach oben, sondern nur noch durch Druckaufbau von Kompressoren. Damit lassen sich auch die letzten 20 % aus den Gesteinsporen herauspressen. Über 70 % des weltweit geförderten Öls kommen derzeit bereits aus Ölfeldern, die schon seit Anfang 1970 abgepumpt werden. Saudi-Arabiens größtes Ölfeld etwa ist bereits seit 1948 am Zapfhahn.

Der Peak ist zum Politikum geworden, je nach Unternehmens- und Landesinteresse wird er entsprechend berechnet und gegebenenfalls auch verändert. So geht der Erdölkonzern Shell davon aus, dass der Peak erst 2025 erreicht sein wird und das Unternehmen noch eine glänzende Zukunft vor sich hat. Der französische Ölkonzern Total gibt an, dass das Erdöl auf der Welt nur noch etwa 100 Jahre reichen werde, weshalb er gegenwärtig höhere Preise und höhere Gewinne anstrebe, um die teure Erschließung neuer Fördergebiete vornehmen zu können.[32] Brasilien vermutet in der Tiefsee vor seiner langen Küste enorme Ressourcen und will in den nächsten zehn Jahren seine Öl- und Gasproduktion möglichst verdoppeln, wozu binnen drei Jahren mehr als 120 Mrd. US-Dollar in die Erschließung neuer Felder investiert werden sollen.[33] Bisher sind die realen Reserven noch unklar. Die OPEC veröffentlicht über ihre Felder nur eigene Daten und lässt keine unabhängigen Untersuchungen zu.

Dabei wäre eine international einheitliche Berechnung der tatsächlichen Ölreserven und somit des Peak in den einzelnen Feldern dringend erforderlich, denn die davon betroffenen Volkswirtschaften müssen sich auf eine Energiewende einstellen, die erfahrungsgemäß mindestens 20 Jahre in Anspruch nimmt. Doch die Ölkonzerne haben kein Interesse daran, über den rapiden Rückgang der Bestände zu informieren, denn dann würden sich die Verbraucherländer womöglich schneller von ihnen abwenden und die Erschließung alternativer Energiequellen mit Nachdruck vorantreiben.

Hatte die Internationale Energie Agentur 2008 noch dringend vor einer rasanten Ausbeutung der abnehmenden Ölbestände gewarnt, so zeigte sie sich 2012 optimistisch, dass die modernen Erschließungsmethoden für Ölschiefer neue Möglichkeiten eröffnen können, speziell in den USA, wo zahlreiche derartige Vorkommen entdeckt wurden. Ab 2020, so spektakuläre Meldungen, könnten die Vereinigten Staaten zum größten Ölproduzenten der Welt aufsteigen und Saudi-Arabien vom Platz eins ablösen. Zehn Jahre später seien die USA sogar als Ölexporteur denkbar.[34] Diese Positionen wurden jedoch wieder korrigiert.

Das mittels Fracking produzierte Öl stellt allerdings ein enormes Umweltrisiko dar, denn die Folgen des Verfahrens sind noch weitgehend unbekannt. Bei dieser Technologie werden ja mit enormem Druck Wasser, Sand und chemische Verflüssiger in tiefliegende Gesteinsschichten gepresst, um diese aufzubrechen. Das dadurch freigesetzte Öl und Gas wird an die Oberfläche gepumpt. Die teils giftigen Chemikalien verteilen sich bei diesem Vorgang im ganzen Erdreich und kontaminieren vielerorts auch das Grundwasser. An der Oberfläche bleiben Schlammseen zurück, die die Umwelt gefährden und aufwendig geklärt werden müssen. Wie gefährlich diese Technologie ist, weiß man in Ostdeutschland von der chemischen Förderung von Uran. Mit der Sanierung der Böden und Schlammteiche ist die inzwischen bundeseigene Wismut GmbH jahrzehntelang beschäftigt. Die Kosten in Milliardenhöhe übernimmt der Steuerzahler.

Die »Schiefergas-Revolution« hat die Öl- und Gasproduktion in den USA seit 2005 zunächst zaghaft, dann nach der Ölpreisexplosion von 2008 geradezu sprunghaft vorangetrieben. Das »Shale-oil-Comeback« verleitete einige Journalisten dazu, von einem »Saudi-Amerika« zu sprechen. Mit den neuen Fördermengen gingen die Preise zurück, womit sich wiederum die teure Technologie weniger rentiert.[35] Alle Beteiligten sind daher daran interessiert, dass ein Barrel Öl wenigstens 100 US-Dollar kostet, was seit 2011 auch der Fall ist. Auch die großen Ölkonzerne der traditionellen Produktion haben derzeit kein Interesse, das vorhandene Öl billiger zu machen. Mit extremer Lobbyarbeit wird versucht, gegen die alternativen Energieträger vorzugehen und staatliche Förderungen für sie zurückzudrängen.

Der Frackingboom verführt in den USA auch leicht dazu, die ökologischen Auswirkungen einer fossil dominierten Energiepolitik zu unterschätzen, also weiterhin große spritfressende Autos zu fahren und alle Vorstellungen von natürlichen Grenzen des Wachstums als Katastrophenszenarios abzutun.[36] Dabei zeigen jüngste Erfahrungen, wie die Ölpest im Golf von Mexiko nach dem Unfall der Bohrplattform »Deepwater Horizon« im Frühjahr 2010, wie gefährlich diese Explorationsformen sind.[37] Es war die schwerste Umweltkatastrophe dieser Art in der Geschichte der Menschheit. Fast 800 Mio. Liter unkontrolliert ausgetretenes Öl zerstörten ganze Ökosysteme in der Region. Hier summieren sich die Schadenersatzforderungen und sollen inzwischen bei mehr als 50 Mrd. Dollar liegen. Drei Monate hatte BP benötigt, um das Ölleck auf dem Meeresboden abzudichten. Eine staatliche Untersuchungskommission attestierte dem Konzern, dass er »letztlich für den Unfall verantwortlich« sei.[38]

Von der Medienöffentlichkeit weniger behandelt, gibt es vergleichbare Fälle in nahezu allen Schürfregionen. So breitet sich seit vielen Jahren in Westafrika die Umweltverschmutzung durch Öl im Niger-Delta dramatisch aus. Der Worldwide Fund for Nature (WWF) geht nach einer Studie davon aus, dass seit 2006 über 11,5 Mio. Barrel Öl in das Delta geflossen sind, das sind 1,8 Mrd. Liter, also mehr als doppelt so viel wie bei der Katastrophe im Golf von Mexiko. Der Ölkonzern Shell gesteht die Ölverluste ein, sieht die Ursache aber nicht in unsauberen Produktionsmethoden, sondern macht allein Banditen dafür verantwortlich, die Pipelines anzapften, um Öl zu stehlen. Inzwischen haben sich 13 Dorfgemeinden an der Küste des Deltas zusammengeschlossen und verlangen von Shell, die von Rohöl verschmutzten Strände zu säubern und Schadenersatz zu leisten. SkyTruth, eine Organisation, die durch Satellitenbilder die Verschmutzungen dokumentiert, nennt das Niger-Delta die »Hauptstadt der Verschmutzung durch Erdöl«[39]. Royal Dutch Shell erzielte 2012 einen Jahresgewinn von 19,64 Mrd. Euro.[40]

## Erdgas auf der Überholspur

Der Anteil von Erdgas am globalen Primärenergieverbrauch beträgt rund ein Viertel, in Deutschland ist es ein Fünftel. Die Förderung steigt kontinuierlich und erreichte 2012 über 3314,4 Mrd. m³. Das Gas hat sich in Jahrmillionen in Blasen im Untergrund gesammelt und konnte von dort bisher einfach abgepumpt werden. Nur: Diese Lagerstätten sind auch nicht mehr so prall gefüllt wie früher, weshalb vielerorts inzwischen zur Erschließung neuer Felder im Fracking-Verfahren übergegangen wird.

Die wichtigsten Erdgasreserven konzentrieren sich auf die Russische Föderation, den Iran und Katar, wo die Hälfte der Weltreserven vermutet wird. Gas ist insgesamt attraktiver als Öl, da es energetisch wirtschaftlicher und bei der Verbrennung umweltfreundlicher ist. Der weltgrößte Ölmulti Royal Dutch Shell mit Sitz in Den Haag hat angekündigt, sich 2013 von einem Erdöl- in einen Erdgaskonzern umzuwandeln.[41] Das Unternehmen will künftig mehr Gas als Öl verkaufen. Der US-Konzern Exxon Mobil ist durch den 2010 erfolgten Zukauf des texanischen Unternehmens XTO ebenfalls zu den Großen in der Erdgasförderung aufgestiegen. Und auch einer der drei größten Bergbaukonzerne der Welt, das australisch-britische Konsortium BHP Billiton, hat sich gezielt Gasfirmen einverleibt. Weltmarktführer in der Gasförderung bleibt aber das russische Staatsunternehmen Gazprom mit einer jährlichen Fördermenge von 500 Mrd. Kubikmetern. Es soll über 20 % der globalen Gasreserven verfügen. Der Umsatz beläuft sich auf mehr als 100 Mrd. Euro im Jahr.[42] Seine Machtstellung ausnutzend, zwang der Konzern seine Kunden in rigide Langzeitverträge zu hohen Preisen. Die Europäische Union bezieht über 25 % ihres Bedarfes von Gazprom und ist deshalb von dessen Konzernpolitik besonders abhängig, zumal die Öl- und Gaslieferungen auch als Teil der russischen Außenpolitik verstanden werden und entsprechend politisch anfällig sind.

Um die Erpressbarkeit wenigstens ein Stück zu reduzieren, fordert die EU eine Trennung zwischen dem Verkäufer des Gases und dem Besitzer der Transportpipelines, was von Russland jedoch als »Kampfansage an den russischen Staat«[43] wahrgenommen wird. Gazprom verfolgt nämlich die Politik, die gesamte Wertschöpfungskette vom Bohrloch bis zum Endverbraucher zu kontrollieren.

Erdgas lässt sich über Druckpipelines vergleichsweise gut transportieren, egal ob diese über Land oder auf dem Meeresgrund verlegt sind. Mehr als ein Drittel des deutschen Bedarfs wird derzeit durch russisches Gas abgedeckt. Die North-Stream-Pipeline durch die Ostsee bringt seit 2011 das Gas direkt an die deutsche Küste.

Nur bei Transporten über sehr lange Seewege muss das Gas verflüssigt und dann per Tanklastschiffen transportiert werden. Da auf den Abnehmermärkten Europa und Asien das Gas relativ teuer ist, denken US-Unternehmen inzwischen darüber nach, verflüssigtes billiges Gas aus der Fracking-Gewinnung zu exportieren, was allerdings mit hohen Investitionen in Verflüssigungsanlagen zum Herunterkühlen des Gases auf minus 162 Grad und für entsprechende Spezialtanker verbunden ist. Das lohnt sich bei der gegenwärtigen Preisdifferenz noch nicht, ist aber eine Option für die Zukunft.

Zum Zwecke des Exports sollen die Vorkommen an Schiefergas auch unter Patagoniens wilder Einöde ausgebeutet werden. Hier wurden riesige nichtkonventionelle Vorkommen von Öl und Gas entdeckt. Allein in der mittelargentinischen Provinz Neuquén an der Grenze zu Chile liegen nach Informationen der US-Energiebehörde Energy Information Administration (EIA) die drittgrößten Schiefergasvorkommen der Welt.[44]

Die EIA hat im Juni 2013 ihre Hochrechnungen über die Schiefergas- und Schieferölvorkommen korrigiert. Sie geht jetzt von einem Gesamtvolumen von 207 Billionen Kubikmetern Schiefergas aus, das rund um den Globus eingelagert sei. Für Schieferöl hat sie ein Volumen von 345 Mrd. Fass (48,5 Mrd. Tonnen) errechnet. Die größten Vorkommen liegen in China, Argentinien und in Algerien. Beim Schieferöl besitzt Russland die größten Reserven, gefolgt von den USA, wo 2012 bereits 40 % des verbrauchten Gases aus Schiefergas und 30 % des Öls aus Schieferöl stammten. Dass es sich bei den angegebenen Ressourcen um sehr grobe Schätzungen handelt, unterstreicht die Agentur mit dem Hinweis, dass keinesfalls sicher sei, ob die Lagerstätten jemals wirtschaftlich genutzt werden könnten. Problematisch ist die damit verbundene Botschaft: Selbst wenn die konventionellen Lagerstätten ausgebeutet seien, lasse sich der Weltenergiebedarf von Öl über mindestens zehn Jahre und der von Gas 60 Jahre lang decken.[45]

Bedenken gegen das Fracking wie in Europa gibt es in den USA nicht, aber die Proteste nehmen zu. Als sehr problematisch wird dort die wachsende Erdbebenfrequenz in den Abbaugebieten eingestuft. Laut dem wissenschaftlichen Erdbebeninstitut der USGS (US Geological Survey) stieg sie von 21 auf 188 pro Jahr (2011), wobei die Stärke auf der Richterskala von durchschnittlich 3 auf 5,6 zugenommen hat. W. L. Ellsworth vom USGS stellt dies in einen eindeutigen Zusammenhang mit den Fracking-Aktivitäten.[46]

In einigen EU-Ländern sind derartige Bohrungen inzwischen untersagt, wie etwa in Frankreich. Die Niederlande verhängten ein Moratorium, die deutschen Bundesländer Bayern, Nordrhein-Westfalen und Thüringen bewegen sich auf ein Verbot zu. Die Bundesregierung hat sich auf einen Gesetzesentwurf geeinigt, der Fracking in Deutschland zwar prinzipiell genehmigt, aber mit Einschränkungen und Auflagen versieht.[47] Dieser wurde allerdings Anfang Juni 2013 zurückgezogen, da die Koalition Bürgerproteste fürchtete.

Bulgarien hat die Förderung von Schiefergas sogar für verfassungswidrig erklärt. Diskutiert wird über einen wirksamen einheitlichen Rechtsrahmen in der EU, der entsprechende Umweltverträglichkeitsprüfungen und eine Bürgerbeteiligung in den betroffenen Regionen vorsieht. Das wiederum hat die Öl-Gas-Konzerne veranlasst, die Entwicklung ungiftiger Fracking-Verfahren in die Wege zu leiten. Mit diesem Versprechen erhofft man sich die Genehmigung, weiterhin neue Lagerstätten erkunden zu dürfen, »um nicht den Anschluss zu verlieren«, wie es aus der Europazentrale von Exxon Mobil heißt. Auch die BASF-Tochter Wintershall, die Gas fördert, will nach der Erkundung nur dann in die Förderung einsteigen, wenn dies keinen breiten Widerstand hervorrufe.

Der Versuch, umweltschädliche Förderverfahren zu ächten und eine konsequent ökologisch verantwortliche Energiepolitik zu fordern, ist allerdings auf dem jüngsten Weltklimagipfel in Doha Ende 2012 gescheitert. Ein entsprechender Antrag konnte nicht einmal offiziell eingebracht werden – kein Wunder, wenn der Gipfel in einem Staat stattfindet, der seinen Reichtum fast ausschließlich aus fossilen Rohstoffen schöpft.

Zwar spielen Umweltbedenken in den USA nur eine untergeordnete Rolle, doch mehren sich inzwischen Bedenken hinsichtlich der Wirtschaftlichkeit des Frackings. Nafeez Mosaddeq Ahmed, Leiter des Policy Research & Development Institute in Brighton, spricht in einem Aufsatz in der *Le Monde Diplomatique* von einer gefährlichen Blase, die jederzeit platzen könne.[48] Dank neuer Regeln könnten die Energieunternehmen seit 2009 ihre Zahlen ohne unabhängige Begutachtung an die zuständigen Instanzen melden. Daher seien seither die Angaben über Lagerstätten sprunghaft angestiegen, wohl auch, um die Anleger ruhigzustellen. Die enormen Kosten der Förderung würden oft kleingeredet. »Wenn die Blase platzt«, so Mosaddeq, »wird sie eine Versorgungskrise und eine Preisexplosion auslösen, die für die Weltwirtschaft schwere Folgen haben könnte«.[49]

## Neue Erschließungsgebiete:
### die Arktis und der Südzipfel Lateinamerikas

»Japan direkt« hieß das Ziel der russischen Gaslieferung durch das nördliche Polarmeer. Am 7. November 2012 startete der Flüssiggastanker »Ob« – zuvor öffentlichkeitswirksam in »Clean Power« umbenannt – seine Reise durch das Eismeer. Noch nie hatte es ein Tanker zu dieser Jahreszeit gewagt, mit 64 000 Tonnen Flüssiggas durch die Arktis zu fahren. Das Schiff war entsprechend aufgerüstet worden, um 80 Zentimeter dickes Eis durchfahren zu können. Der russische Gas-Multi Gazprom ließ das Schiff zur Sicherheit noch von zwei nuklear betriebenen Eisbrechern begleiten. Am 18. November erreichte der Konvoi den Pazifik in nur elf Tagen und verkürzte damit die übliche Route durch das Mittelmeer und den Suezkanal um über zwei Wochen. Die Klimaerwärmung kam den Russen dabei wie gerufen. Im Jahr 2012 haben auf diese Weise insgesamt 46 Schiffe, davon 26 Tanker mit Diesel und Kerosin, die früher unpassierbare Route bewältigt.[50]

Es geht aber nicht nur um Transportwege durch die Arktis, sondern vor allem um die Erschließung von Rohstoffen auf dem nördlichen Meeresboden.

Problematisch in der Förderung bei den extremen Wetterverhältnissen und Temperaturen ist die Verwendung von Förderplattformen, die ständig durch Eis bedroht sind. Um die extrem hohen Kosten für diese zu sparen, suchen die Konzerne fieberhaft nach neuen Technologien. Shell führt hier unter dem Stichwort »Alaska« Beispiele auf seiner Website www.shell.us an. Hier bezahlte der Konzern bereits mehr als fünf Mrd. US-Dollar Lehrgeld durch eine Serie von Pannen, die eigentlich nicht auftreten dürften. Statoil und Total haben bereits das Handtuch geworfen. Schon über Wasser ist ein kontinuierliches Eismanagement zum Schutz der Plattformen notwendig. Um aber ein Beladen bei Seegang zu ermöglichen, verlegt man immer mehr Pumplogistik unter Wasser und auf den Boden. Mit dieser Technologie zur Automatisierung ist Statoil sehr aktiv. Beim Gastransport werden bereits Pipelines über große Entfernungen bis zum Verarbeitungsplatz benutzt, unter Zusatz von Verflüssigungsmitteln, damit das Gas nicht einfriert.

Die Europäische Kommission hat die Bedingungen für Ölplatt-formen Anfang 2013 verschärft, um sicherzustellen, dass die »höchs-ten Sicherheitsstandards gelten«.[51] Die Energiekonzerne sollen zukünftig für alle von ihnen verursachten Umweltschäden bei Tief-seebohrungen haftbar gemacht werden. Shell kündigte danach an, dass der Konzern seine Tiefseebohrungen in der Arktis 2013 aus-setzen werde.[52]

Gegen das massive Vordringen der russischen Konzerne in die Arktis hat sich der Chef des französischen Energiekonzerns Total, Christophe de Margerie, ausgesprochen. Das Risiko von Ölförde-rungen in der ökologisch hochsensiblen Umwelt der Arktis ist seiner Ansicht nach zu risikoreich. »Ein Ölaustritt in Grönland wäre ein Desaster!«[53] Wegen der sehr niedrigen Temperaturen dort würde die Natur irreparabel geschädigt werden. Bei Gas allerdings sind seine Bedenken geringer, zumal Total im Erdgasgeschäft in Russland bereits onshore, also an Land, engagiert ist. Für ihn sind Gaslecks einfacher zu flicken. Greenpeace hat hierzu eine andere Meinung. Die Umweltorganisation begrüßt zwar die Äußerungen von de Mar-gerie zum Unterbinden von Ölbohrungen, aber mit der Kampagne »Schützt die Arktis« fordert Greenpeace eine umfassende Schutz-zone, die auch Gas einschließt.[54]

Russland sieht das anders und hat mit Exxon Mobil, der italie-nischen Firma ENI und dem norwegischen Statoil-Konzern weit-reichende Verträge für Ölbohrungen in russischen arktischen Ge-wässern und der Barentssee geschlossen. Andere Gesellschaften haben sich Bohrrechte für Grönland gesichert. Die Ölgesellschaften behaupten, dass sie auf die extremen Bedingungen und möglichen Probleme technologisch vorbereitet seien. Aber Erfahrungen gibt es nicht. Aufgrund internationaler Proteste hat der russische Ener-giekonzern Gazprom zunächst einmal aus Sicherheitsgründen den Start seiner Erdölförderung in der Arktis verschoben.[55] Bis 2015 wollen Russlands Energiegiganten Rosneft und Gazprom allerdings 500 Mrd. Rubel (ca. 12,1 Mrd. Euro) in die Erschließung und Aus-beutung der Arktis investieren.[56]

Um dies abzusichern, hat Russland seine territorialen Ansprüche in der Region mit entsprechendem militärischen Nachdruck verse-hen und auf dem Meeresboden Flaggen eingepflanzt. Parallel dazu wird eine Spezialeinsatztruppe für die Arktis aufgebaut. Norwegen, die USA und Kanada haben unter NATO-Beteiligung als Antwort darauf Militärmanöver abgehalten.

Die Gefahren, die sich durch die Ausbeutung der Polargebiete ergeben, kann bisher niemand richtig einschätzen. Trotzdem wird schon kräftig gebohrt. Shell hat dafür ein sogenanntes Arctic Containment System entwickelt, das bei unkontrolliertem Öl- und Gasaustritt zum Einsatz kommen soll. Danach sind während der arktischen Bohrsaison an den Förderstellen jeweils mehrere Schiffe vor Ort, um bei Gefahr sofort reagieren zu können. Ein Systemtest verlief jedoch keineswegs zufriedenstellend, sodass die US-amerikanische Küstenwache darauf bestand, dass die Bohrungen in der Tschuktschensee, nördlich von Alaska, vorerst ausgesetzt werden, bis Shell ein verbessertes System vorstellt. Der Konzern hat nach eigenen Angaben bisher 4,5 Mrd. US-Dollar in das Ölfeld investiert.[57]

Den Behörden in Alaska sitzt noch der Schrecken vom verheerenden Tankerunglück der »Exxon Valdez« vom März 1989 in den Gliedern. Die Menschen am Prince-William-Sund kämpfen noch heute mit den Folgen des Auslaufens von etwa 40 000 Tonnen Rohöl. Tierwelt und Umwelt sind irreparabel geschädigt. 2000 Kilometer Küste wurden verseucht. Es dauerte 20 Jahre, bevor Exxon ein Urteil in letzter Instanz akzeptierte, nachdem alle rechtlichen Möglichkeiten ausgeschöpft waren. Aber der Rechtsstreit insgesamt ist immer noch nicht vollständig beendet. 32 000 Geschädigte hatten gegen Exxon geklagt. Von der ursprünglich angesetzten Schadenssumme von fünf Mrd. US-Dollar blieben am Ende 500 Mio. übrig.

Exxon hat daraus gelernt und seine gesamte Tankerflotte an eine Tochterfirma, die Sea River Maritime, ausgelagert. Sie trägt nun bei Tankerunglücken die Verantwortung. Exxon behauptet, für mögliche Unfälle in der Arktis technisch wohlgerüstet zu sein. Doch keine Ölgesellschaft der Welt kann verhindern, dass sich der Kapitän eines Tankers (oder ein Bohrplattformchef) mal betrinkt und statt auf der Brücke zu stehen im Bett liegt. Im Prozess konnte dem Kapitän aber kein kriminelles Verhalten nachgewiesen werden. Er wurde lediglich zu 50 000 US-Dollar Strafe verurteilt.[58] Die »Exxon Valdez« wurde repariert und verkauft. Sie fuhr bis 2012 unter der Flagge Panamas als chinesischer Erzfrachter und wurde dann verschrottet.

# Metallische Rohstoffe

*Eisen*

Eisen ist der wichtigste metallische Rohstoff für die industrielle Verarbeitung, denn aus ihm entsteht nach der Verhüttung Stahl. Eisen kommt in der Erdkruste sehr häufig vor, allerdings nie als reines Metall, sondern immer in Verbindung mit anderen Metallen. Am häufigsten gewinnt man es aus Raseneisenstein und Hämatit. Gesteine, die 20 % oder mehr Eisen enthalten, werden als Eisenerze bezeichnet. Lag der Eisenerzabbau im Jahr 2000 noch bei jährlich 1,1 Mrd. Tonnen, so kletterte er bis 2011 auf fast zwei Mrd. Tonnen. Von 2000 bis 2011 stiegen die Importpreise für Roheisen um fast 200 %. Seither sind sie deutlich gefallen. Allein von März 2012 bis März 2013 sanken die Preise von Roheisen, Stahl und Ferrolegierungen laut Statistischem Bundesamt (destatis) um 6,5 %.[59] Die Rohstoffkonzerne haben eigenmächtig – aber dazu später mehr – ihre frühere Preisbindung von zwölf Monaten aufgegeben und zeichnen nur noch Quartalskontrakte. Problematisch für Deutschland ist, dass die hiesigen Stahlkocher keine Beteiligungen an Bergwerksgesellschaften zur Absicherung der wichtigsten Rohstoffe haben. Manche Beteiligungen wurden auch aufgegeben. In diesem Bereich liegt Deutschland mit seinen Investitionen weit hinter der internationalen Konkurrenz zurück.

An der Spitze der Eisenerz-Förderländer steht Australien vor Brasilien und China.

Beim Eisen zeigt sich, China einmal ausgenommen, der Unterschied in der industriellen Entwicklung zwischen Förder- und Verbraucherländern, was zu einem erheblichen logistischen Aufwand führt. Mehr als zwei Drittel aller Schiffsladungen auf den Ozeanen dienen dem Transport von Rohstoffen, die über ein Viertel des gesamten Welthandelsvolumens verkörpern. Die bekannten Eisenerzreserven werden bei bisherigem Förderniveau noch etwa 60 Jahre reichen.

Der Eisenerzabbau ist in Europa seit der Eisenzeit belegt. Sie dauerte von etwa 800 v. Chr. bis zum Ende des ersten vorchristlichen Jahrhunderts. Im Nahen Osten ist die Eisenverhüttung schon etwa 400 Jahre früher nachgewiesen. Eisenerz wird im Tagebau gewon-

## Die wichtigsten Eisenerz-Produktionsländer 2011

| LAND | EISENERZPRODUKTION (MIO. T) | EISENERZRESERVEN (MIO. T) |
|---|---|---|
| Australien | 480 | 35 000 |
| Brasilien | 390 | 29 000 |
| China | 376 | 23 000 |
| Indien | 240 | 7 000 |
| Russland | 100 | 25 000 |
| Ukraine | 80 | 6 000 |
| Südafrika | 55 | 1 000 |
| USA | 54 | 6 900 |
| Kanada | 37 | 6 300 |
| Iran | 30 | 2 500 |
| Schweden | 25 | 3 500 |
| Rest der Welt | 109 | 12 000 |

Quelle: United States Geological Survey (USGS) 2012.[60] Die Angaben beziehen sich nicht auf Roherz, sondern verwendbares Erz. Ausnahme ist die eigene Angabe Chinas. Das Global Policy Forum Europe schätzt den entsprechenden Wert für China auf 376 Mio. Tonnen.

## Die wichtigsten Stahlproduktionsländer 2011

| LAND | ROHSTAHLPRODUKTION (MIO. T) |
|---|---|
| China | 683 |
| Japan | 108 |
| USA | 86 |
| Indien | 72 |
| Russland | 69 |
| Südkorea | 68 |
| Deutschland | 44 |
| Ukraine | 35 |
| Brasilien | 35 |
| Italien | 29 |
| Türkei | 34 |
| Rest der Welt | 227 |
| Welt gesamt | 1 490 |

Quelle: World Steel Organisation 2011[61]

nen. Der Abbau ist hochmechanisiert. Oft müssen für die Ausbeutung einer Grube ganze Dörfer umgesiedelt werden. Selbst Kiruna, die nördlichste Stadt Schwedens, die ihre Gründung vor hundert Jahren dem Eisen verdankt, wird schrittweise um fünf Kilometer verschoben.

*Kupfer*

Der Kabelklau geht um. Kostete 1990 eine Tonne Kupfer noch 1800 US-Dollar, so erreichte der Preis Anfang 2011 ein Hoch von fast 10 000 US-Dollar. Seither ist er wieder gefallen. (Mitte 2013 lag der Preis bei knapp 7000 US-Dollar.[62]) Vom Erdungskabel der Bahn bis zur Grablampe auf dem Friedhof – nichts ist mehr sicher vor dem Einschmelzen bei Schrottpreisen von über 5000 Euro pro Tonne.

Kupfer ist eines der ersten Metalle, die durch den Menschen bearbeitet wurden und in Legierungen Verwendung fanden. Es dient beispielsweise zur Herstellung von Bronze, einer Kupfer-Zinn-Legierung. Ein ganzes Zeitalter – die Bronzezeit – wurde danach benannt. Da Kupfer ein ausgezeichneter Wärme- und Stromleiter ist, erfüllt es wesentliche Voraussetzungen der Elektromobilität, ist gut verformbar und hat einen herausragenden Stellenwert in der industriellen Produktion. Bemerkenswert ist auch die wachsende Sekundärverarbeitung von Kupferschrott; in der Bundesrepublik liegt der Recyclinganteil inzwischen bei 43 %.[63]

Die Kupferbergwerke in Deutschland waren schon um 1600 nahezu erschöpft, und ihr Betrieb wurde weitgehend eingestellt. Die deutsche Industrie importierte zur Herstellung ihrer Produkte im Jahre 2010 2,617 Mio. Tonnen Kupfer (Erz, Metall, Schrott).[64]

Chile und Peru sind die wichtigsten Produzenten und konzentrieren mehr als 40 % der weltweiten Förderung. China ist der größte Kupferverbraucher der Welt mit einer Wachstumsrate von 23 % allein im Jahr 2012.

Gerade bei Kupfer hat sich gezeigt, wie die einseitige Abhängigkeit von einem Rohstoff die wirtschaftlichen oder auch politischen Geschicke eines Landes beeinflussen kann. So konspirierte 1973 der US-amerikanische Kupferkonzern Kennecott Copper mit der CIA

Wichtige Produktionsländer von Kupfer (2012)

| LAND | KUPFERERZPRODUKTION (TAUSEND TONNEN) | RESERVEN (TAUSEND TONNEN) |
|------|------|------|
| Chile | 5370 | 190000 |
| China | 1500 | 30000 |
| Peru | 1240 | 76000 |
| USA | 1150 | 39000 |
| Australien | 970 | 86000 |
| Russland | 720 | 30000 |
| Sambia | 675 | 20000 |
| DR Kongo (Kinshasa) | 580 | 20000 |
| Kanada | 530 | 10000 |
| Mexiko | 500 | 38000 |
| Indonesien | 430 | 28000 |
| Polen | 430 | 26000 |
| Kasachstan | 420 | 7000 |
| Andere Länder | 2100 | 80000 |
| Welt gesamt (gerundet) | 17000 | 680000 |

Quelle: USGS, 2013 S. 49 http://minerals.usgs.gov/minerals/pubs/mcs/2013/mcs2013.pdf

gegen die sozialistische Regierung von Salvador Allende in Chile. Allende hatte die Kupferminen 1971 verstaatlicht, da der chilenische Staat, dessen Exporte zu 70 % vom Kupfer abhingen, viel zu geringe Abgaben vom New Yorker Bergbaukonzern bekommen hatte.

Der südafrikanische Staat Sambia, dessen Exporte zu 95 % vom Kupfer abhängig waren, wurde durch den Verfall der Kupferpreise und den gleichzeitigen Anstieg des Ölpreises Anfang der 1970er Jahre in eine Krise gestürzt, die das Land in seiner wirtschaftlichen Entwicklung um Jahrzehnte zurückwarf.

## Edelmetalle

Als Edelmetalle werden Gold, Silber sowie die Platingruppenmetalle mit Platin, Palladium, Rhodium, Iridium, Ruthenium und Osmium bezeichnet. Sie alle haben besondere chemische und physikalische Eigenschaften und nehmen eine Sonderrolle bei den Metallen ein. Sie sind sehr korrosionsbeständig, und die Platinmetalle haben einen hohen Schmelzpunkt. Da sie katalytisch wirken, also chemische

Prozesse beschleunigen oder lenken, ohne selbst verbraucht zu werden, finden sie ihren Einsatz in Katalysatoren, in der Elektronik und der Elektrotechnik.

Sie besitzen aber auch eine besondere kulturelle und symbolische Bedeutung durch die Verwendung als Währungsmetall und in der Schmuckverarbeitung, für die über die Hälfte der Produktion insbesondere in den asiatischen Ländern verbraucht wird. Indien ist wegen seiner Schmuckproduktion der größte Verbraucher. Da Frauen in diesen Ländern meist der Zugang zu Bankkonten verwehrt ist, dient Goldschmuck für sie als wichtigste Wertanlage. Gold wird auch in Deutschland als Krisenmetall gesehen. Diese Rohstoffgruppe ist deshalb bei Anlegern sehr begehrt, wohl auch, weil infolge der Krisenentwicklung der Goldpreis zwölf Jahre lang anstieg. Diese Entwicklung wurde sicherlich unterstützt durch den wachsenden privaten Goldbesitz, der allein in Deutschland bei 393 Mrd. Euro liegt, was etwa 8000 Tonnen entspricht, aber nur 5 % des weltweiten Privatbesitzes an Gold ausmacht.[65]

Die jährliche Bergwerksproduktion beträgt für Gold 2700 Tonnen und die Primärproduktion an Platinmetallen rund 19,2, die an Palladium 20,7 Tonnen. Im Jahr 2012 kam es zu großen Streiks und Konflikten im Gold- und Platinbergbau in Südafrika. Der Marktführer Anglo American hat wegen der Arbeitskämpfe, laut eigenen Angaben, 170 000 Feinunzen (rund 52 Tonnen) verloren. Verluste verzeichnen auch die anderen Produzenten.[66] Der Bedarf an Platin ist gesunken, soll aber durch die erwartete Steigerung der Automobilproduktion in China und den damit verbundenen Bedarf an Katalysatoren wieder gesteigert werden. Die weltweite Förderung von Platin im Jahre 2011 betrug 192 000 Kilogramm. Südafrika, Russland und Kanada verfügen mit 91 % über einen hochkonzentrierten Anteil an der Weltförderung.

Die weltweite Förderung von Palladium beträgt 207 000 Kilogramm. Auch hier sind die größten Produzenten Russland, Südafrika und Kanada, mit einem Anteil an der weltweit produzierten Menge von 87 %. Palladium ist wesentlich preisgünstiger als Platin, weist aber ähnliche Eigenschaften auf und wird deshalb auch als Substitut eingesetzt.

Goldproduktion in Tonnen

| LAND | FÖRDERUNG (IN T) | RESERVEN (IN T) |
|---|---|---|
| China | 355 | 1900 |
| Australien | 270 | 7400 |
| USA | 237 | 3000 |
| Russland | 200 | 5000 |
| Südafrika | 190 | 6000 |
| Peru | 150 | 2000 |
| Kanada | 110 | 920 |
| Ghana | 100 | 1400 |
| Indonesien | 100 | 3000 |
| Andere Länder | 988 | 20100 |
| Welt (gerundet) | 2700 | 51000 |

Quelle: USGS 2012, S. 120

Die Platingruppenmetalle fallen auch als Nebenprodukt der Nickelverarbeitung an.

Produktion Platingruppenmetalle (PGM) 2011

| LAND | FÖRDERUNG (PLATIN; IN KG) | FÖRDERUNG (PALLADIUM; IN KG) | RESERVEN (PGM) |
|---|---|---|---|
| Südafrika | 139000 | 78000 | 63000000 |
| Russland | 26000 | 85000 | 1100000 |
| Kanada | 10000 | 18000 | 310000 |
| Simbabwe | 9400 | 7400 | k. A. |
| USA | 3700 | 12500 | 900000 |
| Kolumbien | 1000 | k. A. | k. A. |
| Andere Länder | 2500 | 6100 | 800000 |
| Welt (gerundet) | 192000 | 207000 | 66000000 |

Quelle: USGS 2012 S. 67; Platingruppenmetalle (Auswahl)

Anfang April 2013 gab es vorsichtige Hinweise, dass die Boomphase zu Ende gehen könnte und Preiskorrekturen anstünden. So senkten große Investmentbanken wie die UBS und Goldman Sachs ihre Prognosen und brachten schon mal ihre Schäfchen ins Trockene.[67]

Mitte April kam es dann quasi über Nacht zu einem Sturzflug der Notierungen für Gold. Insbesondere die Großanleger und professionellen Investoren flüchteten aus dem Edelmetall und nahmen die

Kursgewinne mit. Trotz des größten Kursrutsches an einem Tag seit 30 Jahren gab es aber nach dem 15. April keine Panik, denn Gold wurde physisch gar nicht verkauft, sondern nur die Goldpapiere aus dem Futures-Markt der Rohstoffbörsen. Auf dem Papier wechselten innerhalb von Stunden über 1140 Tonnen Gold den Besitzer. Es kam zu einer verrückten Konstellation: Der Goldpreis sank, während die Nachfrage nach dem physischen Metall gleichzeitig zunahm. Die Stütze bildeten zur gleichen Zeit die Kleinanleger, die eigentlich tief enttäuscht sein mussten, aber nun bei niedrigem Kurs erneut Gold kauften.[68] Börsenhändler und Analysten, die sonst das Gras wachsen hören, hatten keine Erklärung dafür und holten argumentativ weit aus. Chinas gesunkene Konjunkturdaten mussten herhalten, das geringere ökonomische Wachstum und schwindende Inflationsängste hätten bei der Nachfrage zu einer »Phantasielosigkeit auf den Rohstoffmärkten« geführt. Gold bringt tatsächlich keine Zinsen, aber viele Anleger gehen davon aus, dass in Gold angelegtes Geld im sicheren Hafen liegt und bei anhaltender Finanzkrise geschützt ist. Nach dem Kurshöchststand von 1920 Dollar für die Feinunze (31,1 Gramm) im September 2011 schlug Gold bei knapp über 1400 Dollar pro Feinunze auf. Da der Goldpreis aber, so die Analysten, auch durch Angst getrieben wird, bleibt er weiter hoch volatil und spekulativ.

Ein anderes Problem tritt dann auf, wenn der Goldpreis unter 1200 Dollar fällt. Das wären die Produktionskosten, so die Bergwerksgesellschaften, wie sie in den Minen Südafrikas anfielen, unter diesem Preis werde die Förderung unrentabel und man stelle die Produktion lieber ein – verbunden mit der Hoffnung, dass durch die Verknappung die Preise wieder steigen. Anglo Platinum, das größte Unternehmen der Platinförderung, kündigte an, 14 000 Arbeitsplätze zu streichen. Mit dem Goldabsturz verloren auch die Minenaktien in Südafrika über 16 % ihres Wertes.[69]

Platin und Silber verloren ebenfalls an Boden und stürzten ab. Die Feinunze Platin schwankte um den Goldpreis bei 1400 Dollar. Das weitaus seltenere Metall war zeitweise sogar billiger als Gold. Hauptproblem ist der weltweite Rückgang in der Automobilproduktion und damit die geringere Nachfrage nach Katalysatoren, die Platin benötigen.

Silber wurde Mitte April 2013 mit 26,75 US-Dollar pro Feinunze gehandelt und kam damit auf dem Stand vom Juli 2012 an. Es bestätigte sich, dass Entwicklungen an den Börsen selten so verlaufen, wie dies die Mehrheit der Beteiligten erwartet. Silber verlor damit in den letzten Monaten drastisch an Wert, mit dem Resultat, dass auch hier die Wetten auf steigende Preise in den entsprechenden Fonds an der Börse zurückgingen, was die silberverarbeitende Industrie natürlich positiv sieht.[70] Die Schmuckbranche als einer der wesentlichen Verbraucher von Gold profitiert von einem niedrigen Goldpreis. Insbesondere in Indien kurbelt dieser die Schmuckindustrie an. Indien hat im ersten Quartal 2013 über 250 Tonnen Gold importiert – trotz des hohen Preises. Im gleichen Zeitabschnitt 2012 waren es nur 207 Tonnen gewesen. Nun wird der Kauf wegen des Preissturzes noch wesentlich zunehmen.[71]

Durch die großen Mengen, die Indien verbraucht, wirkt sich der Fall des Goldpreises sogar auf das Leistungsbilanzdefizit des Landes aus. Bleibt es bei dem niedrigen Goldpreis um 1400 Dollar, dann spart Indien im Jahr sieben Mrd. Dollar an Devisen für den Goldimport.[72] Abzuwarten bleibt, ob der niedrige Goldpreis durch die Notenbanken auch zur Aufstockung ihrer Bestände genutzt wird.

### Metalle der Seltenen Erden und andere Exoten

Dem Handy, dem Rückgrat der Kommunikationsgesellschaft, wie Prof. Armin Reller vom Lehrstuhl für Ressourcenstrategie der Universität Augsburg es nennt, droht möglicherweise bald das Aus. Eine beispiellose Erfolgsgeschichte könnte von kurzer Dauer sein. Schuld daran sollen insbesondere die Metalle Indium und Tantalum sein, zwei kritische Metalle einer langen Liste, deren Nachschub gefährdet ist.[73] Die Nachfrage übersteigt bereits jetzt deren Förderung.

Laut dem Bundesverband der Deutschen Industrie werden deutsche Unternehmen im Jahr 2030 voraussichtlich mehr als 40 000 Tonnen Neodym benötigen, also sieben Mal mehr als noch 2012. Solarzellen brauchen Gallium, Tellur und Selen sowie das kostbare Indium.

Weltweite Nachfrage von Metallen der Seltenen Erden (MSE, in Tonnen)

| MATERIAL | NACHFRAGE 2006 | NACHFRAGE 2030 (PROGNOSE) |
|---|---|---|
| Gallium | 28 | 603 |
| Germanium | 28 | 220 |
| Indium | 234 | 1 911 |
| Neodym | 4 000 | 27 900 |
| Platin | gering | 345 |
| Scandium | gering | 3 |
| Tantal | 551 | 1 410 |

Quelle: SATW Seltene Metalle 2011[74]

Wie schwierig jedoch eine Präzisierung der Bedarfe ist, wird bei Gallium deutlich, das man nicht einfach fördern kann, es kommt nur in starker Verdünnung in Bauxit vor und fällt deshalb nur als Nebenprodukt bei der Aluminiumherstellung an. Die Jahresproduktion liegt unter 70 Tonnen. Aber, so die Ausarbeitung des Institutes für Zukunftsstudien und Technologiebewertung (ITZ) in Berlin, man müsse davon ausgehen, dass sich der Bedarf an Gallium bis 2030 mindestens versechsfachen werde, was das Dreifache der gegenwärtigen Welt-Jahresproduktion wäre.[75] Die Schweizer Akademie der Technischen Wissenschaften (SATW) geht für den gleichen Zeitraum sogar von einem Anstieg um mehr als das 20-Fache aus.[76] Auch hier ist China ein wichtiger Erzeuger, der die Produktionskapazitäten verdoppeln könnte. Allein für die modernen Hybridfahrzeuge werden 20 bis 30 kg MSE pro Auto benötigt, damit sie wesentlich leistungsfähiger und leichter werden.

Indium entwickelt sich ebenfalls zum Problemfall, da die weltweiten Ressourcen nur noch etwa 2500 Tonnen betragen sollen und diese sehr konzentriert in Kanada vorliegen. Jährlich werden 300 Tonnen produziert, wovon ein Drittel nach China geht. Japan produziert 70 Tonnen und muss eine erschöpfte Mine schließen. Geschätzter Bedarf: etwa 900 Tonnen. Das ist das Dreifache der Jahresproduktion, und dementsprechend ist die Preisentwicklung. Es gäbe kein Flüssigkristalldisplay und keinen Flachbildschirm ohne Indium. Zwar sind es oft nur Mikrogramm, aber hier machen es die Stückzahlen. Man nennt die Metalle wegen der feinen Verteilung auch »Gewürzmetalle«. Prof. Armin Reller geht von einer Milliarde

Geräte pro Jahr aus, für die Indium verwendet wird. Recycling ist dringend geboten, wird aber bisher nur von Japan praktiziert. Ein großer Teil des verwendeten Materials geht somit verloren. Es ist die extreme Feinverteilung, die wachsende Probleme erzeugt.

Aber auch die Gewinnung von Platin wird problematischer. Nachdem seine Verwendung in Fahrzeugkatalysatoren etabliert war, stieg der Bedarf gewaltig an. Vorher fand es nur in der Schmuckherstellung Verwendung. Gefunden wird es in kleinsten Mengen, und für die Gewinnung von 30 Gramm Platin müssen fast zehn Tonnen Erzgestein verarbeitet werden. Die Jahresproduktion 2011 betrug 192 Tonnen und die der Platingruppenmetalle 202 Tonnen.[77] Beim Einsatz von Platin in den Katalysatoren werden feinste Stäube in die Umwelt abgegeben. Ein bis zwei Mikrogramm werden pro gefahrenem Kilometer freigesetzt. Weltweit bedeutet dies aber – auf die vorhandenen Fahrzeuge gerechnet – einen Verbrauch von mehreren Tonnen an Platin im Jahr.

Sprunghaft angestiegen ist auch die Nachfrage nach Exoten wie Neodym, Europium, Yttrium, Lanthan – Metalle, die in den 1970er Jahren noch nicht einmal Fachleuten bekannt waren. Ohne sie würde heute kein Handy funktionieren, kein Plasmabildschirm Bilder erzeugen und Farben ermöglichen, kein Generator einer Windkraftanlage über längere Zeit Strom erzeugen. Keine LED-Leuchte kommt ohne Dysprosium aus. Die Zukunftstechnologien der Elektromobilität, der Informations- und Kommunikationstechnik und der nachhaltigen Energieerzeugung – sie alle brauchen MSE und andere exotische Metalle mit ihren ganz spezifischen Eigenschaften. So ist die Glasfaserkabelproduktion ohne Germanium nicht denkbar, und hocheffiziente Gasturbinen für Kraftwerke brauchen Rhenium. Für die boomende Dünnschicht-Photovoltaikindustrie und die Leuchtdiodenherstellung ist der Einsatz von Gallium und Indium unabdingbar, Kondensatoren aus Tantal machen Mobiltelefone und Digitalkameras immer handlicher. Wenn diese Rohstoffe nicht verfügbar sind, können die Technologien nicht weiterentwickelt werden. So werden in einem Computerchip über 60 verschiedene Metalle verarbeitet.

MSE und ausgewählte Verwendungen

| NAME | VERWENDUNG |
|------|------------|
| Scandium | Stadionbeleuchtung, Brennstoffzellen, Laser- und Röntgentechnik |
| Yttrium | LCD-Leuchtstofflampen, Plasmabildschirme, Supraleiter, Laser, Zündkerzen, Nuklearmedizin, hochwiderstandsfähige Keramik, hitzeresistente Kacheln (Raumfahrt) Supraleiter (Stromweiterleitung), Massenspektrometer |
| Lanthan | Nickel-Metallhybrid-Akkus (in Elektro- und Hybrid-Automobilen, Laptops), Katalysatoren, Rußpartikelfilter, Brennstoffzellen, Spezialgläser. China setzt Lanthanide auch als Futterzusatz und Düngemittel ein. |
| Cer | Automobil-Katalysatoren, Rußpartikelfilter, Schutzgläser, Poliermittel |
| Praseodym | Dauermagnete, Elektromotoren, Generatoren, Glas- und Emaillefärbung |
| Neodym | Dauermagnete, Generatoren von Windkraftanlagen, Elektromotoren, Hybridfahrzeuge, Kernspintomographen, PC-Festplatten, Glasfärbungen, Laser, DVD-Player |
| Promethium | Leuchtziffern, Wärmequellen in Raumsonden und Satelliten (radioaktiv) |
| Samarium | Dauermagnete (Kopfhörer, Festplattenlaufwerke), Raumfahrt, Gläser, Laser, Medizin, Mikromotoren |
| Europium | LEDs, Leuchtstofflampen, Plasmafernseher (roter Leuchtstoff) |
| Gadolinium | Kernspintomographie, Radargeräte (grüner Leuchtstoff), Brennelemente von Kernreaktoren |
| Terbium | Leuchtstoffe, Dauermagnete, Halbleiter, Hochtemperaturleiter, Brennstoffzellen, LED |
| Dysprosium | Dauermagnete (z. B. Windkraftanlagen), PC-Festplatten, Leuchtstoffe, Laser, Atomreaktoren |
| Holmium | Hochleistungsmagnete, Medizintechnik, Laser, Atomreaktoren |
| Erbium | Laser (Medizin), Glasfaserkabel |
| Thulium | Plasmabildschirme, Leuchtstoffröhren, Energiesparlampen, Katalysatoren, Röntgentechnik |
| Ytterbium | Laserschneiden, Leuchtstofflampen, Röntgentechnik, Kornverfeinerung bei Stählen |
| Lutetium | Positronen-Emissions-Tomographenschutz |

Quellen: National Geographic Magazin: Juni 2011; KFW Studie 2011; DERA 2011

Die wachsenden Bedarfe der Industrie führen bereits jetzt zu deutlichen Engpässen bei der Versorgung mit diesen seltenen Metallen. Auch bei anderen seltenen Rohstoffen wie Germanium, Rhenium und Antimon, Indium, Wolfram, Gallium, Palladium, Silber, Zinn, Niob, Chrom, Wismut sieht das Institut für Zukunftsstudien und Technologiebewertung (IZT) eine sehr kritische Versorgungslage.[78]

Bei den sogenannten *schweren* (nach Atomgewicht) MSE geht die deutsche Rohstoffagentur DERA von wachsenden Problemen in der Versorgung aus.[79] Schon 2011 überstieg die weltweite Nachfrage nach Terbium das Angebot, und es ist davon auszugehen, dass 2015 Europium und Dysprosium (s. u.) diesem Trend folgen werden. Indium ist wahrscheinlich das erste Metall in dieser Reihe, das weltweit in zehn Jahren völlig verbraucht sein wird.[80]

Ein Ersetzen dieser kritischen Rohstoffe mit ihren hochspezifischen Eigenschaften ist in absehbarer Zeit nicht möglich. Auf höhere Recyclingquoten zu setzen ist nicht erfolgversprechend, weil sie durch die Verteilung in kleinsten Mengen bei vielfältigen Anwendungen schlichtweg verlorengehen und nicht rückholbar sind.

Der für 2012 geschätzte weltweite Gesamtverbrauch von MSE geht von über 90 000 Tonnen aus, mit einer jährlichen Steigerung von 10 %.[81] Diese Bedarfe deckt zu 97 % China ab.

Die ersten MSE wurden im späten 18. Jahrhundert entdeckt, aber es dauerte über 150 Jahre, bis alle 17 Metalle der Gruppe bestimmt waren. Sie kommen nicht rein vor, sondern immer als Gemisch oder Beiprodukt und sind nur durch aufwendige Verfahren über Säuren und Laugen zu trennen – ein schwieriger und die Umwelt belastender Prozess. Teilweise sind sie toxisch und werden oft in Verbindung mit radioaktiven Elementen gefördert. Nach extremem Wasserverbrauch zur Selektion bleibt in großen Mengen hochgiftiger Schlamm übrig. Er wird entweder in den Bohrlöchern verklappt oder einfach in der Landschaft »entsorgt«. Um die Bergwerke in China sind beispielsweise riesige Anbauflächen kontaminiert, das Wasser ist vergiftet und landwirtschaftlicher Anbau verboten. In anderen Ländern wurde wegen wachsender Umweltauflagen aus Kostengründen die Produktion eingestellt.

Die MSE werden in den einzelnen Produkten meist nur in sehr geringen Mengen verwendet. Das kann aber nicht darüber hinwegtäuschen, dass die große Stückzahl der Produkte die Metalle quasi aufsaugt. Allein in Deutschland existieren laut einer Repräsentativumfrage 85,5 Mio. nicht mehr genutzte Alt-Handys.[82] Die Zahl der Mobilfunkanschlüsse in Deutschland ist Ende 2011 auf mehr als 114,13 Mio. gestiegen.[83] Nach Berechnungen des schwedischen Netzwerkausrüsters Ericsson sind es weltweit bereits über sechs Mrd.. Hinzu kommen jetzt verstärkt die mobilen Tablet-PCs.[84]

Mobiltelefone sind so komplex geworden, dass in ihnen ein Drittel aller chemischen Elemente des Periodensystems enthalten ist.[85] Die Schweizer Akademie der Wissenschaften hat berechnet, dass allein 2008 knapp 1,3 Mrd. Mobiltelefone verkauft wurden, in denen zusammengenommen 31 Tonnen Gold, 325 Tonnen Silber, 12 Tonnen Palladium und 4900 Tonnen Kobalt enthalten waren.[86]

Bei den »Green Technologies« werden größere Mengen an MSE bei der Elektromobilität und Energieversorgung eingesetzt.[87] Für die Herstellung von Akkus für die Elektroautomobile fallen pro Exemplar bis zu 15 Kilo Lanthan und über ein Kilo Neodym an. Gleiches gilt für die neue Generatorengeneration der Offshorewindkraftwerke mit über 70 Metern Flügelweite, bei denen größere Permanentmagnete mit MSE eingesetzt werden.[88] Generell lässt sich sagen: Je robuster, leichter, sparsamer die Technik sein soll, umso mehr MSE werden benötigt.[89]

Gefördert werden die MSE im Tagebau. Weltweit größte Mine ist die in der Inneren Mongolei Chinas liegende Bayan Obo. Sie konzentriert über 80 % der aktuellen Vorkommen. China ist nahezu Monopolanbieter der SME und nutzt dieses Machtverhältnis strategisch und politisch.

Im Oktober 2010 schockierte China die Industrienationen mit einer 40-prozentigen Kürzung der Exporte für MSE. Einige besonders seltene Metalle wurden sogar mit einem generellen Exportverbot belegt. Die Industrieländer waren brüskiert und warfen China Vertragsbruch vor. Die Lieferungen an Japan, den größten Abnehmer, wurden trotz vertraglicher Absicherung radikal reduziert und teilweise für Monate ausgesetzt – ohne offizielle Mitteilung. Der IT-Sektor der japanischen Industrie stand Kopf. Aus einem Rohstoff war ein Drohstoff geworden.

China steht mit Japan in einem geopolitischen Konflikt um eine Inselgruppe im erdgasreichen Gebiet der Senkaku-Inseln, der durch einen Zwischenfall eskalierte. Die Inseln, die auf Chinesisch Diaoyu heißen, weisen ein außerordentlich hohes Vorkommen an Bodenschätzen aus. Die International Energy Agency (IEA) geht von 100 Mrd. Barrel Erdöl und von einer ebenso großen Menge an Erdgas aus, chinesische Quellen sprechen von bis zu 170 Mrd. Barrel Öl und geradezu unermesslichen Mengen an Erdgas.[90] In unmittelbarer Nachbarschaft liegen sechs weitere große Öl- und Gasfelder. China nutzt nun die japanische Abhängigkeit von den MSE, um politischen Druck auszuüben. Aus den Industrienationen hagelte es internationale Proteste.[91] Die USA, die Europäische Union und Japan legten Anfang 2012 offiziell Beschwerde bei der Welthandelsorganisation WTO ein. Die WTO entschied, dass China seine Handelsbeschränkungen für Bodenschätze abbauen muss.[92]

Doch China beharrt weiter auf der Reduktion seiner Ausfuhren, um »dadurch die Umwelt zu schützen, die Ressourcen sinnvoll zu nutzen und die Branche nachhaltig zu entwickeln«, so Zhu Hongren, der Chefingenieur des chinesischen Ministeriums für Industrie und Informatik.[93]

Als Reaktion investiert Japan 750 Mio. US-Dollar in ein Sofortforschungsprogramm zum Recycling der seltenen Erden.[94]

2011 legte das Land eine Produktionsgrenze der MSE in Höhe von 93 800 Tonnen fest, die Exportquote wurde 2012 mit 31 000 Tonnen festgeschrieben.[95] Der geschätzte Bedarf außerhalb Chinas für 2012 liegt aber bei 45 000 Tonnen. [96] Konflikte sind damit unumgänglich. Xinhua, die chinesische Presseagentur, schwächte ab und räumte ein, dass sich die chinesischen Bergwerke wegen der mangelhaften Überwachung sicherlich nicht an diese vorgegebenen Richtlinien halten würden.[97] Damit wird ein Kernproblem der chinesischen Produktion der MSE deutlich. Der Rohstoffexperte Harald Elsner von der Deutschen Rohstoffagentur DERA geht nach eigenen Berechnungen davon aus, dass die Hälfte des Angebots an den besonders hochpreisigen schweren MSE aus illegaler Produktion krimineller Banden in China stammt. Sie fördern unter unsäglichen Bedingungen für Mensch und Umwelt MSE und vermarkten sie als Schmuggelware auf dem Rohstoffmarkt. Ohne die Duldung der staatlichen Verwaltung wäre das jedoch kaum möglich. Die chinesische Regierung hat nun angekündigt, verstärkt gegen diese Banden und korrupten Funktionäre vorzugehen.[98]

Rohstoffreserven in China

| RESSOURCEN | RESERVE | EINHEIT |
|---|---|---|
| Erdöl | 3 172,4 | Mio. t |
| Erdgas | 3 779,3 | Mrd. m³ |
| Kohle | 279,4 | Mrd. t |
| Eisenerz | 22,0 | Mrd. t |
| Kupfer | 28,7 | Mio. t |
| Zink | 32,5 | Mio. t |
| Bauxit | 897,3 | Mio. t |
| Gold | 1 863,4 | t |
| Silber | 36 363 | t |
| SME – seltene Erden | 55,0 | Mio. t |

Quelle: China Statistical Yearbook 2011; USGS 2012, S. 128; Bundesministerium für Wirtschaft und Technologie: Germany Trade&Invest 2012

http://minerals.usgs.gov/minerals/pubs/mcs/2012/mcs2012.pdf.

(Die scheinbar großen Mengen an geschätzten Reserven seltener Erden erklären sich daraus, dass diese zwar nur in kleinsten Mengen vorkommen, dies aber mit großer Verbreitung, hauptsächlich in Form von Oxiden. Die 55 Mio. Tonnen entsprechen also in keiner Weise den tatsächlich wirtschaftlich förderbaren Quantitäten in Reinform.)

Die USA sehen durch die Lieferbeschränkungen eine Gefährdung ihrer Wettbewerbsfähigkeit. Die US-Armee meldete dringenden Regelungsbedarf an, weil große Teile der Waffentechnologie ohne MSE nicht gefertigt werden können. Angeregt wurde die massive Erschließung nationaler Vorkommen. In der Mountain Pass Mine in Kalifornien, die nach Umweltauflagen aus Rentabilitätsgründen 2002 geschlossen worden war, begann 2010 die neuerliche Förderung auf niedrigem Niveau.[99]

Durch diese Politik der Rohstoffverknappung will China auch in den »Green Technologies« strategisch führend werden. Da in der Inlandsproduktion nur 50 % der Exportpreise verlangt werden, sind die Produkte gegenüber denen der Anbieter aus den Industrieländern allein durch die Rohstoffpreise konkurrenzlos billig. Dies führte in Deutschland zu massiven Problemen im Solaranlagen herstellenden Sektor. Verunsicherungen gibt es auch bei den IT-Produzenten der Industrieländer. Um in der Versorgung sicherzugehen, müssten sie direkt in China produzieren. Das wäre kostengünstiger und würde von den Chinesen wohlwollend begleitet. Besonders weitsichtig sind die Anstrengungen Chinas, seine Unternehmen bei der weltweiten Erschließung neuer Lagerstätten zu unterstützen oder wenn sie sich in ausländische Bergwerke zur MSE-Produktion einkaufen wollen.

Die australische Regierung hat durch harte Bedingungen an das chinesische Staatsunternehmen China Nonferrous Mining Company den Erwerb von Kapitalanteilen an Bergbaugesellschaften bereits verhindert. 2009 war China dieser zuvor in einem anderen australischen Minenunternehmen gelungen. In Afrika sind chinesische Beteiligungen üblich. Auch in den USA versuchten sich chinesische Staatsunternehmen in Bergwerke einzukaufen, was nach heftigen Protesten durch den US-Kongress verhindert wurde. In Kanada halten die chinesischen Konzerne bereits Beteiligungen.[100]

Um selbst besser handlungsfähig und flexibler zu werden, legte China 2012 in großem Umfang auch eine strategische Reserve für MSE an.

Dem japanischen Automobilkonzern Toyota wird die Lage zu heikel, insbesondere wegen der nichtkalkulierbaren geopolitischen Probleme. Er kümmert sich nun selbst um die Erschließung neuer potentieller Lagerstätten von MSE. Allein für die Produktion seiner Hybrid-Modelle benötigt Toyota mehr als 10 000 Tonnen MSE jährlich. In einem indischen Bergwerksprojekt hat sich das Unternehmen bereits die ganze Produktion gesichert.[101]

Durch ein Joint Venture zwischen Japan und Vietnam im Jahr 2012 wurde eine gemeinsame Ausbeutung von MSE im Norden Vietnams mit jährlich 7000 Tonnen ab 2014 vereinbart.[102]

Die drastische Senkung der Exportquoten 2010 machte mit einem Schlag die totale Abhängigkeit der Industrienationen von China bezüglich der wichtigsten Innovationsbereiche deutlich. Der Rest der Welt hatte faktisch vor zehn Jahren die Förderung der MSE aufgegeben und dann auch noch trotz wachsender Bedarfe den Anschluss verschlafen. Nun ist erkennbar, dass es bei der Versorgung der Welt mit MSE keinen Goodwill der zweitgrößten Volkswirtschaft der Welt geben wird.

Die durch den Exportstopp erzeugte künstliche Verknappung rief natürlich auch Spekulanten auf den Plan, was zu steigenden Rohstoffpreisen der MSE führte. So stieg der Preis für Neodym zwischen 2005 und 2011 um mehr als das 30-Fache und für Dysprosium um das 50-Fache. Der einsetzende »MSE-Rausch« führte dazu, dass 2012 weltweit an über 400 vermuteten Lagerstätten in 36 Ländern gebohrt wurde.[103]

Im Vordergrund steht nun die Erschließung wichtiger Abbaugebiete in Grönland und Kanada. Das grönländische Kvanefield weist große Ressourcen auf. Es soll, so die Geologen, bei voller Kapazität einen Abbau von bis zu 100 000 Tonnen MSE pro Jahr ermöglichen. Mit dieser Menge würde fast die derzeitige Gesamtproduktion Chinas von geschätzten 130 000 Tonnen pro Jahr erreicht. Die MSE sind hier ein Beiprodukt des Uranbergbaus. Mit einem Abbau ist aber keineswegs vor 2015/2016 zu rechnen.[104]

Im April 2012 kam der chinesische Ministerpräsident nach Grönland, um die bilateralen Beziehungen zu festigen. Die Grönländer waren völlig überrascht von einer so klaren Interessenpolitik und den damit verbundenen Optionen. Die *NZZ* titelte »Chinas arktische Ambitionen« und meinte dessen ausgeprägte Rohstoffinteressen auch in dieser Region.[105]

Die Japaner entdeckten nördlich und westlich vom Hawaii-Archipel, in einem »Hochsee-Suchprogramm« nach Rohstoffen, in 4000 bis 6000 Metern Tiefe im Bodenschlamm ausgiebige MSE-Lagerstätten. Der Schlamm müsste aufgesogen werden, um an der Küste weiterverarbeitet werden zu können. Ein Resultat wäre damit jetzt schon klar: die weitgehende Zerstörung des Meeresbodens.[106] Wegen des allgemeinen Knappwerdens wird Tiefseeförderung aber immer mehr zu einer technologischen Alternative.

Aber auch in Sachsen wird nach MSE gebohrt. Die Storkwitz AG, eine Tochter der Deutschen Rohstoff AG, führte Testbohrungen in Storkwitz bei Leipzig durch. Anfang des Jahres 2013 wurde bestätigt, dass um Storkwitz etwa 20 100 Tonnen liegen.[107]

Indium, ein biegsames Metall, das an Zink erinnert, ist wohl das erste Element, das nach Angaben des US Geological Survey weltweit zur Neige gehen wird. Gemäß den jüngsten Extrapolationen dürfte dies in der ersten Hälfte des kommenden Jahrzehnts passieren, also in weniger als zehn Jahren.

Die weltweiten Lagerstätten von Indium werden auf insgesamt nur noch rund 5700 Tonnen geschätzt – 25 % davon entfallen auf

Kanada. Der Rest lagert in Russland. Die weltweite Produktionskapazität betrug im Jahr 2012 670 Tonnen. China exportierte davon 233, Japan und Korea jeweils 70 Tonnen.[108] Der geschätzte Verbrauch von Indium für das Jahr 2013 beträgt rund 850 Tonnen und übersteigt damit bereits jetzt die Weltjahresproduktion. Dies ist nur durch die Erhöhung der Recyclingquote auszugleichen.

Thomas Bublies hat an der Universität Augsburg eine Studie erstellt, die exemplarisch die Stoffflüsse von Indium verfolgt. Das Ergebnis ist, dass das seltene Metall in über eine Milliarde Geräte jährlich eingebaut wird und dadurch eine sehr hohe Feinverteilung erreicht. Alternativen sind noch nicht in Sicht. Da Indium nicht nur selten, sondern auch äußerst kostenintensiv zu gewinnen ist, lohnt sich Recycling hier besonders. 2012 überstieg die Produktion von Recycling-Indium mit 950 Tonnen die von Primär-Indium mit 670 Tonnen um mehr als 30 %. Aber in den Hauptkonsumräumen, wie den USA und Europa, wird dieses Recycling bisher kaum praktiziert. Die USGS gibt keine Zahl für die USA im Indium-Recycling an, meint aber, dass es eine Frage des Preises wäre, ob sich der Prozess lohnt. Japan ist technologisch sehr viel weiter mit seinem Recyclingprogramm.[109]

An Indium lässt sich auch ein wachsender Widerspruch zwischen technologischer Entwicklung und dem Ressourcenverbrauch erkennen. Begann die Debatte in den 1970er Jahren durch die »Grenzen des Wachstums« zunächst bei den Massenrohstoffen Öl und Eisen, so zeigt sich heute, dass es gerade die Spezialmetalle sind, die ein wachsendes Problem darstellen, zumal diese Produkte nun den gesamten Weltmarkt mit steigenden Verbrauchszahlen erfasst haben. Es ist damit zu rechnen, dass sich in der Hightech-Branche noch weitere Verwendungsmöglichkeiten für diese »Gewürzmetalle« mit ihren hochinteressanten Eigenschaften finden werden.

Platin, das jahrhundertelang nur als Schmuckelement gehandelt wurde, ist ein weiteres Beispiel für die absehbare Endlichkeit des Nachschubs. Denn seit seine Eigenschaften für Fahrzeugkatalysatoren genutzt werden, ist die Nachfrage sprunghaft angestiegen. Mehr als 100 Tonnen Platin sollen dort zur Entgiftung von Auspuffgasen im Einsatz sein.

Die Platingruppenmetalle sind sehr selten und haben jeweils sehr spezifische Eigenschaften. Zur Gewinnung einer Unze (rund 30 Gramm) Platin müssen bis zu zehn Tonnen Erzgestein aufbereitet werden. Zudem stammen 90 % der Weltjahresproduktion von Platin (im Jahr 2012 waren es knapp 3700 kg) aus lediglich vier Ländern: Kanada, Südafrika, Russland und Simbabwe.

In den Katalysatoren sind es zwar nur Mikrostäube, die verbraucht werden, aber bei der Anzahl der Automobile auf der Welt summiert sich dies zu Hunderten von Tonnen.[110]

Die Metalle der Platingruppe machen eine Vielzahl von Neuentwicklungen in technologisch völlig neuen Feldern erst möglich. Bei allen aber ist die extrem feine Verteilung, was ja zunächst als ein Plus gilt, die große Barriere für eine Rückgewinnung.

## Agrarrohstoffe

Agrarrohstoffe sind keine Rohstoffe wie alle anderen, denn sie bilden als Nahrungsmittel unsere Lebensgrundlage. Sie enthalten die notwendigen Kohlenhydrate, Fette und Eiweiße, ohne die ein Leben auf der Erde nicht möglich wäre. Außerdem werden sie als Viehfutter benötigt und neuerdings als Biomasse zur Energieproduktion verwendet. Die wichtigsten Ausgangsstoffe für die menschliche Ernährung bilden Getreide (Mais, Reis, Weizen, Roggen, Gerste, Hafer, Hirse), Hackfrüchte (Kartoffeln, Rüben, Maniok) und Hülsenfrüchte (Erbsen, Bohnen, Linsen, Soja) sowie Obst. Hinzu kommen Ölsaaten (Raps, Sonnenblumen, Palmöl), Genussmittel (Zucker, Kaffee, Kakao) und Faserstoffe (Baumwolle, Hanf) sowie Kautschuk. Das Schwergewicht liegt eindeutig im Getreidesektor mit einem Gesamtproduktionsvolumen von 2,4 Mrd. Tonnen (2010) bzw. 2,3 Mrd. Tonnen (2011).[111] Die größten Getreideproduzenten sind China mit 500 Mio. Tonnen im Jahr, die USA mit 400 Mio. und Indien mit 235 Mio.. Deutschland belegt mit rund 44 Mio. Tonnen Platz 12 in der Weltrangliste.[112]

Laut Welternährungsorganisation (FAO) reicht die gegenwärtige Lebensmittelproduktion aus, die gesamte Menschheit angemessen zu ernähren.

Wir produzieren momentan genug für sieben Mrd. Menschen, aber es gibt riesige Unterschiede und eine gewaltige Verschwendung. Ein Drittel der Erzeugnisse geht verloren oder wird weggeworfen. FAO-Generalsekretär José Graziano da Silva: »Das sind 1,3 Mrd. Tonnen Lebensmittel im Jahr. Man kann eine einfache Rechnung aufmachen. Mit den heute genutzten Technologien ließen sich rund zehn Milliarden Menschen ernähren. Wir setzen aber nur höchstens 20 % dieser Technologien ein, zum Beispiel besseres Saatgut oder pfluglose Anbaumethoden. Wenn wir auf alle Möglichkeiten zurückgreifen, können wir bis zu 13 Milliarden Menschen ernähren.«[113]

Nach Jahren des Wachstums war die Weltgetreideproduktion von 2009 bis 2011 rückläufig, was zu einem enormen Preisanstieg führte. Wichtigster Grund waren klimatische Veränderungen, die zu Dürren, Überschwemmungen und Sturmschäden führten. Im Jahr 2010 musste Russland, der drittgrößte Weizenproduzent der Welt, den Getreidenotstand ausrufen, da riesige Überschwemmungen in der südrussischen Region von Krasnodar und eine anhaltende Dürre in der Schwarzmeerregion zu enormen Ausfällen geführt hatten. Russlands Präsident Wladimir Putin ordnete einen Exportstopp an, was international sofort die Preise nach oben trieb.[114]

Als weitere Ursachen gelten die wachsende Landnahme, also der Rückgang der Anbauflächen, wachsender Verbrauch und die Umnutzung von Flächen des Nahrungsmittelanbaus zu Flächen für den Anbau von Agrotreibstoffen. Hinzu kommen fehlende Investitionen in der kleinbäuerlichen Landwirtschaft und deren Vernachlässigung in vielen Ländern.

Das Problem der Flächenumnutzung wird besonders deutlich in Südamerika, vor allem in Brasilien und Argentinien. Viele Großgrundbesitzer und Agrarunternehmen setzten hier auf den Ausbau der Sojakulturen, da Sojaöl auf dem Exportmarkt mehr Gewinne erbringt als traditionelle Lebensmittel. Bisher standen die USA mit 90,6 Mio. Tonnen im Jahr hier auf Platz eins, doch Brasilien (68,5 Mio.) will seine Produktion in den nächsten Jahren um 25 %

steigern und Argentinien um 30 % (von 52,7 Mio. auf knapp 70 Mio. Tonnen).[115] Das wird allerdings nur möglich sein, wenn bisherige Getreideflächen umgenutzt werden, weitere Weideflächen unter den Pflug kommen und in großem Umfang Rodungen vorgenommen werden. Da sich in diesen Ländern die pestizidresistenten Gensojaprodukte »Roundup Ready« des umstrittenen amerikanischen Saatgut- und Pestizidherstellers Monsanto durchgesetzt haben, wird der Arbeitseinsatz von Landarbeitern immer geringer.[116] Eine Gensojaplantage benötigt für die Bewirtschaftung von 500 Hektar nur noch einen Landarbeiter. Soja entwickelt sich zu einer gefährlichen, weil anfälligen Monokultur und verschlingt schon jetzt mehr als die Hälfte der Anbaufläche Argentiniens – mit wachsender Tendenz. Waren es laut Ministerium für Landwirtschaft, Viehzucht, Fischfang und Lebensmittel (SAGPyA) 2006/07 noch 16,6 Mio. Hektar von einer Gesamtanbaufläche von 30 Mio. Hektar, so wurde die Fläche für den Zyklus 2012/13 von der FAO bereits auf 19,7 Mio. Hektar geschätzt.[117] In Argentinien gibt es zwar keinen Regenwald, der abgeholzt wird, doch vernichten die Monokulturen die letzten Reste des Buschwaldes im Gran Chaco, Lebensraum einiger nomadisch lebender indigener Völker.[118]

In Deutschland ist die Situation zum Glück anders. Die Ausfuhr von Gütern der Ernährungswirtschaft erreichte 2011 ein Rekordniveau mit fast 60 Mrd. Euro. Es wurden 55 Mio. Tonnen in das Ausland verkauft. Trotzdem bleibt die landwirtschaftliche Handelsbilanz defizitär, 71,3 Mrd. betrug 2011 die Einfuhr. Der Hauptgrund, so die FAO, lag in der extremen Verteuerung der Lebensmittel durch Ernteausfälle. Der deutsche Agrarhandel vermarktet für über 41 Mrd. Euro nach Europa und importiert von dort für 43 Mrd. Euro.[119] Waren im Wert von 15 Mrd. Euro kommen aus Entwicklungs- und Schwellenländern.[120]

Insgesamt kommen in der EU drei Viertel der Agrarimporte aus diesen Staaten, der Export dorthin ist dagegen marginal.[121] Deutschland belegt im Weltagrarhandel beim Import hinter den USA mit 95 Mrd. US-Dollar den zweiten Platz und beim Export hinter den Niederlanden mit 80 Mrd. US-Dollar den dritten Platz.[122]

Die Welternährungskrise von 2007/2008 machte erschreckend

deutlich, wie anfällig das Welternährungssystem geworden ist. Sie steigerte die Zahl der vom Hunger bedrohten Menschen drastisch auf fast eine Milliarde Menschen. Weltweite Hungerunruhen waren die Folge. Als Ursachen werden allgemein der wirtschaftliche Aufschwung der Schwellenländer, die Verflechtung der Nahrungs- und Energiemärkte, extreme Wetterereignisse und die zunehmende Spekulation mit Grundnahrungsmitteln ausgemacht. In den letzten fünf Jahren gab es drei Preisschocks mit internationalen Auswirkungen. Es zeigte sich, dass die Agrarproduzenten, der Handel und die Politik nicht in der Lage waren, auf diesen Schock angemessen zu reagieren.

Preissteigerungen bei den wichtigsten Nahrungsmitteln
(2007/2008, gerundet)

| LAND | PRODUKT | PREISANSTIEG (IN %) |
|------|---------|---------------------|
| Äthiopien | Mais | 100 |
| Bangladesch | Reis | 66 |
| Kambodscha | Reis | 100 |
| Nigeria | Sorghum, Hirse | 100 |
| Pakistan | Weizenmehl | 100 |
| Senegal | Weizen | 100 |
| Somalia | Weizen | 300 |
| Tadschikistan | Brot | 100 |
| Uganda | Mais | 65 |

Quelle: Oxfam 2012[123]

Es gibt dazu unterschiedliche Berechnungen. Doch selbst so unverdächtige Quellen wie der Internationale Währungsfonds wiesen für den Weltmarktpreis von Weizen, Sojabohnen und Mais Steigerungen von mehr als 100 % von 2007 auf 2008 aus.[124]

Noch ist die Antwort auf die Frage offen, wie die weltweit wachsende Nachfrage nach Lebensmitteln befriedigt werden kann, wenn die Anzahl der Menschen weiter jährlich um 80 Mio. wächst. Die bisherige Entwicklung, bei der eine Konzentration der Agrarproduktion auf wenige Anbauländer erfolgt, die neben der eigenen Bedarfsdeckung auch in der Lage sind, große Mengen zu exportieren, erweist sich zunehmend als Problem, da dies der Spekulation im internationalen Handel ein ungeahntes Betätigungsfeld eröffnet.

Waren es 2003 noch 13 Mrd. US-Dollar, mit denen im Getreidehandel spekuliert wurden, so stieg das Volumen bis 2011 auf 410 Mrd. US-Dollar.[125]

Die Ernährungs- und Landwirtschaftsorganisation der Vereinten Nationen FAO spricht sich dafür aus, die Eigenproduktion in armen Ländern weiter anzuregen, um das lokale Angebot zu vergrößern und somit die Abhängigkeit von Importen zu reduzieren. Das setzt allerdings voraus, dass wertvolles Ackerland nicht als »Spritdestille« für die Industrieländer verwertet wird. Zudem führt die wachsende Verbreitung von Monokulturen dazu, dass sich die Böden selbst verbrauchen, schlecht regenerieren können und somit die Erosion zunimmt.

Die Agrarindustrie kontert das Ansinnen nach einer Fruchtwechselfolge mit dem Slogan »Nichts ist nachhaltiger als Produktivität«. Ihr Rezept ist die sogenannte zweite Grüne Revolution: die gentechnische. Der US-Saatgut- und Pestizid-Multi Monsanto sagte 2008 voraus, dass sich die Maisernte in den USA, die sich seit 1970 bereits verdoppelt hatte, mit Hilfe genmanipulierter Organismen (GMO) bis zum Jahr 2030 neuerlich verdoppeln werde.[126] Während sich die europäischen Länder angesichts der fatalen Folgen für Sortenvielfalt und Bodenqualität noch zögerlich verhalten, sind viele Schwellenländer längst auf den profitversprechenden Zug aufgesprungen.[127]

Kritiker der Gentech-Landwirtschaft verweisen darauf, dass es den Konzernen weniger um die Ernährung der Welt als vielmehr um die weltweite Kontrolle der Landwirtschaft gehe. So sind zwei Drittel der von Monsanto vertriebenen Saaten so ausgerichtet, dass sie nach einer Monsanto-Herbizid-Behandlung durch das Mittel Glyphosat verlangen. Entsprechend sind die Gewinne von Monsanto mit dem Gentechboom explodiert.[128] Doch was hilft kurzfristige Produktivität mit genmanipulierten Pflanzen und hohem Düngemitteleinsatz, wenn die Böden langfristig darunter leiden und sich somit der Hunger auf der Welt noch weiter ausbreitet? 100 Kilo Mais, so rechnet die Deutsche Welthungerhilfe vor, machen einen Menschen ein Jahr lang satt, das Äquivalent bei gleicher Bodennutzung sind 50 Liter Agro-Sprit.[129]

# Wasser

Die Erde verfügt über geschätzte 1,4 Mrd. Kubikkilometer Wasser. Davon sind aber nur 2,5 % trinkbares Süßwasser und von diesen wiederum zwei Drittel in den Polkappen zu Eis gefroren – mit fallender Tendenz. Das Magazin *Science* hat Zahlen zur gegenwärtigen Eisschmelze veröffentlicht, die durch zahlreiche Forscher zusammengetragen wurden: mit dem Resultat, dass die Welt jedes Jahr 344 Mrd. Tonnen Eis verliert. Das trifft für die Arktis, Antarktis und Grönland sowie die Gletscher in den Hochgebirgen zu. Das große Schmelzen hat begonnen.[130] Wenn man Schätzungen der UN zugrunde legt, wird der Wasserverbrauch der Weltbevölkerung bei wachsender Bevölkerungszahl bis 2025 um 40 % steigen. Für die Landwirtschaft ist es mit fast 70 % des Gesamtverbrauchs die Schlüsselressource und damit Teil der Ernährungssicherung. Bei anhaltenden klimatischen Veränderungen ist es abzusehen, dass über ein Drittel der Weltbevölkerung in wenigen Jahren unter Wassermangel leiden wird. Die Ressource Wasser wird knapper, und gleichzeitig wird sie in den Industriestaaten fast hemmungslos verschwendet. Die UN gehen davon aus, dass rund 900 Millionen Menschen kein sauberes Trinkwasser zur Verfügung haben und das Abpumpen von Grundwasserreserven weiter zunimmt. Aber nicht nur die traditionellen Trockenzonen sind davon betroffen. Auch die Länder Südeuropas beispielsweise haben ein wachsendes Wasserproblem. Hier werden über 80 % des Wassers für die Landwirtschaft verbraucht. Die Niederschläge sind weitaus geringer geworden und decken nicht mehr den Bedarf.

Bisher wird die Wasserversorgung meist durch die Kommunen geregelt, private Anbieter spielen noch eine untergeordnete Rolle. Das Marktvolumen für Wasser beträgt nach einer Studie der Beratungsgesellschaft Roland Berger 360 Mrd. Dollar, und die Deutsche Bank ergänzt, dass es in diesem Sektor für eine ausreichende Versorgung ein Investitionsvolumen von über 400 Mrd. Dollar gibt.[131] Die Investoren gehen davon aus, dass die Kommunen nicht in der Lage sein werden, diese Geldsummen aufzubringen, und bringen sich daher ins Spiel. Um das Wasser ist in vielen Ländern ein heftiger Streit darüber entbrannt, wem die Ressource eigentlich gehört und wer sie bewirtschaften soll.

Lobbygruppen drängen zunehmend auf die Privatisierung der Wassergewinnung und -verteilung und fordern auf, verstärkt Aktien von Wasserversorgern zu kaufen.[132] Sie nehmen Bezug auf Dokumente der UN-Weltwasserkonferenz von 1977, in denen festgehalten wurde, dass alle Menschen ein Recht auf Zugang zu Trinkwasser in einer den Grundbedürfnissen angemessenen Menge und Güte haben,[133] und stützen sich auf Materialien der Weltwasserkonferenz von 1992, in denen diese Aussage relativiert und Wasser zum Wirtschaftsgut erklärt wurde.

Klimatische Entwicklungen, anhaltende Dürren und die Verschmutzung des Grundwassers bedeuten wachsende Knappheit und rücken Wasser in den Blickpunkt strategischer Überlegungen. 884 Mio. Menschen haben keinen Zugang zu sauberem Trinkwasser, und 2,5 Milliarden leben außerhalb eines Abwassernetzes, also ohne Sanitärversorgung. Über 3,5 Millionen sterben alljährlich an verschmutztem Trinkwasser.[134]

Über neun Zehntel des Süßwassers der Erde werden durch die öffentliche Hand gemanagt, in vielen Ländern defizitär und verschwenderisch. Aber was ist die Alternative? Der Privatsektor empfiehlt sich als Partner der Kommunen und drängt in den Markt, unterstützt von der Weltbank. Das Potential ist gigantisch. Entstanden sind die Globale Wasserpartnerschaft (GWP) und der Weltwasserrat (WWC), deren Ziel es ist, die Wasserversorgung radikal zu privatisieren und wenn möglich auch das Wasser selbst.[135]

Der Streit um die Ressource Wasser wird bei fortschreitender Klimaveränderung an Brisanz zunehmen, auch zwischen konkurrierenden Nutzungsarten sowie Ober- und Unteranrainern von Flüssen.[136] Allein eine Regulierung über den Preis würde Ungleichgewichte verschärfen. Kultur und Konsumgewohnheiten haben sich zu unterschiedlich entwickelt. Wasser ist aber in allen Kulturen die Schlüsselvariable für die Landwirtschaft. Jede Entscheidung über den Zugang und die Wasserverteilung kann schnell zum Politikum werden. Insbesondere vor dem Hintergrund, dass die Trockengebiete – das sind über 40 % der Landfläche der Erde – weiter zunehmen. Denn in ihnen leben nahezu zwei Milliarden Menschen.[137]

Wasser spielt auch für die Wirtschaftsstrategie der EU eine zunehmende Rolle. Anfang 2013 lancierte die EU-Kommission den

Entwurf einer Richtlinie, die die Kriterien für die Vergabe von Lizenzen für öffentliche Dienstleistungen, darunter auch die Wasserversorgung, regeln soll. In manchen Ländern wurde das als Vorstoß zur Privatisierung der Wasserversorgung verstanden. Proteste waren die Folge.

Ein Zwang zur Privatisierung ist im Entwurf der Richtlinie zwar nicht vorgesehen, doch die EU-Kommission verfolgt seit langem eine Politik des Zurückdrängens der öffentlichen Wirtschaft, weshalb Misstrauen angebracht ist.

Länder wie Österreich, wo die Panik besonders groß war, müssen sich wahrscheinlich am wenigsten Sorgen machen. Doch in Ländern, die auf Finanzhilfe der EU angewiesen sind, weiß man vom Druck der Geldgeber zu berichten, möglichst viel zu privatisieren. So wurde den Griechen im Rahmen der EU-Kreditvergaben vorgeschrieben, die kommunalen Wasserwerke von Athen und Thessaloniki zu verkaufen. Bei Portugal ist das ähnlich. Die nationalen Wasserbetriebe Aguas de Portugal sollen umgestaltet werden. Was da auf die Portugiesen zukommt, kann man bereits in der nordportugiesischen Kleinstadt Paços de Ferreira beobachten: Dort vervierfachten sich die Wassertarife für die Bevölkerung binnen weniger Jahre nach der Privatisierung. Sie liegen mehr als das Doppelte über dem Landesschnitt und fünfmal über den Tarifen von Lissabon.[138] Ähnlich erging es anderen Kommunen quer durch Europa, die nun zum Teil versuchen, die Privaten wieder aufzukaufen. Unternehmen, die ja möglichst viel Profit machen wollen, vernachlässigen Investitionen in die Leitungssysteme. Die Verschlechterung der Wasserqualität wird dann gern durch mehr Chlor übertüncht. Dass nach all den einschlägigen Erfahrungen in der EU-Kommission die Skepsis gegenüber privaten Wasserversorgungsbetrieben nicht zugenommen hat, kann mit Effizienzdenken nicht erklärt werden. Der für Binnenmarkt und Dienstleistungen zuständige Kommissar Michel Barnier hört vorrangig auf die sogenannte Steering Group, eine Expertengruppe, die die EU-Kommission in Fragen der Wasserpolitik berät. Sie ist vor allem mit Vertretern der Wasserindustrie und verwandter Industriebereiche besetzt. Die Befürchtung der Kritiker, dass die neue Richtlinie einer Wasserprivatisierung durch die Hintertür den Weg bereiten soll, ist also durchaus nachvollziehbar.

Eine europäische Bürgerinitiative »Wasser ist ein Menschenrecht« hat binnen weniger Wochen 2013 mehr als eine Million Unterschriften online gesammelt.[139] Sie setzt sich nicht nur dafür ein, dass die Wasserversorgung in Europa von Profitinteressen ferngehalten wird. Sie plädiert auch dafür, dass sich die Europäische Union stärker für einen universellen Zugang zu Wasser und sanitärer Grundversorgung auch in Ländern außerhalb der EU einsetzt. Im Juni 2013 steckte Kommissar Barnier angesichts der massiven Proteste dann zurück und nahm die Wasserversorgung aus dem Entwurf der neuen Dienstleistungsrichtlinie heraus.

## Der Mensch als geologische Kraft?

Die meisten Rohstoffe brauchten geologisch Millionen Jahre, um in der Erdkruste aufgebaut zu werden. Nach 200 Jahren extremer Ausbeutung zeigen sich nun bei vielen Rohstoffen Knappheiten. Alle Rohstoffe sind endlich, und bei anhaltend wachsender Nachfrage werden sich die verarbeitungstechnisch wichtigsten Rohstoffe in den nächsten Jahrzehnten absehbar verknappen. Ohne deren Verfügbarkeit aber gibt es keine technologisch anspruchsvolle industrielle Produktion.

Auch weitere Vorkommen zu erschließen wird immer schwieriger und risikoreicher, der Zugang zu ihnen komplizierter, und die Konflikte mit den unmittelbar Betroffenen haben sich wesentlich verstärkt.

Neu ist, dass die Förderländer ihre Schätze mehr und mehr schützen, teils aus protektionistischen Gründen, um sie in Zukunft selbst zu verarbeiten, oder auch aus politischen Gründen.

So geht die Rohstoffinitiative der Europäischen Kommission davon aus, dass die Sicherstellung des Zugangs zu den Rohstoffen oberste Priorität hat und bessere Bedingungen bei der Rohstoffförderung erreicht werden müssen, unterstützt von einer verstärkten Ressourceneffizienz. Das bedeutet für Deutschland eine wesentlich aktivere Rohstoffdiplomatie mit den Lieferländern als bisher und eine Verhandlungsplattform, auf der zukünftige Streitfälle und Auseinandersetzungen mit Lieferländern gemeinsam mit der Welthandelsorganisation WTO gelöst werden können.[140]

Die Industrie hatte schon vorher kritisiert, dass sie sich von der Regierung alleingelassen fühlt, und deshalb im April 2012 die Deutsche Rohstoffallianz GmbH gegründet, der in der Gründungsphase die zwölf wichtigsten deutschen Industrieunternehmen beigetreten sind.[141] Die Allianz, der sich Ende 2012 auch VW und BMW angeschlossen haben, will die eigene Suche nach Rohstoffen forcieren, um sich Zugänge langfristig zu sichern.[142]

Den vielen offenen Fragen, die mit dem Zugang zu Rohstoffen verbunden sind, begegnete die Bundesregierung im Oktober 2010 mit einer Rohstoffstrategie, die in enger Zusammenarbeit mit der Industrie erarbeitet wurde.[143] Die Öffentlichkeit war nicht gefragt. Die Industrie drängt darauf, mehr heimische Fundstätten zu erschließen und neue Fördermethoden anzuwenden. Dabei schielt sie nach Amerika, wo die Schiefergas- und Ölförderung durch Fracking rasant zunimmt. Es geht zugleich darum, Fundstätten in Deutschland, die wegen unattraktiver Preise geschlossen wurden, wieder zu aktivieren, wozu es entsprechender Genehmigungen bedarf. So ließe sich der Rohstoffhunger der Industrie wenigstens zu einem bescheidenen Teil aus eigenen Lagerstätten abdecken. Hinzu kämen Materialien aus dem Recycling.

Was ist passiert, weshalb haben die Rohstoffe für unser Tun so an Bedeutung gewonnen?

Die Veränderungen, die der moderne Mensch dem Planeten Erde in sehr kurzer Zeit zugefügt hat, sind so massiv, dass ein neues Erdzeitalter ausgerufen werden müsse, so Gaia Vince.[144] Die Wissenschaftler verstehen den Menschen als Verursacher des Wandels. In seinem Handeln und Tun, auf der Suche nach verwertbaren Rohstoffen erzeugt er Auswirkungen in einer Mächtigkeit, die es erlaubt, ihn quasi als alles verändernde »geologische Kraft« darzustellen.

Über zehntausend Jahre war die Veränderung bestimmt durch Ackerbau und Viehzucht, dann kam die industrielle Revolution, und nach dem Zweiten Weltkrieg beschleunigte sich der menschliche Einfluss auf das Erdsystem dramatisch. Der umweltzerstörende Berg- und Tagebau nahm rapide zu, das Verwenden fossiler Energieträger stieg rasant an, die Meere wurden überfischt. Die Menschen sind sich dessen durchaus bewusst, so Gaia Vince, und treiben diesen Wandel trotzdem weiter voran. Sie manövrieren sich damit in ein nicht nur klimatisch deutlich weniger stabiles Zeitalter. Während Krisen im Finanzsystem irgendwie behebbar sind, lassen sich Zerstörungen, die wir der uns umgebenden Natur zufügen, meist nicht mehr reparieren. Hier steht uns auch kein zweites Mal zur Verfügung. Diese Erkenntnis setzt sich bei der kritischen Öffentlichkeit in den westlichen Industriestaaten allmählich durch. In den rasant wachsenden Schwellenstaaten sieht man das mitunter etwas anders.

# Die neuen Player an den Rohstoffmärkten: BRICS

Rekordverdächtige Energie- und Rohstoffpreise haben in Europa tiefe Spuren hinterlassen und teilweise massive Gefährdungen in einzelnen Branchen erzeugt, begleitet vom Einknicken der globalen Konjunktur. Neu ist, dass auch die wichtigsten Schwellenländer mit bisher zweistelligen Wachstumsraten Abschwünge erleben. Insbesondere China als Weltmarktlokomotive und größter Rohstoffeinkäufer korrigierte seine bisher zweistelligen Wachstumsraten in den einstelligen Bereich. Doch sind sie immer noch doppelt so hoch wie in Europa oder den USA. Ähnlich sieht es bei den meisten anderen BRICS-Staaten aus.

Der Begriff BRIC-Staaten, zunächst ohne »S«, wurde von einem Mitarbeiter der Großbank Goldman Sachs um die Jahrtausendwende geprägt und wird seit Ende 2001 breit verwendet. Er war nicht nur als Pendant zu den G8-Staaten gedacht, durch die sich die großen Schwellenländer nicht richtig vertreten fühlten, sondern sollte auch für einen neuen ökonomischen und gesellschaftlichen Aufbruch in diesen Ländern stehen. Im Dezember 2010 erhielt dann Südafrika offiziell durch den BRIC-Staat China, in Abstimmung mit den anderen Gruppenmitgliedern, die Einladung zur Aufnahme in die Gruppe, und Südafrika wurde kooptiert. Diese Fünfer-Gruppe repräsentiert mit fast drei Milliarden Einwohnern rund 43 % der Weltbevölkerung und erzielt ein Viertel der Weltwirtschaftsleistung. Größe erzeugt auch wachsendes Selbstbewusstsein. Ähnlich ist es bei den MIST-Staaten zu beobachten: Mexiko, Indonesien, Südkorea und die Türkei sind ebenfalls aufstrebende Volkswirtschaften mit vielversprechenden Märkten.

Die BRICS-Staaten sind zwar in ihrer politischen Verfasstheit sehr unterschiedlich und verfolgen stark voneinander abweichende

Ziele, weshalb es seit der Gründung bisher keine richtungweisenden gemeinsamen Beschlüsse gegeben hat, aber Ende März 2013 vereinbarten sie die Schaffung einer eigenen Entwicklungsbank.

Die Staaten der Gemeinschaft wollen als Grundstock dafür jeweils zehn Mrd. Dollar bereitstellen. Gleichzeitig wird ein BRICS-Antikrisenfonds als Währungspool aufgebaut. Er soll, basierend auf den jeweiligen Devisenreserven, mit maximal 100 Mrd. Dollar Verfügungsmasse zur gegenseitigen Unterstützung bei Finanzkrisen dienen. Für Südafrika als kleinstes Mitglied bedeutet diese Einrichtung eine Belastung von 2,5 % seiner Wirtschaftsleistung, für China jedoch nur 0,12 %. Beides, Bank und Pool, signalisiert eine eigenständige Positionierung neben dem Internationalen Währungsfonds IWF und der Weltbank. Damit soll ausgeschlossen werden, dass die beiden Organisationen sich durch ihre Auflagen zu sehr in die inneren Angelegenheiten der BRICS-Staaten einmischen.[1]

Begleitet wird dieser Prozess von Vereinbarungen über einen bilateralen Wirtschaftsaustausch auf Grundlage der jeweils eigenen Währungen, was eine Lösung von Dollar und Euro bedeutet. Sitz der Bank soll Kapstadt sein. China und Brasilien nahmen dies zum Anlass, in einem bilateralen Abkommen auch den zwischenstaatlichen Handel zu regeln. Er soll bis zu einer Höhe im Wert von 30 Mrd. US-Dollar in ihren eigenen Währungen abgewickelt werden.[2] Sollte das Experiment erfolgreich sein, wird es auf die internationale Finanzarchitektur wesentlich Einfluss nehmen.

Die BRICS-Staaten sind in ihrer Mehrheit zu einem Synonym für eine gewaltige ökonomische Aufholjagd geworden, gelten als Wachstumstreiber bei Produktion und Konsumtion. Sie wollen auf allen Ebenen wettbewerbsfähig werden. Diese Entwicklung in den letzten Jahren war nur durch den anhaltenden Rohstoffboom möglich. Dadurch konnte die Exportindustrie wachsen – mit einem Anteil an Fertigwaren. Einnahmen aus dem Rohstoffexport wurden genutzt, um Investitionen zu tätigen und Beteiligungen im Ausland zu erwerben. Ohne die BRICS-Staaten würde die Weltwirtschaft heute wesentlich stärker in der Rezession stecken. Sie haben sich inzwischen auch zu den größten Konkurrenten der Industrieländer gemausert. China kauft 58 % des Eisenerzes, 36 % der Kohle und 27 % des Kupfers vom Weltmarkt weg.

Das Institut für internationale Wirtschaftspolitik der Universität Bonn hat in einer Studie über außenwirtschaftliche Maßnahmen der BRIC-Staaten die Unterschiede zwischen den einzelnen Ländern (noch ohne Südafrika) herausgearbeitet. Während China auf die Steigerung der Im- und Exporte setzt, den Auslandsbergbau fördert und strategische Partnerschaften mit rohstoffreichen Ländern eingeht, konzentrieren sich die anderen BRIC-Staaten eher auf Rohstoffexporte und subventionieren ihre weiterverarbeitende Industrie, die teilweise auch noch durch Importzölle und Steuern geschützt wird.[3]

Gleichzeitig verfolgen die BRICS-Staaten die Strategie, ihre Rohstoffe verstärkt im eigenen Land zu verarbeiten, um hochwertige Produkte damit zu fertigen. China hat sein Potential bereits bei den Tablet-PCs und der PC-Fertigung durch eigene Marken demonstriert. Für seine anderen Fertigprodukte will es die Rohstoffe in Zukunft selbst aufbereiten. Damit ließe sich auch die Beteiligung an der Wertschöpfungskette wesentlich vergrößern. Deutsche Unternehmen exportierten 2011 für 129 Mrd. Euro, im Wesentlichen Maschinen und Fahrzeuge, in die BRICS-Staaten. Die Importe aus diesen Ländern betrugen 138,8 Mrd. Euro. Aus Russland waren es zu 70 % Erdöl und Erdgas und zu 10 % Metalle, aus Brasilien Erze und Agrarprodukte, Nahrungs- und Futtermittel. Aus China werden Computer und Unterhaltungselektronik sowie Bekleidung importiert, aus Indien vor allem Bekleidung und aus Südafrika Metalle, Erze und Automobilteile.[4] Der Anteil der Gruppe am Weltbruttoinlandsprodukt verdoppelte sich zwischen 2000 und 2010 auf 32,4 %.[5] In der Debatte um nachhaltige Entwicklungsstrategien sind die fünf Staaten allerdings kaum zu hören. In der UN-Umweltkonferenz in Rio 2012 wurde deutlich, dass sie in beängstigender Nähe zur Umweltpolitik der USA stehen, was mit den Interessen der EU nicht in Einklang zu bringen ist. Mit dem weltweiten Emissionsrekord von 31,6 Gigatonnen Kohlendioxid 2011 hat China die USA als größten Emittenten von Klimagasen abgelöst. Während die Industrieländer auf eine Verlangsamung des Ausstoßes setzen, nehmen die Emissionen in den BRICS-Staaten massiv zu. Der zentrale Widerspruch, in den diese Schwellenländer zunehmend geraten, ist die anstandslose Übernahme des westlichen Konsum- und Produktionsmodells, was ohne Verlust der eigenen Lebensgrundlagen aber nicht wiederhol- und übertragbar ist und damit zum Politikum wird.

Den Hoffnungsträgern der Weltwirtschaft ist um die Jahresmitte 2013 klar geworden, wie sehr ihre Entwicklung von äußeren Ent-scheidungen abhängt. Nach der Ankündigung der Federal Reserve, der Zentralbank der USA, Mitte August, dass die Ära des billigen Geldes zu Ende geht und somit die Zinsen wieder steigen werden, erschien den Investoren nun eine Anlage in den USA attraktiver als in den Schwellenländern. In fast panikartiger Reaktion zogen sie ihre Gelder zurück, wovon besonders die BRICS-Staaten betroffen waren.[6]

Seit das Akronym BRICS vor zwölf Jahren geprägt wurde, sind diese fünf Länder die Boomstaaten gewesen, die ihren Anteil am glo-balen Bruttoinlandsprodukt in dieser Zeit verdreifachen konnten. Nun tritt Ernüchterung ein. Außer in China haben sich in den ande-ren Staaten die wirtschaftlichen Probleme erneut verschärft. Brasilien geht die finanzielle Kraft aus, um die lange angekündigten und un-entbehrlichen Infrastrukturprojekte umzusetzen, während der sozi-ale Druck gleichzeitig wächst. Der Wertverlust der Währung nimmt kontinuierlich zu, weshalb vielen Finanzexperten eine Abwertung unvermeidlich scheint.[7] Russland hängt als exportorientierte Roh-stoffökonomie fast ausschließlich von den Preisschwankungen auf dem Weltmarkt ab. Die ausländischen Unternehmen sind mit neuen Investitionen sehr zurückhaltend, weil sie unter schwer kalkulierba-ren politischen und bürokratischen Bedingungen operieren müssen. Die anhaltende Korruption schafft zusätzliche Unsicherheit.

China, die »Werkbank der Welt«, fungiert in diesem Kontext wie ein Fieberthermometer, dessen Ausschläge weltweit mit Sorge beob-achtet werden, nachdem für die nächste Dekade von einem neuen durchschnittlichen Wachstum zwischen 7 und 8 % prognostiziert wurde. Das ist zwar hoch, reicht aber nicht aus, den angeschobenen Prozess der sozialen Veränderungen weiterzuführen.

Indien musste seine Währung abwerten. Der Zustand der indi-schen Wirtschaft hat sich nicht verbessert und die Politik ist offenbar unfähig, notwendige Reformen gegen einen bürokratischen Moloch und wachsende Korruption durchzusetzen.

# B – wie Brasilien

Aus dem von Militärdiktaturen (1964–1985) gebeutelten Pleite-
staat Brasilien ist inzwischen die sechstgrößte Volkswirtschaft der
Erde geworden, die 2013 bereits Großbritannien verdrängt hat. Der
Reichtum basiert weitgehend auf eigenen Ressourcen. Brasilien mit
seinen enormen Reserven wird als das Rohstofflager der Welt angesehen. Hier gibt es die weltgrößten Vorkommen an Eisen, Kupfer,
Nickel, Bauxit und Mangan. Hinzu kommen Erdöl, Erdgas und die
Agrarrohstoffe. Seit der letzten Dekade fließen hier zum ersten Mal
in der Geschichte des Kontinents die Erlöse aus den Exporten nicht
mehr nur in die Taschen einer korrupten Oligarchie, sondern bilden
auch die Basis großer sozialer Entwicklungs- und Integrationspro-
gramme zur Armutsbekämpfung und für Infrastrukturprogramme.

Dieser Unterschied zur bisherigen Politik geht im Wesentlichen auf die Präsidentschaft von Luiz Inácio da Silva, genannt Lula
(2003–2010), zurück. Mit ihm erlebte das Land eine große gesellschaftliche Umwälzung. In weniger als einer Dekade verbesserten
32 Millionen Brasilianer ihre ökonomische Situation und stiegen in
die Milieus der Mittelschicht auf. Gleichzeitig sank die Armutsrate
der 198-Millionen-Bevölkerung – mit hohen regionalen Unter-
schieden – wesentlich.[8] Hauptproblem Brasiliens ist der wachsende
Konsumbedarf, der sich entsprechend auf die Importquote auswirkt.
Dem dadurch zunehmenden Devisenabfluss versucht man mit hohen Zöllen zu begegnen. Strategisch will das Land seine wirtschaftliche Entwicklung enger an die eigene Industrieentwicklung binden
und die Rohstoffexporte einschränken. Als Zulieferer zu den Investi-
tionsprojekten sollen lokale Unternehmen auftreten, die jedoch
technologisch und von der Qualifikation der Mitarbeiter her noch
einige Defizite überwinden müssen.

2011 wuchs die Wirtschaft nur um 2,5 %, 2012 sogar nur um 1 %.
Innerhalb der BRICS-Staaten rutschte das Land damit auf den letzten
Platz. Dem versucht die Regierung nun mit gigantischen Infrastruk-
turprogrammen und wachsendem Protektionismus zu begegnen.
Raffinerien, Wasserkraftwerke, die Wiederbelebung der Eisenbahn
und sektorale Mittelbereitstellungen stehen auf der Tagesordnung.
Präsidentin Dilma Rousseff will damit an das »ökonomische Wun-

der« ihres Vorgängers anknüpfen. Ob das gelingen wird, ist fraglich,[9] zumal sich gegen kostspielige Prestigeprojekte inzwischen eine breite Protestfront gebildet hat.

Vorrangiges Ziel ist es, den Energiesektor stark auszubauen. Am Amazonas treibt die Regierung die Produktion elektrischer Energie durch – teils äußerst umstrittene – Wasserkraftwerke voran. Neben den bereits bestehenden Anlagen sind 20 weitere Dämme geplant. Bis 2020, so die Hochrechnungen, wird die Nachfrage nach Strom um über 50 % anwachsen. In den großen Städten häufen sich aber noch die Ausfälle. Der weit hinter den Erwartungen der brasilianischen Regierung zurückbleibende Öl- und Gassektor kommt mit der Erschließung neuer Offshore-Vorkommen nicht voran. Petrobras, die nationale Ölgesellschaft, hat enorme hausgemachte Probleme und ist stark bürokratisiert. Die Regierung hat die Vorstellung, die von Petrobras benötigten Tanker, Ölplattformen und das schwere Gerät allein durch brasilianische Unternehmen bauen zu lassen: Deshalb will der Staat nun bis 2016 in diesen Sektor 72 Mrd. US-Dollar investieren.[10]

Rohstoffproduktion in Brasilien: Stand und Aussichten

| ROHSTOFF | PRODUKTION 2012 | PRODUKTION 2013 | RESERVEN (BUNDESSTAATEN) | HAUPTLAGER-STÄTTEN |
|---|---|---|---|---|
| Eisenerz (in Mio. t) | 511 | 1098 | 29000 | Minas Gerais, Pará |
| Bauxit (in Mio. t) | 35 | 79 | 3800 | Pará |
| Gold (in t) | 65 | 200 | 1590 | Minas Gerais, Goiás, Bahia |
| Kupfer (in 1000 t) | 450 | 1000 | 17300 | Pará, Goiás, Bahia |
| Niob (in 1000 t) | 90 | 250 | 842500 | Minas Gerais, Amazonas |
| Nickel (in 1000 t) | 83 | 132 | 8700 | Bahia, Goiás, Minas, Gerais |
| Mangan (in Mio. t) | 2,7 | 8,2 | 235 | Minas Gerais |

Quelle: Germany Trade&Invest, 8.3.2013

Das größte Bergbauunternehmen ist der brasilianische Konzern Vale do Rio Doce mit einer jährlichen Produktion von 511 Mio. Tonnen Eisenerz und hohen Reserven. Nahezu die Hälfte des Eisenexports geht nach China. Besondere Bedeutung hat das Metall Niob. Es ist äußerst selten, wird als Legierungsbestandteil für Spezialstähle, LCD-Bildschirme und hochtemperaturfeste Drähte verwendet. Brasilien gilt mit 97 % vom weltweiten Vorkommen quasi als Monopolist auf dem Weltmarkt. Bei Gold wird in den nächsten Jahren eine Verdopplung der Produktion auf 130 Tonnen erwartet.[11]

Die Landwirtschaft konzentriert sich derweil auf die massive Ausweitung der Soja- und Zuckerproduktion zur Herstellung von »Energiepflanzen«, die das verfügbare Land zunehmend auffrisst und die Kleinbauern landarm lässt. Brasilien ist der größte Zuckerproduzent der Welt und hat zu einem wachsenden Überangebot beigetragen, sodass 2012 der Weltmarktpreis um 28 % fiel. Seitdem wird verstärkt Ethanol hergestellt. In Brasilien fahren bereits mehr als 50 % der Fahrzeuge mit Ethanol. Der Anteil von Ethanol im übrigen Treibstoff wurde im Mai 2013 von 20 % auf 25 % angehoben.[12]

Im Vordergrund der Wirtschaft stehen die Eisenerz-, Bauxit- und Aluminiumexporte, insbesondere aber die Agrarrohstoffe Soja, Zucker, Ethanol, Fleisch, Kaffee und Zellulose.

Aber der Wachstumsrausch ist erst einmal vorbei.[13] Die Exportwirtschaft im Rohstoffsektor leidet unter den stark gesunkenen Importbedarfen Chinas und Europas. Aber es gibt auch genügend selbstgemachte Probleme, wie eine überbordende Bürokratie, die wirtschaftliche Initiativen lähmt. Die sollen nun verstärkt angegangen werden.[14]

## R – wie Russland

Zunächst könnte man vermuten, Russland habe es ökonomisch geschafft. In etwas mehr als zehn Jahren konnte die Verschuldung radikal gesenkt werden. Das Bruttoinlandsprodukt pro Kopf stieg von 6129 Euro 2009 auf 9309 Euro im Jahr 2011. Aber Russland leidet unter dem »Fluch des Ressourcenreichtums«. Die gewaltige Abhängigkeit von den Rohstoffexporten, insbesondere von den Energierohstoffen Gas und Öl, macht die Staatseinkünfte allerdings zum Spielball der Weltmarktpreise.

Bereits Präsident Dmitri Medwedjew (2008–2012) forderte einen strukturellen Wandel unter der griffigen Formel: »Raus aus der Rohstofffalle«. Die Wirtschaft des Landes soll sich von der Rohstofflastigkeit befreien und die Wertschöpfung im eigenen Land weiter ausbauen. Der Staat legte dafür entsprechende Programme auf. Allein für die Verbesserung der Energieeffizienz sollen bis 2020 rund 250 Mrd. Euro bereitgestellt werden. Da Russland wichtige Lebensmittel importieren muss, legt die Regierung ein Schwergewicht auf die Entwicklung der Landwirtschaft, der Lebensmittelindustrie und der dafür erforderlichen Logistik.[15]

Um die moderne Industrie anzukurbeln, werden auch Unternehmen direkt unterstützt: Hightech-Investitionen zur Entwicklung der Nanotechnologie beim Staatskonzern Rusnano sind zuletzt mit jährlich rund einer Milliarde Euro bedacht worden. Allen Beteiligten ist klar, dass ohne Investitionen in den Kommunikationssektor und die Netztechnologie die Entwicklung stagnieren wird. Ein Geflecht von Bürokratie, Korruption und staatlicher Gängelung, gepaart mit inadäquaten Qualifizierungssystemen und maroder Infrastruktur, bremst allerdings den wirtschaftlichen Ausbau. Kleine marktnahe Unternehmen, die Entwicklungsschübe einbringen können, haben es besonders schwer.

Oliver Bilger, der Korrespondent des *Handelsblattes* in Moskau, sieht die Wirtschaft Russlands wie ein (Potemkin'sches) Haus mit einer aufgehübschten Fassade auf einem Fundament mit sehr tiefen Rissen. Zwar gibt es auch in Russland Wachstumsraten von über 4 %, steigende Lohnzahlungen und Konsumwachstum bei einer Arbeitslosigkeit, die auf 6 % gesunken ist, und einer Inflationsrate von ebenfalls 6 %,[16] doch jeder fünfte Russe denkt ans Auswandern. Bei den Jugendlichen sind es gar 40 %.

Die Entwicklungsprognose des BIP liegt für 2013 bei 3,5 %, wenn – und damit wird die Abhängigkeit deutlich – der Preis für ein Barrel Rohöl der Sorte Ural nicht unter 80 Dollar sinkt. Sonst bricht das Wachstum auf 1,5 % ein.[17]

Kernproblem bleibt, dass in vielen Sektoren der Wirtschaft zu wenig investiert wird, weil das Kapital bevorzugt ins Ausland abfließt. Die russische Zentralbank rechnete 2012 mit einem Kapitalabfluss von 60 bis 65 Mrd. US-Dollar. Die höchste russische Auslandsinvestition war 2012 mit 54,76 Mrd. Euro im Krisenstaat Zypern ausgewiesen. An siebter Stelle werden mit 9,26 Mrd. Euro die Virgin Islands genannt. Dadurch lassen sich, finanztechnisch ausgedrückt, bestimmte Holding- und Offshore-Strukturen nutzen.

Vor der Krise im März 2013 war Zypern unter russischen Unternehmern als Steueroase sehr beliebt. Sie hatten schätzungsweise insgesamt 20 Mrd. Euro bei zypriotischen Banken angelegt. Aber auch russische Banken halten in Zypern Konten, deren Gesamtvolumen Ende 2012 auf mehr als zwölf Mrd. geschätzt wurde. Im Verhältnis zur Wirtschaftsleistung Zyperns ist dies außerordentlich hoch, da das Bruttoinlandsprodukt des Inselstaates 2012 nur bei 24 Mrd. Dollar lag. Präsident Putin, so die Zeitschrift *Russland heute*, schaltete sich persönlich in den Rettungsplan der EU für Zypern ein, da diese vorsah, Bankkonten mit hohen Zwangsabgaben zu belegen. Russland, obwohl von der zypriotrischen Regierung dazu aufgefordert, weigerte sich aber, ein weiteres Darlehen zu gewähren, und hält sich insgesamt bedeckt.[18]

Wie wenig der industrielle Sektor Russlands bisher aufholen konnte, wird daran deutlich, dass der Export im Maschinenbaubereich nur 2 % ausmacht. Der weitaus größte Teil der Konsumgüter kommt aus dem Ausland. Die eigenen Produkte sind auf dem Weltmarkt in Bezug auf ihre Qualität zumeist nicht konkurrenzfähig. Die Weltbank hat Russland in ihrem Doing-Business-Index auf Platz 120 eingestuft, zwischen den Kapverdischen Inseln und Costa Rica.[19]

Die Wirtschaft basiert nach wie vor auf dem Export von Rohstoffen, im wesentlichen Öl und Gas, über die 67 % aller Einnahmen erwirtschaftet werden. Quantitativ belief sich die Erdgasförderung 2012 auf 654 Mrd. m$^3$, wovon 187 Mrd. m$^3$ in den Export gingen. Die Erdölförderung betrug 518 Mio. Tonnen. 239 Mio. Tonnen davon wurden exportiert. Die Kohleförderung wird mit 352 Mio. Tonnen angegeben. Mehr als ein Drittel davon (125 Mio. Tonnen) wurde ins Ausland verkauft.[20]

Mit dem Beitritt des Landes zur Welthandelsorganisation (WTO) im Jahr 2012 ist dem Druck zur strukturellen Veränderung nicht mehr auszuweichen. Andernfalls droht die eigene Industrie auf der Strecke zu bleiben. Die russischen Unternehmen müssen international konkurrenzfähig werden.

Hohe Importzölle sollen in einer Übergangszeit von bis zu acht Jahren die einheimische Wirtschaft schützen. Präsident Putins Ziel ist es, zu den fünf großen Wirtschaftsmächten aufzuschließen. Finanzierbar wird das nur durch die Erweiterung der Rohstoffausbeute und die Erschließung neuer Lagerstätten. Die Ölindustrie versucht dies bereits mit massivem Kapitaleinsatz. Durch Aufkäufe von Beteiligungen des Ölkonzerns BP mutiert der Energiestaatskonzern Rosneft zum größten börsennotierten Ölkonzern der Welt, noch vor Petrochina und Exxon Mobil.[21] BP braucht Geld, um die Folgen der Ölpest im Golf von Mexiko zu bewältigen und Zugänge zu neuen Förderquellen zu erschließen. Gleichzeitig wehren sich Gazprom und Rosneft dagegen, dass Lizenzen über Bodenschätze vom Staat an private Konsortien und ausländische Unternehmen vergeben werden. Sie fordern Gemeinschaftsunternehmen mit den ausländischen Konzernen. Russland braucht deren Knowhow.

Die dringend benötigten Direktinvestitionen von ausländischem Kapital fließen spärlich. Die Furcht vor einer ineffizienten und korrupten Bürokratie und vor politischer Einflussnahme ist noch zu hoch.

Der Staat hat schon mehrmals ausländische Partner hinausgedrängt und reserviert nun ganze Regionen, wie die Arktis, für die Staatsbetriebe. Zur weiteren Ausbeutung von Lagerstätten, insbesondere an der arktischen Küste, hat der russische Ölkonzern Rosneft mit Exxon Mobil, der italienischen Eni und der norwegischen Statoil einen weitgehenden Vertrag unterzeichnet.

# I – wie Indien

Wegen seiner extremen Widersprüche fällt es schwer, Indien im Kontext der BRICS-Staaten einzuordnen. Es hat beträchtliche Rohstoff- und Energieengpässe, insbesondere bei Kohle und Eisen, obwohl es zu den Ländern gehört, die über die größten Kohlevorräte der Welt verfügen. Der Staat reglementiert fast alles: die Produktionsmenge der einzelnen Regionen, die Ausfuhrsteuern für Rohstoffe, die jüngst erst wieder erhöht wurden.[22]

Nahezu überall gibt es einen nachvollziehbaren Reformstau, die Investitionen gehen zurück. Eine nach wie vor mächtige, ebenso ineffiziente wie korrupte Bürokratie und die sehr geringe Produktivität werden allgemein dafür verantwortlich gemacht, dass der verarbeitende Sektor weit unter seinen Möglichkeiten bleibt. China erreicht 45 % des globalen Wachstums der verarbeitenden Industrie von Billiglohnländern, Indien lediglich rund 5 %. Einander widersprechende Regulierungen und Verordnungen und das Staatseigentum an Banken und großen Unternehmen werden als Bremsfaktoren angesehen.[23]

Die Industrieproduktion ist insgesamt schwach entwickelt, wesentlich stärker sind der Agrar- und Dienstleistungssektor. Die drittgrößte Volkswirtschaft Asiens erzielte 2011 mit 6,9 % die niedrigste Wachstumsrate seit 2002, bei einem Rekordhandelsdefizit von 185 Mrd. US-Dollar.[24] Für die 1,2 Mrd. Einwohner, von denen 600 Millionen als arm einzustufen sind, führten schlechte Ernten zu einem zweistelligen Anstieg der Lebensmittelpreise.[25] Die Landwirtschaft ist zusammen mit dem Bergbau nur mit 18 % am BIP beteiligt.

Um die Wirtschaft anzukurbeln, soll zunächst die Energieproduktion verbessert werden, wozu in den nächsten Jahren 455 neue Kohlekraftwerke an das Netz gehen sollen. In elf Jahren will man die Stromerzeugung aus Kohlekraft verdreifachen und zusätzliche 200 000 Megawatt aus den geplanten Kraftwerken erzeugen.[26] Damit soll dann auch die ländliche Entwicklung befördert werden.

Der Hauptteil der neuen Energie wird aber für die Erschließung und Verarbeitung der zahlreichen mineralischen Ressourcen gebraucht, die man künftig nicht weiter exportieren und verstärkt im eigenen Land nutzen will.

# C – wie China

»Der gefräßige Drache«, wie der *Economist* China nennt, hat sich in den letzten zehn Jahren zur zweitmächtigsten Volkswirtschaft der Welt gemausert, ist zu ihrem wichtigsten Exporteur geworden, dem wichtigsten Eigner von Devisenreserven und zum größten Gläubiger der USA. Auch für die deutsche Wirtschaft ist China ein wichtiger Partner. Das wird schon daran deutlich, dass drei Viertel aller Oberklassefahrzeuge, die in China zugelassen werden, deutsche Marken sind. Ein Viertel der chinesischen Importe sind deutsche Maschinen und Anlagen. Dass der neue chinesische Ministerpräsident Li Keqiang Ende Mai 2013 bei seiner ersten Europareise ausschließlich Berlin ansteuerte, ist daher wenig verwunderlich.

Chinas Wachstum hat sich allerdings etwas abgekühlt. 2012 waren es »nur« 7,7 %.[27] Die Gründe für das frühere Wachstum von mehr als 10 % waren billige Arbeitskräfte und daher das Outsourcing ganzer Produktionsprozesse nach China. Nun verlagert das ausländische Kapital kostenintensive Produktionsteile wieder weg aus China, da die Lohnkosten zu sehr gestiegen sind: im Jahr 2011 um 10 % bei einer Inflation von 13 %. Die chinesische Währung gilt gegenüber dem US-Dollar als überbewertet.

Die chinesischen Wirtschaftsstrategen arbeiten daran, auch nach dem Personalwechsel an der Spitze der Kommunistischen Partei im Herbst 2012 die wirtschaftliche Liberalisierung fortzusetzen. Dabei soll eine Umstellung weg von arbeitsintensiver Technologie hin auf Hightech-Produkte vollzogen werden.[28]

Die grundlegende Basis für diese Strategie sind die eigenen Rohstoffe.

China braucht auf diesem Weg dreimal so viel Industriemetalle wie ganz Westeuropa, ist zum Rohstoffverbrauchsland Nr. 1 geworden. Allein bei der Versorgung mit Eisenerz reicht die eigene Förderung nicht aus. 2013 wird China voraussichtlich bis zu 800 Mio. Tonnen Eisenerz einführen müssen, was gegenüber 2012 eine Steigerung um 4 % bedeutet. Die Stahlproduktion soll 750 Mio. Tonnen im Jahr 2013 betragen. Da die Eisenerzproduktion in China aber nur 400 Mio. Tonnen erreicht, muss die Lücke durch Importe geschlossen werden.[29]

Trotz umfangreicher eigener Rohstoffvorkommen ist China zum größten Einkäufer auf der Welt geworden. Auch im Verbrauch von Öl, Kohle, Stahl und Kupfer steht das Land an der Weltspitze. Größtes Wachstumshemmnis ist momentan noch die mangelnde Energieversorgung.

Erste Priorität hat deshalb die Versorgungssicherheit mit Öl und Gas. China rückt deshalb auch näher an Russland, das sich bereit erklärt hat, seine Erdgasexporte wesentlich zu erhöhen. Ab 2018 sollen 38 Mrd. m³ an China geliefert werden, mit der Option einer Erhöhung auf 60 Mrd. m³. Ab 2013 werden auch die vereinbarten Öllieferungen von 15 Mio. Tonnen um 800 000 Tonnen jährlich aufgestockt werden.[30]

Um das geplante Wachstum realisieren zu können, sucht China inzwischen weltweit nach Rohstofflagerstätten oder bietet Beteiligungen bei Energieproduzenten an. In der Praxis hat dies insbesondere in der Kooperation mit afrikanischen Staaten Züge eines wachsenden Neomerkantilismus angenommen, der sich lapidar mit einer Shoppingtour beschreiben lässt. Dieses Vorgehen wird flankiert von Finanz- und Wirtschaftshilfe, so auch in Zentralasien, Russland und Lateinamerika. Wie weit dabei die Chinesen bei ihrer Energiediplomatie vordringen, wird beispielhaft an der Kooperation mit Kanada deutlich. Chinas größtes Ölunternehmen, die China National Offshore Oil Company CNOOC, hat 2012 die kanadische Öl- und Gasförderergesellschaft NEXEN für 15,1 Mrd. US-Dollar übernommen und damit bei der größten Fusion eines chinesischen mit einem ausländischen Unternehmen einen wichtigen strategischen Partner gewonnen.[31] NEXEN verfügt über spezielles Knowhow im Abbau von Ölsand und dessen komplizierter Weiterverarbeitung zu Öl. China kann diese Erfahrung sehr gut für die Erschließung seiner eigenen Ölsandvorkommen gebrauchen. Das chinesische Übernahmeangebot hat die USA auf den Plan gerufen,[32] deren wichtigster Öllieferant der Nachbar Kanada ist. So haben die USA ein hohes strategisches Interesse an der Absicherung der Ölsandvorkommen und sehen dieses durch die chinesische Übernahme gefährdet. CNOOC stach alle Konkurrenten aus, da man sofort bezahlte, was in der Branche sehr außergewöhnlich ist. Damit haben sich die Chinesen einen wichtigen Zugriff auf eine der bedeutendsten Förderzonen der Welt gesichert. Durch die Verschachtelung des NEXEN-Konzerns haben sie nun auch Zugriff auf Förderaktivitäten im britischen Teil der Nordsee, im Golf von Mexiko und vor der Küste von Nigeria. Zum gleichen Zeitpunkt kaufte die chinesische SINOPEC 49 % de Förderkapazitäten von Kanadas Talisman Energy in der Nordsee.[33] Bereits 2005 hatte sich CNOOC beim Ölsand-Aufbereiter MEG Energy in Kanada eingekauft.[34]

China selbst fährt aber gegenüber ausländischen Investoren eine ganz andere Politik. Diese können in China im Rohstoffsektor nur Joint-Venture-Beteiligungen mit chinesischen Industrieunternehmen eingehen, mit festgelegter Höchstgrenze. Einfluss sichert sich China auch durch seine Investitions- und Kreditvergabepolitik in der »Dritten Welt«. China vergibt inzwischen mehr Kredite als der Internationale Währungsfonds IWF. Zwischen 2009 und 2011 waren es 110 Mrd. US-Dollar (der IWF blieb mit 100 Mrd. knapp darunter). Für Entwicklungshilfe will das Land den afrikanischen Partnern bis 2015 rund 20 Mrd. Dollar bereitstellen. Damit ist China Afrikas wichtigster bilateraler Handelspartner und hat eine dementsprechende Rolle als »herausragende Macht für die Entwicklung Afrikas« übernommen, wie Steve Davis im *McKinsey Quarterly* analysiert.[35] Chinas Auslandsinvestitionen fließen zu 45 % in den Bergbau und zu 48 % in den Energiesektor.[36] Zur weiteren Absicherung von Rohstoffen wird China – neben Russland – auch in Lateinamerika aktiv. 2010 gingen dorthin 40 % der Auslandsinvestitionen. Zielländer sind vor allem Brasilien, Venezuela und Argentinien.

Gerade in der Finanzkrise war es für viele Staaten schwierig, an Kredite zu kommen. Diese Situation nutzte China mit seinen großen Währungsreserven und stellte Kredite zu günstigen Bedingungen gegen Öllieferungen zur Verfügung. In seiner »Go-Global Strategie«, die bereits 2001 aufgelegt wurde, wächst dem Automobilsektor eine besondere Rolle zu.[37] Die Volksrepublik ist größter Neuwagenmarkt der Welt und steht inzwischen als Produktionsort vor den USA, Japan und Deutschland. Im eigenen Land werden allerdings noch die Importe aus Europa und den USA vorgezogen. In Europa haben die chinesischen Marken noch nicht ihre Käuferschicht gefunden, Mit »Great Wall« verbindet man nicht unmittelbar einen PKW.[38]

China geht bei seiner ökonomischen Planung von traditionellen

Wachstumsmustern aus und argumentiert, dass mindestens 6 % Wachstum notwendig seien, sonst würde die Wirtschaft des Landes kippen und man könne die Jobnachfrage von Millionen Menschen nicht bedienen. In China haben in einem sehr kurzen Zeitraum über 300 Millionen Menschen die Armutsgrenze überwunden. Trotzdem wächst die soziale Ungleichheit. Die politische Führung bedient die Mittelklasse, die anders als in den westlichen Staaten zu wesentlichen Teilen im Staatssektor arbeitet. Sie hat mittlerweile einen Lebensstand erreicht, der über die Befriedigung der Grundbedürfnisse hinausgeht. Diese soziale Schicht wird mit einem Anteil von 13 % der Weltbevölkerung im Jahr 2020 die quantitativ konsumstärkste sein.[39] Die Wirtschaft soll daher stärker auf den Binnenkonsum gelenkt werden, was auch eine Reduzierung der Abhängigkeit vom Ausland bewirken soll.[40]

Im Energiesektor setzt China verstärkt auf Kohlekraftwerke und hat in seinem letzten Zwölfjahresplan 16 gigantische neue Kraftwerke vorgesehen, deren Ansiedlung in den nördlichen Provinzen in unmittelbarer Nähe zur Förderung vorgesehen ist.[41] Bis 2020 sind 400 weitere Kohlekraftwerke geplant.[42] China ist der weltweit größte Produzent und Konsument von Kohle. Mit Wachstumsraten in der Kohleförderung von durchschnittlich 8 % förderte China 2010 2,5 Mrd. Tonnen, was jedoch zur Abdeckung des Bedarfes noch nicht ausreicht und das Land zwingt, Kohle zu importieren. Die vermutete Größe eigener Vorkommen liegt bei elf Billionen Tonnen.[43] Mit Kohle werden in China 70 % der Energie erzeugt. Der Anteil der erneuerbaren Energien liegt bei 20 %, meist aus Wasserkraftwerken. Seitdem das Energiesparen per Verordnung durch den Staat vorgeschrieben wird, schießen die Windgeneratoren wie Pilze aus dem Boden. Jedes neue Haus muss in Zukunft auf den nutzbaren Flächen Sonnenkollektoren ausweisen. Eine halbe Billion Euro stellt der aktuelle Zwölfjahresplan für den Ausbau der Branche bereit. Die Dumpingpolitik, die China mit dem Export von Solarzellen betreibt, wird in den USA mit Strafzöllen belegt, weil sie davon ausgehen, dass die chinesische Regierung die Produktion subventioniert und sie dadurch konkurrenzlos billig macht. 2009 führten die USA Solarzellen im Wert von 640 Mio. US-Dollar ein, 2011 für 3,1 Mrd. Dollar. In Deutschland führten die Billigimporte zu einem Überangebot. Einige Unternehmen der Solarindustrie mussten Insolvenz anmelden.[44] Deswegen verhängte die EU-Kommission Anfang Juni 2013 vorerst Strafzölle in Höhe von 11,8 % auf chinesische Solarmodule.[45] China konterte prompt mit Sanktionen gegen europäische Weine, Importe von europäischen Luxuslimousinen und rostfreien Stählen.[46] Im Juli 2013 wurde dann ein Kompromiss vereinbart, der China einen Mindestpreis und eine Einfuhrquote vorschreibt. Verstöße werden weiterhin mit Strafzöllen belegt. Im Gegenzug nahm die chinesische Regierung ihre Vergeltungsmaßnahmen zurück. Europas Solarbranche geht der Kompromiss nicht weit genug. Sie will vor den Europäischen Gerichtshof ziehen.

Auch in der Arktis hat sich China als »Quasianrainer« in Position gebracht. China ist in der Region zu einem »aggressiven Player« geworden, so die *New York Times*.[47] Im August wurde der erste chinesische Frachter durch die Nordostpassage geschickt, begleitet von einer diplomatischen Offensive der Chinesen, ständiger Beobachter im Arctic Council zu werden. Der frühere chinesische Ministerpräsident besuchte alle wichtigen Anrainerstaaten der Arktis und bot Kooperation und Investitionen für die Rohstoffausbeutung an. In Grönland investieren chinesische Unternehmen in ein Bergbauprojekt und übertragen dort auch ihr Afrikamodell, indem sie zur Kostensenkung chinesische Arbeiter mitbringen, die mehr als zehn Stunden am Tag arbeiten. Die EU ist bemüht, durch Investitionsofferten an Grönland dort die Ausbeutung von Seltenen Erden Metallen durch China zu unterbinden.

## S – wie Südafrika

Der Goldpreis sackte im April 2013 sprunghaft ab und riss den Platinpreis mit. Für Südafrika bedeutet das eine Verschärfung der Krise, in der sich der Sektor nach den großen Streiks im August 2012 befindet. Befürchtet werden Massenentlassungen und Stilllegungen von Minen. Damit sind Unruhen für den Herbst 2013, wenn die Tarifverträge auslaufen, quasi vorprogrammiert.

Die Minenarbeiter werden sehr schlecht bezahlt, was zu wachsenden Protesten und Streiks führt. Ein Hauer, der bei extremen Temperaturen unter unzureichenden Sicherheitsstandards unter Tage in den Platinminen arbeitet, erhält knapp 390 Euro im Monat. Die Forderungen der Arbeiter liegen bei 1200 Euro.

Der Abbau von Edelmetallen in diesem Land, in dem über 80 % der Weltressourcen dieses Sektors lagern, ist fest in der Hand von großen Bergbaukonzernen. Im Juni 2012 schreckte Aquarias Platinum, ein Unternehmen der Anglo American Gruppe, die Branche mit der Ankündigung auf, seine Grube zu schließen. Beim Preis von 1400 Dollar pro Feinunze – das ist unter dem Goldpreis – lohne sich die Förderung nicht mehr. 2010 waren es noch über 2000 US-Dollar. Die Unternehmen unterlaufen zur Kostensenkung die ausgehandelten Tarifverträge, was regelmäßig zu Auseinandersetzungen führt.

Verschärft wird die Situation im Bergbau noch durch konkurrierende Gewerkschaften. Die überforderten staatlichen Organe halten sich heraus. Angesichts einer offiziellen Arbeitslosenquote von 25 % wächst die Enttäuschung in der Bevölkerung. Über 40 % der Menschen in Südafrika leben von weniger als drei US-Dollar pro Tag, und die Einkommensverteilung ist schlechter als zum Ende der Apartheid.[48]

Im Bergbau, Südafrikas wichtigstem Produktionszweig, werden von einer halben Million Arbeiter über 50 % der Deviseneinnahmen erwirtschaftet. Zu den wichtigsten Mineralien zählen Platin, Gold, Eisenerz und Kohle. Das geförderte Platin geht insbesondere in die Schmuckindustrie und findet zu 38 % im Automobilsektor Verwendung, etwa in Katalysatoren und Brennstoffzellen. Doch das teure Platin wird inzwischen immer mehr durch das wesentlich kostengünstigere Palladium ersetzt. Ein starker Produktionsrückgang in der indischen Eisenerzförderung gab Südafrika 2012 die Möglichkeit, seine Exporte nach China wesentlich – auf 40,6 Mio. Tonnen – auszuweiten.[49] Der Wert der Bodenschätze in Südafrika wird insgesamt auf 2,5 Billionen US-Dollar geschätzt, weshalb das Land zu den reichsten Bergbaunationen der Welt zählt.

Ein Kernproblem ist jedoch, dass die meisten Rohstoffe das Land als Roherz verlassen. Alle arbeitsintensiven Prozesse der Rohstoffaufbereitung und -weiterverarbeitung finden nicht in Südafrika statt. Dadurch wird ein großes Potential der Wertschöpfung den Verbraucherstaaten überlassen. Die Regierung will nun eigene Wertschöpfungsketten fördern.[50] Bisher sind jedoch die hierfür nötige Infrastruktur und die entsprechenden industriellen Anlagen nicht vorhanden.

Die Produktionsausfälle in Südafrika ließen die Gold- und Platinpreise 2012 vorübergehend ansteigen. Die US-amerikanische Rating Agentur Moody's drückte trotzdem das Rating für südafrikanische Staatsanleihen nach unten, mit der Begründung, dass die »Regierung verminderte Fähigkeiten hätte, die politischen und wirtschaftlichen Herausforderungen zu lösen«.[51] Präsident Jacob Zuma wird bei ständig wachsender Korruption, Missmanagement und ausufernden Fraktionskämpfen über das zukünftige Wirtschaftskonzept des ANC »grandiose Konzeptlosigkeit« vorgeworfen.[52]

Südafrika, ein Land, das nahezu perfekte Voraussetzungen für Solar- und Windenergiegewinnung hat, setzt weiterhin auf Energie aus fossilen Brennstoffen. Unweit der Stadt Kendal entsteht das größte Kohlekraftwerk im Land und eines der größten der Erde.[53] Kusile (»Sonnenaufgang«) soll mal 4800 Megawatt Strom produzieren. Die Weltbank fördert das Projekt mit einem 2010 bewilligten Kredit über 3,75 Mrd. US-Dollar. Greenpeace-Aktivisten protestierten 2011 vor Ort mit einem Transparent mit der Aufschrift »Klimakiller«, denn der Gigant wird jährlich 37 Mio. Tonnen Kohlendioxid in die Atmosphäre blasen. Schon jetzt steht Südafrika auf der Liste der Treibhausgasemittenten an zwölfter Stelle. Das Land bezieht 90 % seines Strombedarfs aus Kohle. Mit dem neuen Kraftwerk soll die Basis für eine eigene Verarbeitungsindustrie geschaffen werden.

## Rohstoffknappheit in Europa?

Durch den verstärkten Verbrauch der Rohstoffe in den BRICS-Staaten und anderen Förderländern ist in vielen Industriestaaten ein Rohstoffmangel eingetreten. In einer Studie der deutschen Kreditanstalt für Wiederaufbau (KfW) wird eine Gefährdung der deutschen Wirtschaft bei 13 metallischen Rohstoffen aufgeführt. Innovative Zukunftstechnologien, Elektromobilität, Informations- und Kommunikationstechnik sind aber auf diese Stoffe angewiesen, wie auch der nachhaltige Umbau der Energieversorgung. Kritisch sehen die Experten die Versorgung bei Indium, Wolfram, Seltenen Erden, Gallium, Palladium, Silber, Zinn, Niob und Chrom. Zu den sehr kritischen Mineralien gehören Germanium, Rhenium und Antimon.[54]

Die Deutsche Rohstoffagentur DERA geht in der Risikobewertung für die deutsche Industrie noch einen Schritt weiter und fügt Wismut und die Minerale der Granat-Gruppe hinzu.[55]

## Kritische Rohstoffe nach KfW-Studie

| | |
|---|---|
| Antimon | Flammschutzadditiv, Legierungsbestandteil, Leitfähige Schichten; Wichtigstes Förderland: China 90 % |
| Beryllium | Halbleiter, Kern- und Waffentechnik; wichtigstes Förderland: China/USA |
| Fluorit | Flussmittel für Stahl, Gläser und Linsen; Wichtigstes Förderland: China 51 % |
| Gallium | Solarzellen, Flachbildschirme, LED, Hochleistungsmagnete; wichtigstes Förderland: China |
| Germanium | Fiberglas, optische Technologien, Transistoren, Waffentechnologie; wichtigstes Förderland: China 92 % |
| Graphit | Feuerfeste Technologien, Batterien; wichtigstes Förderland: China 64 % |
| Indium | Halbleiter, Dünnfilmbeschichtungen, wichtigstes Förderland: China 61 % |
| Kobalt | Hochtemperaturlegierungen, Hartmetalle, Lithium-Ionen-Akkus; wichtigstes Förderland: DR Kongo 57 % |
| Magnesium | Legierungen Flugzeug-/Fahrzeugbau, wichtigstes Förderland: China 82 % |
| Niob | Stahlveredler, Superlegierungen; wichtigstes Förderland: Brasilien 92 % |
| Platingruppen Metalle | Katalysatoren; Brennstoffzellen; wichtigstes Förderland: Südafrika 77 % |
| Seltene Erden Metalle (MSE) | Zahlreiche Hochleistungstechnologien, Magnete in Generatoren; wichtigstes Förderland: China 97 % |
| Tantal | Mikroprozessoren, Medizintechnik, Waffentechnologie; wichtigstes Förderland: Australien |
| Wolfram | Höchsttemperatur Bereiche, Legierungen; Wichtigstes Förderland: China: 56% |

Die Europäische Kommission hat in einer Arbeitsgruppe eine ähnliche Liste von 14 kritischen Rohstoffen erstellt, die von sehr hoher Relevanz für die Wirtschaft Europas sind, aber zugleich ein hohes Risiko bei der Verfügbarkeit darstellen.[56] Als risikorelevant für die Versorgungssicherheit mit diesen Rohstoffen gelten Kriterien wie die Konzentration auf wenige Abbauländer und wenige Bergwerksunternehmen, eine schwierige Transportinfrastruktur (Seewege), geringe Lagerbestände, geringe Ersetzbarkeit und Missbrauch als Spekulationsobjekt.[57] Das absehbar größte Versorgungsrisiko sehen die Experten im hohen geologischen Konzentrationsgrad auf China, Russland, die DR Kongo und Brasilien.

Um den Problemen in der Rohstoffversorgung Deutschlands zu begegnen, gründete die Helmholtz-Gesellschaft ein neues Institut für Ressourcentechnologie, das insbesondere an der Erschließung von neuen, aber auch von bisher unwirtschaftlichen Lagerstätten arbeiten soll. Es wird vermutet, dass sich in Deutschlands Böden noch ausgiebige unentdeckte Lagerstätten befinden, die man künftig verstärkt untersuchen will.[58]

Die wachsende Rohstoffknappheit bestimmt zunehmend auch die deutsche Außenpolitik und erfordert gleichzeitig eine sich anpassende Sicherheitspolitik. Um Versorgungsengpässe abzumildern, wird wieder eine stärkere Vorratshaltung angeregt, nachdem in der Phase des Lean Managements der 1990er Jahre fast alle Betriebe ihre Lagerkapazitäten abgebaut haben. Damals schien es sinnvoller, mit dem Geld auf dem Kapitalmarkt zu operieren, anstatt sich kapitalbindende Vorräte anzulegen. Inzwischen setzt ein Umdenken ein.

# Neue Wege der Rohstoffgewinnung

## Schürfen im Extremen – neue Lagerstätten

Zunehmende politische Unruhen und Auseinandersetzungen in Förderländern, gepaart mit dem tendenziell restriktiveren Umgang dieser Länder mit Spezialrohstoffen, stellen die Industriestaaten vor ein Dilemma. Deutsche Unternehmen haben beispielsweise kaum Beteiligungen an Bergwerksgesellschaften. Von den leicht zugänglichen Fundorten sind zudem viele bereits erschöpft. Neuerschließungen sind nur mit erheblichem technischen Aufwand und entsprechend hohen Kosten auszubeuten – bei unkalkulierbaren Umweltrisiken und zunehmendem Widerstand der lokalen Bevölkerung.

Das Knappwerden der bisher verfügbaren Rohstoffe lässt manche Unternehmen sogar die Suche nach extremen Lagerstätten vorantreiben. Die Google-Chefs Larry Page und Eric Schmidt haben im April 2012 in ein Start-up-Unternehmen investiert, das Rohstoffe auf Asteroiden fördern will. Die Planetary Resources Asteroid Mining Company aus Seattle will perspektivisch Asteroide mit Robotern anbohren lassen. Damit ist ein Paradigmenwechsel bei der Ressourcensuche eingeleitet, nun geht es bald auch hinaus in das Sonnensystem. Das Unternehmen glaubt auf über 9000 Asteroiden in Erdnähe Edelmetalle und seltene Metalle finden zu können.[1] In galaktischen Maßstäben quasi vor der Haustür liegt dabei der Mond. Auf ihm werden Lagerstätten von Gold, Platin, Iridium und anderen Metallen vermutet.

Näher ist da die Tiefsee. In den lichtlosen Tiefen liegen Ölvorkommen, Manganknollen und Edelmetalle. Bisher noch relativ unberührt, gehört die Tiefsee, so die Seerechtskonvention von 1982, zum »gemeinsamen Erbe der Menschheit«. Die Küstenanrainerstaaten verfügen zur wirtschaftlichen Nutzung über eine 200-Meilen-

Wirtschaftszone (350 km), mit dem Recht, hierfür auch Lizenzen zur Rohstoffausbeutung zu vergeben. Alles, was außerhalb dieser Zone liegt, wird von der Internationalen Meeresbehörde mit Sitz in Jamaika verwaltet, die auch Lizenzen für die Exploration vergeben darf. Nur die dafür benötigten Umweltstandards sind bisher noch nicht eindeutig festgelegt.

Deutschland hat Schürfrechte an einem 75 000 Quadratkilometer großen Gelände zwischen Mexiko und Hawaii erworben, das entspricht der Fläche von Bayern. Auch zehn andere Staaten wie Russland, Japan, China und Indien engagieren sich dort. Im Vordergrund der Erkundungen durch die Bundesanstalt für Geowissenschaften und Rohstoffe steht die Frage, ob sich das Areal zur Ausbeutung von Manganknollen eignet. In dieser Region liegen durchschnittlich 30 kg auf einem Quadratmeter. Bei Erfolg geht man davon aus, dass eine Ausbeutung ab 2021 beginnen könnte. Die Knollen liegen in 3000 bis 4000 Metern Tiefe, bei Temperaturen knapp über dem Gefrierpunkt und einem Druck, der 400-mal größer ist als an der Oberfläche. Sie sehen aus wie ein leicht verbrannter Blumenkohl und haben Jahrmillionen gebraucht, um sich bei einem Wachstum von rund fünf Millimetern pro einer Million Jahre aus Kalkschalen ehemaliger Kleinstlebewesen herauszubilden. Neben Mangan enthalten sie Eisen und Buntmetalle wie Kobalt, Nickel und Kupfer. Der Konzentrationsgrad der Metalle in den Knollen ist doppelt so hoch wie in herkömmlichen Fundstätten.

Die Bundesanstalt folgt damit einem Projekt, das in den 1980er Jahren bereits an gleicher Stelle durch die Preussag AG vorangetrieben worden war, die seinerzeit mehr als 500 Tonnen an die Oberfläche geholt hatte. Doch nach einem extremen Preisverfall bei Mangan wurde das Projekt wirtschaftlich uninteressant und daher eingestellt. Jetzt hat sich die Situation geändert, und die ökologischen Anforderungen sind wesentlich höher. Es müssen Spezialschiffe gebaut und neue Fördergeräte entwickelt werden. Die Idee ist, dass Tauchroboter die Knollen einsammeln und zu einem Lagerpunkt bringen. Dort wird ein Rohr abgesenkt, in das Luft nach unten gepumpt wird. Beim Wiederaufsteigen der Luft soll diese dann die Knollen mit an die Oberfläche ziehen.[2] Die Investitionen liegen an der Milliardengrenze.

Was bei dem Abbau durch Tauchroboter oder der Schlammab-saugung in diesem hochkomplizierten Ökosystem passiert, muss erst noch erforscht werden. Die Schürfwunden des Projektes aus den 1980er Jahren sind auf dem Meeresgrund immer noch sichtbar. Das dortige Ökosystem ist sichtlich zerstört. Es wird extrem lange dauern, bis sich auf diesem Gelände wieder Lebewesen ansiedeln.

In diesen Tiefen haben sich auch die »schwarzen Raucher« über Jahrmillionen herausgebildet. Das sind mineralhaltige Thermalquel-len auf dem Meeresgrund, die sich vor allem an Rissen und Spalten der Erdkruste finden, wo sich die Kontinentalplatten aufeinander und übereinander schieben. Dort wird von unten Magmamaterial in die eiskalte Tiefsee gepresst, wobei sich wertvolle Metalle abla-gern. Der Goldgehalt liegt bei 30 Gramm pro Tonne und ist damit zehnmal so hoch wie bei vielen Vorkommen an Land.

Das kanadische Bergbauunternehmen Nautilus hat vor Neusee-land und in der Bismarcksee vor Papua-Neuguinea dafür Schürf-rechte erworben. Das britische Unternehmen Neptune Minerals legte dafür das Projekt Kermadec auf, und auch die Großen der Branche sind dabei, ihre Claims abzustecken.[3] Die Kanadier dürfen mit Beteiligung von Papua-Neuguinea zwanzig Jahre lang Metalle aus der Tiefsee fördern und erwarten 80000 Tonnen Kupfer pro Jahr und 150000 Feinunzen Gold. Nautilus hat daraufhin weitere Anträge auf Förderlizenzen gestellt, diesmal im Tonga- und Fidschi-Archipel. Zur Förderung wurde bereits ein entsprechendes Spezial-schiff entwickelt.

Die Gruppe Papua New Guinea Mine Watch tritt als Sprachrohr der Vertreter der angrenzenden Regionen auf, die die Weiterverfol-gung des Projektes ablehnen. Sie wollen die Tiefseeförderung von Rohstoffen unterbinden, die es überall auf der Welt auch in weniger ökologisch gefährdeten Gebieten gibt.[4] Gefordert wird, bei all den Ungewissheiten und ungeklärten ökologischen Fragen diesen hoch-sensiblen Lebensraum im Meer per Gesetz zu schützen.

Doch die Praxis sieht anders aus. Die Tiefsee wird gegenwärtig von vielen Technologien bedrängt, darunter extreme Ölbohrungen. Mit zu den tiefsten zählende hat der französische Total-Konzern vor der Küste von Angola niedergebracht. Sie gehen durch 1400 Meter Wassertiefe und zehn Kilometer Gestein. Aus dem Feld werden täglich 70 Mio. Liter Öl abgepumpt. Die Schweizer Tiefseespezialisten der Firma Transocean gingen für Britisch Petrol (BP) mit der Plattform Deepwater Horizon noch hundert Meter tiefer, auf 1500 Meter Meeresgrund. Ein technologisch riskantes Wagnis, bei dem die Beteiligten nicht sicher sein konnten, welche Herausforderungen und Materialbelastungen zu bewältigen waren. Unter diesen extremen Bedingungen sind die Druck- und Temperaturverhältnisse kaum beherrschbar, und kleinste Fehler rächen sich unmittelbar. Bei Deepwater Horizon kam es im April 2010 zu einer schweren Explosion, in deren Folge die Bohrplattform in Brand geriet und über drei Monate lang jeden Tag 800 000 Liter Öl unkontrolliert in das Meer sprudelten. Zwar wurde BP durch ein US-Gericht zu Schadensersatz in Höhe von 4,5 Mrd. Dollar verurteilt und müssen Dutzende Milliarden für die Beseitigung der Folgeschäden der Ölpest aufgebracht werden, doch hat BP letztlich nur einen geringen Imageschaden davongetragen. Anders als 1998, als die Ankündigung des Ölmultis Shell, seinen schwimmenden Tank Brent Spa in der Nordsee zu versenken, Massenproteste hervorrief und zum zeitweiligen Boykott von Shell-Tankstellen führte, erlebte BP nach dem Deepwater-Desaster nichts Vergleichbares. Seinerzeit wurde ein Versenkungsverbot für Ölplattformen im Nordatlantik beschlossen, diesmal behielt sich Präsident Barack Obama lediglich vor, in Zukunft Tiefseebohrungen vor der Küste der USA einzeln zu genehmigen und vorübergehend auch auszusetzen. Aber selbst das wurde in der Zwischenzeit wieder aufgelockert, wenn bestimmte Bedingungen erfüllt werden.

Ähnlich sieht es in Brasilien aus. Hier geht der Staatskonzern Petrobras in die Tiefe und will die Pré-Sal-Lagerstätten vor der Küste von Rio de Janeiro mit einem geschätzten Gesamtvolumen von 50 Mrd. Barrel ausbeuten. Mit der vollen Erschließung dieser Felder würde Petrobras seine Öl- und Gasproduktion verdoppeln. Derzeit sind die Brasilianer aber bereits bei 20 % der Tiefseeförderung in der obersten Problemkategorie angekommen. Doch das schwer kalkulierbare Experiment wird von Euphorie und nationalem Stolz überlagert. Eine Denkpause, wie das Wagnis und seine möglichen Folgen zu beurteilen sind, ist nicht zu erwarten. Brasilien glaubt, dass es mit der Erschließung des neuen Feldes zu einem der führenden Ölförderländer der Welt aufrücken wird, und will demonstrieren, dass es technisch und wirtschaftlich dazu in der Lage ist. Hier mischen sich Wertvorstellungen in die Ausbeutung von Rohstoffen, die rational nicht zu begründen sind. Petrobras meldet bereits jetzt die tägliche Förderung von 300 000 Barrel Rohöl aus den Pré-Sal-Feldern. Bis 2017 soll eine Million Barrel täglich erreicht werden.[5] Dazu werden bis 2015 mehr als 224 Mrd. US-Dollar investiert.

Aber auch »onshore« ist der Bergbau fast schon auf dem Level von Tiefseebohrungen. Gold und Platin werden in Südafrika bereits in Tiefen von mehr als 3000 Metern abgebaut. Die Tau-Tona-Mine des südafrikanischen Konzerns AngloGold in der Witwatersrand-Senke fördert bereits aus 3400 Metern Tiefe. Da pro Kilometer die Temperatur um 19 Grad steigt, herrschen dort Temperaturen von 57 bis 59 Grad Celsius. Bei einer Luftfeuchtigkeit von 100 % wird die Temperatur im Bergwerk aus Sicherheitsgründen auf 37 Grad abgekühlt. Dazu muss sehr viel Energie aufgewendet werden, um kaltes Wasser in großen Mengen herbeizuführen und dann wieder hochzupumpen. Einige Minen produzieren sogar Eis und pumpen es zur Kühlung in die Stollen.

Die Bedingungen sind extrem, es gibt einen gefährlichen Gesteinsdruck, der Sauerstoffgehalt der Luft ist gering, die Temperaturen sind hoch. Abbau und Transport in diesen Tiefen erzeugen enorme Belastungen, der menschlichen Arbeitskraft sind hier Grenzen gesetzt. Die Unternehmen versuchen daher, auf einen automatischen, maschinellen Abbau umzustellen, da die Vorräte in dieser Region auf 30 000 Tonnen Gold geschätzt werden. Platin wird noch in Tiefen bis 1500 Meter abgebaut. Aber auch hier wollen die Unternehmen bei entsprechenden Rohstoffpreisen absehbar tiefer gehen.

Den Beteiligten ist durchaus bewusst, dass sie damit Neuland betreten. Deshalb ist ein Forschungsinstitut für Deep mining gegründet worden, das neue Technologien für derartige Vorstöße entwickeln soll. Um 5000 Meter Tiefe zu erreichen, muss man ferngesteuerte Automaten einsetzen, da dies für Menschen nicht mehr zu bewältigen ist. Die Maschinen können dann auch kleinste Flöze abtragen, in denen kein Bergmann mehr stehen und arbeiten könnte.[6] Bis es so weit ist, suchen die Großen der Branche derweil nach Alternativen, um Abbaumöglichkeiten in besseren Lagen zu finden. Im Blick sind unter anderem Kongo, Papua-Neuguinea und Australien.

## Afrika

Obwohl die Kolonialwirtschaft vor vierzig Jahren beendet wurde, hat sich an den Exportgütern der Subsahara-Staaten nichts geändert. Es sind weiterhin landwirtschaftliche Produkte und metallische Rohstoffe, die in die Industriestaaten gehen.

Deutschlands wichtigster Rohstoffproduzent in Afrika ist die Republik Südafrika, ihr folgen Sambia und die DR Kongo. Von diesen Staaten hat Südafrika den am besten entwickelten Bergbausektor, mit einer Förderung von Platingruppenmetallen, Chrom und Vanadium zur Stahlveredelung, Gold, Eisen und Titan. Es folgt Sambia, das auf die Kupferförderung spezialisiert ist, oft mit Kobalt als Beiprodukt. Die DR Kongo hat ihre Bedeutung bei der Förderung von Diamanten, Kupfer, Kobalt und Buntmetallen; in nicht überschaubaren Mengen auch Zinn, Wolfram und Coltan.

## Asien

China ist das wichtigste Rohstoffland Asiens, vor Indonesien und Indien. Weiter zurück liegen der Iran und die Philippinen. Bei China sind es im Wesentlichen die Metalle der Seltenen Erden, Antimon, Wolfram, Magnesium, Wismut, Vanadium, Indium und Zinn. Bei den Rohstoffressourcen liegt jedoch Pakistan an erster Stelle, noch vor China.

Indonesien fördert Kupfer, Nickel und Zinn, Indien im Wesentlichen Basismetalle wie Blei, Zink und Eisen sowie stahlveredelnde Rohstoffe wie Mangan, Chromit und Titan.

Die besondere Bedeutung Japans liegt nicht in der Förderung von Rohstoffen, sondern in der Aufbereitung von Kupfer und Rohstahl sowie Nickel, Titan und Indium.

Auch in Afghanistan haben die USA große Rohstoffvorkommen von Lithium, Eisen, Kupfer und Gold entdeckt.[7] Die Ausbeutung des Kupfers in der Lagerstätte Aynak – es werden 700 Mio. Tonnen vermutet – wurde an die chinesische China Metallurgical Group Corporation vergeben, die in eine Grube 3,5 Mrd. US-Dollar investieren will. Der Bergbauminister wurde in diesem Zusammenhang abgesetzt, weil bei ihm Korruption in großem Stil nachgewiesen wurde.

Über dem Kupfererz liegt eine archäologisch bedeutsame Fundstätte des mehr als 1500 Jahre alten buddhistischen Klosterkomplexes Mes Aynak, der mit Unterstützung der Weltbank freigelegt wurde. Wie ihr Schutz mit dem Kupferabbau in Einklang gebracht werden soll, ist noch völlig unklar.

Inzwischen ist auch die Ölförderung in Afghanistan angelaufen, in Kooperation mit der China National Petroleum Corp., Chinas größtem Ölproduzenten. Indische und kanadische Bergbaugesellschaften haben ebenfalls Interesse angemeldet. Es wäre ein neuer Weg für Afghanistan, denn bisher hat man sich auf Drogenanbau konzentriert, und das Land wurde unter den Augen der USA weltgrößer Produzent von Rohopium. Die Exporte von mineralischen Rohstoffen wären da eine gute Alternative.

## Russland

Die Bedeutung Russlands liegt neben Öl und Gas vor allem bei Eisenerz, Edelmetallen und den Stahlveredlern Nickel und Vanadium. Bei den kritischen Rohstoffen sind es Kobalt, Wolfram und die Platingruppenmetalle. Einen wesentlichen Teil der Erkundung von neuen Rohstoffquellen konzentriert Russland auf die Permafrostregion. Auf der Jamal-Halbinsel entsteht ein internationales Zentrum zur Erforschung der Arktis. Hier liegt zugleich der größte Anteil der Erdöl- und Gasvorkommen, allerdings mit einem Investitionsbedarf von 1,5 Billionen Euro. Ein neuer Hafen wird errichtet, eine erdölverarbeitende Raffinerie und eine Anlage zur Herstellung von Flüssiggas. Da sich der Permafrostboden hier teilweise bereits bis zu einer Tiefe von 20 Metern erwärmt hat, hofft man auf leichtere Abbaubedingungen als in der Arktis.[8]

## Arktis und Antarktis

2012 ist die Arktis im Rekordtempo geschmolzen, die Eiskappe hat gegenüber dem Negativrekord im vorangegangenen Jahr noch einmal fast die Fläche von Deutschland und Frankreich verloren. Hauptgrund ist der Klimawandel, der sich in diesen Breiten dreimal so schnell auswirkt wie im Mittel der Erde.[9]

Inzwischen hat die Deutsche Rohstoffagentur in einer sehr detaillierten Übersicht einen guten Einblick in das Rohstoffpotential der nordeuropäischen Arktis geschaffen und sich dabei auf rein geologische Fakten beschränkt.[10] Vorangegangen waren hier Studien über Grönland.[11] Diese Informationen stehen auch den anderen Staaten zur Verfügung, die sich bereits intensiv auf eine Ausbeutung der Arktis vorbereiten.

Der russische Buntmetallproduzent Norilsk Nickel hat für die Arbeiten in der Polarregion von Norilsk eine spezielle Schiffsflotte bauen lassen. Sie ist so konstruiert, dass damit auch ohne die Hilfe von Eisbrechern anderthalb Meter dickes Eis permanent durchfahren werden kann. Norilsk, die 300 Kilometer nördlich des Polarkreises gelegene nördlichste Großstadt der Erde, ist über den Landweg den größten Teil des Jahres nicht erreichbar und kann so nun ganzjährig das Nickelerz vermarkten.[12]

Das beschleunigte Abschmelzen der arktischen Eiswüste ruft Investoren und Rohstoffkonzerne auf den Plan. Gewaltige Rohstoffvorkommen sind bereits lokalisiert, sollten aber erst dann ausgebeutet werden, wenn sich die Anrainer entschließen, auch ihre Verantwortung für die Zukunft dieser Region wahrzunehmen. War die Arktis bisher Schutzgebiet, so streiten sich jetzt die Staaten, wem denn die Reichtümer gehören. Ihr Hoheitsgebiet von 200 Seemeilen ist durch die Seerechtskonvention von 1982 den fünf Anrainerstaaten Norwegen, Dänemark, Russland, USA und Kanada garantiert. Damit es aber auch für die darüber hinausgehenden Gebiete eine Regelung gibt, sieht eine 1992 verabschiedete Zusatzklausel vor, dass bei einem Festlandsockel der beteiligten Staaten, der über die 200-Seemeilen-Grenze hinausgeht, die Zone entsprechend erweitert wird. Alle Anrainer haben in kürzester Zeit eben solche unterseeischen Festlandausläufer gefunden und erheben entsprechende Ansprüche. Der Ärger ist da, Russland beansprucht aufgrund eines vorher nicht bekannten Gebirgsrückens unter dem Eis die gesamte Arktis. Wurde das politisch Instabile in der Energieversorgung bisher immer im Süden geortet, so liegt nun der Konfliktstoff im Norden. Bereits 2008 sorgte eine Studie der US-Regierung für erhebliches Aufsehen, nach der unter dem Eis des Nordpols 90 Mrd. Barrel Erdöl und 47 Mrd. Kubikmeter Erdgas vermutet werden.[13]

In der Antarktis wird die Rohstofferkundung bereits massiv vorangetrieben. Im Antarktisvertrag von 1961 wurde festgeschrieben, dass die Region zwischen dem 60. und dem 90. Grad südlicher Breite der Forschung vorbehalten ist. Die USA, das heutige Russland und Großbritannien erklärten die Zone für ein »dauerhaft nicht aneignungsfähiges Nichtstaatsgebiet«. Nun erheben aber Argentinien, Australien, Chile, Frankreich, Neuseeland, Norwegen und Großbritannien Ansprüche auf bestimmte Sektoren und Hoheitsrechte in der Antarktis, nachdem bekannt geworden ist, dass es hier nicht nur Eisenerz und Kohle, sondern auch Nickel, Kupfer und Platin gibt. Bisher war das Gebiet durch eine Tausende Meter dicke und 15 Millionen Jahre alte Eiskappe verschlossen. Diese schmilzt nun in beträchtlichem Tempo. Dadurch werden auch die Bodenschätze erreichbar, und es wird eine fatale Spirale in der Zerstörung des Ökosystems Antarktis in Gang gesetzt. Es bleibt zu hoffen, dass es keine Mehrheitsentscheidungen geben wird, den Vertrag zu verändern. Aber schon jetzt drängt sich das technisch Machbare nach vorn.[14]

### Kanada

Im riesigen Nunavut-Territorium Nordkanadas wird bisher nur Gold gefördert. Da die Mine fernab von allem liegt, musste die für die Erschließung des Geländes notwendige Infrastruktur erst geschaffen werden. Eine 100 Kilometer lange Straße wurde gebaut, über die nun alles für die Mine in dieser extrem unwirtlichen arktischen Gegend herangeschafft wird. Eine australische Tochter des chinesischen Minmetals-Konzerns will dort zwei neue Bergwerke erschließen. Und auch die zum Arcelor-Mittal-Stahlkonzern gehörende Baffinland Iron Mines Gesellschaft plant die Erschließung einer Eisenerzmine, wozu eine Eisenbahnlinie und zwei Tiefseehäfen mit einem Aufwand von 2,8 Mrd. Euro projektiert werden. Damit könnte an der Nordspitze der Insel eine Mine mit einem Eisengehalt von 66 % genutzt werden, was sonst außerordentlich selten ist. Alle Beteiligten gehen schon jetzt von einer in Zukunft eisfreien Nordwestpassage aus, mit entsprechender Kostensenkung in der Logistik.[15] Die chinesische Firma Jilin Jien Nickel Industries, die dort im hohen Norden bei Kangiqsujuak bereits ansässig ist, will angesichts der voranschreitenden Schmelze ihre Investitionen verdoppeln.

Am wichtigsten für Kanada als Öl-Player ist die Provinz Alberta mit den drittgrößten Lagerstätten der Welt. Es werden dort über 175 Mrd. Barrel Öl vermutet. Kanada fördert neben Erdgas auch konventionelles Erdöl und schließt seine immensen Ölsandlager auf. Ein Verkauf des Gases in die USA lohnt sich aber nicht, da dort durch die forcierte Förderung von nichtkonventionellem Fracking-Gas die Preise gepurzelt sind. Das Augenmerk liegt deshalb auf dem Verkauf nach Asien.

Im Norden des Landes werden die Förderkapazitäten für die Ölsandverarbeitung gezielt ausgebaut und erreichen bereits 120 000 Barrel am Tag. Während sich andere Länder aus der »Carbon economy« zurückziehen, baut Kanada seinen Export darauf auf. Ölsand verbraucht allerdings für seine Aufbereitung enorm viel Energie, und Umweltforscher gehen davon aus, dass er daher einen drei- bis viermal höheren Klimaeffekt hat als herkömmlicher Treibstoff. Aus diesem Grund ist Kanada auch aus dem Kyoto-Protokoll zur Reduzierung der Treibhausgase ausgestiegen.

### Australien

Mitten in der Wüste von Australien liegt Mount Whaleback. Bevor der Bergbau kam, sah die Erhebung möglicherweise nach einem Walrücken aus, heute ist hier ein riesiges Loch, das fünfeinhalb Kilometer lang ist und eineinhalb Kilometer breit – die größte offene Erzmine der Welt. Gefördert wird Eisenerz, Eigner ist BHP Billiton mit Sitz in Melbourne. Trotz schwächelnder Nachfrage aus China, dem größten Abnehmer, wird hier auf Ausbau der Kapazitäten gesetzt.[16]

Den Schwerpunkt bildet in Australien nach wie vor die Kohleförderung. Aber auch die Kupfer- und Uranförderung werden ausgebaut, Letztere mit einer kurzen Nachfragedelle nach dem AKW-Desaster von Fukushima im März 2011 und dem deutschen Ausstieg aus der Kernindustrie. Hier sind die Chinesen in das weltweite Nukleargeschäft eingestiegen.

Der australische Rohstoffkonzern Lynas ist ein interessantes Beispiel dafür, wie die Produzenten auf die Verknappung der SEM-Exporte durch China reagieren. In den SEM-Erzen sind meist Thorium und/oder Uran enthalten. Da die einzelnen Elemente chemisch sehr eng verwandt sind, müssen sie aufwendig und umweltbelastend getrennt werden, was die Verarbeitung teuer und politisch problematisch macht. Lynas hat daher seine Raffinerie für SME nicht in Australien, sondern in Gebeng, nahe der malaysischen Stadt Kuantan, errichtet. Doch auch hier formierte sich Protest vor der geplanten Inbetriebnahme der 200 Mio. US-Dollar teuren Anlage. Die bereits für Januar 2012 angekündigte Betreiberlizenz blieb zunächst aus.[17] Im Februar 2012 protestierten mehr als 12000 Menschen vor den Toren des Unternehmens und mobilisierten damit die Politik. Die Zitterpartie für die Genehmigung hielt an, die Aktie sackte in den Keller. Aber Anfang September 2012 erteilte die malaysische Atombehörde dann doch die Genehmigung für die Betriebsaufnahme im Oktober. Damit hatte der australische Konzern erreicht, was er wollte, denn in Malaysia sind die Umweltstandards sehr niedrig, die Lohnkosten sind gering, und die Regierung hatte dem Konzern eine zwölfjährige Befreiung von allen Steuern zugesagt.

Bei der Weiterverarbeitung des Uran-Konzentrats wird radioaktives Material freigesetzt, denn auch das enthaltene seltene Thorium ist radioaktiv. Zur Entsorgung des gefährlichen Abfalls sind in der Anlage bisher nur riesige Wasserbecken vorgesehen, in denen das Restmaterial in Fässern zwischengelagert werden soll. Die internationale Atomenergiebehörde (IAEA) fordert deshalb zusätzliche Sicherheitsvorkehrungen.

Auch Japan nutzte die laxen Bestimmungen in Malaysia für eine ähnliche Anlage, die von Mitsubishi Chemicals betrieben wurde. Sie musste allerdings nach anhaltenden massiven Protesten wegen der drastischen Zunahme von Leukämiefällen im Umkreis geschlossen werden.[18]

Die deutsche Siemens AG, die auf SEM angewiesen ist, suchte die Nähe zum australischen Lyndas-Konzern und unterzeichnete eine Absichtserklärung zur Gründung eines Gemeinschaftsunternehmens mit einer Beteiligung von 45 %. Auf diese Weise soll »eine langfristige und stabile Versorgung mit Neodym« für die Hochleistungsmagneten der Windturbinen gesichert werden.[19] Die Deutschen kamen damit den Chinesen zuvor, auf deren Einkaufszettel Lyndas bereits stand. Die Japaner sind schon mit 10 % beteiligt.

Lyndas ist mit der neuen Anlage in Malaysia in der Lage, bis zu einem Drittel des Weltbedarfs an SEM zu decken, und darf auf geschätzte Jahreseinnahmen von 1,8 Mrd. US-Dollar hoffen. Lyndas beteuert inzwischen, dass es dem Unternehmen um »herausragende Arbeitssicherheit und ausgeprägten Gesundheitsschutz« gehe, wie man generell eine Politik der nachhaltigen Entwicklung verfolge.[20]

## Südamerika

Ähnlich wie Australien hat auch Südamerika eine herausragende Bedeutung in der Rohstoffförderung. Von den weltweit zehn wichtigsten Metalllieferanten sind hier sieben beheimatet. Auf dem Subkontinent ist auch die Deutsche Rohstoffagentur DERA mit 275 Explorations- und Bergwerksprojekten aktiv.

Chile ist der wichtigste Rohstoffproduzent. Seine herausragende Bedeutung liegt im Kupferbergbau und beim Lithium aus den Salzseen von Nordchile. Danach folgen Brasilien, Peru und, mit Abstand, Kolumbien. Venezuela verfügt über sehr große Öl- und Gasvorkommen. Brasilien ist einer der größten Eisenerzproduzenten der Welt und fördert auch Stahlveredler, wie Mangan, Chrom, Nickel, Niob, Tantal und SME. In Peru wird Gold, Silber, Kupfer, Molybdän und Zinn gefördert, in Kolumbien Nickel. In Mexiko gibt es Gold und Silber.

Es sind insbesondere der Rohstoffexport und der wachsende Binnenmarkt, die die Länder Lateinamerikas vor einem Abgleiten in die Schuldenkrise bewahrt haben. Ecuador hat im März 2012 mit dem chinesischen Bergbaukonzern ECCSA einen 25-Jahre-Vertrag zur Ausbeutung von Kupfer, Silber und Gold unterzeichnet. Ecuadors Präsident Rafael Correa meinte dazu, man wolle »nicht als Bettler auf einem Sack Gold sitzen«. Der Umfang des Projektes beläuft sich auf 185 Mrd. US-Dollar. Problematisch ist, dass die Mineralien nicht im Lande, sondern in China weiterverarbeitet werden sollen. Die Konföderation der indigenen Nationalitäten (CONAIE) hat wegen der absehbaren Landschaftszerstörung und Wasserenteignung ihren Widerstand angemeldet.[21]

Neben Erzen, Öl und Gas spielen in den Agrarstaaten des Süd-
kegels des Kontinentes vor allem die Exporte von Agrarrohstoffen
eine wachsende Rolle, da sie verstärkt auch für die Gewinnung von
Biotreibstoffen verwendet werden.

## Bodenrausch und Agrosprit

*»Die Tankfüllung eines Geländewagens mit Ethanol*
*entspricht der Menge an Kalorien, die ein ägyptischer*
*Farmer in einem Jahr verbraucht.«*

JEREMY GRANTHAM, CHEFSTRATEGE
DES INVESTMENTFONDS GMO

Steigende Lebensmittelpreise, steigende weltweite Nachfrage nach
Agro-Kraftstoffen, mit Getreide gemästete Viehbestände, wachsende Erdbevölkerung – das sind die Fakten, die immer mehr Anleger in großflächige Landkäufe investieren lassen. Im gesamten
Süden boomt das Geschäft mit dem Landkauf der Agroindustrie.
Investmentfonds haben in Afrika Millionen Hektar große Flächen
aufgekauft, weil sie »als Spekulationsobjekt interessanter geworden
sind als Gold«.[22] Oft geht das einher mit der Vertreibung der dort
lebenden Menschen, Bauern, Hirten, Fischer. Seit Generationen
dort ansässig, verfügen sie aber über keine offiziellen Landtitel, oder
diese werden von der korrupten Bürokratie nicht akzeptiert oder gar
vernichtet. Das führt zu massiven Menschenrechtsverletzungen und
beraubt die dort Ansässigen ihrer Lebensgrundlagen, ihres Landes,
Wassers und oft auch ihrer Kultstätten.

Die Anleger erweitern damit ihr Investmentportfolio in Krisenzeiten und profitieren von den steigenden Preisen. Die mächtigen
Rentenfonds, die sich eigentlich anders um die Absicherung der
Altersvorsorge ihrer Mitglieder kümmern sollten, haben sich zu
Großeinkäufern entwickelt. Die Non-profit-Organisation Grain geht
davon aus, dass diese bis zu 15 Mrd. Dollar in Agrarland investiert
haben.[23]

Neben Soja ist es die Produktion von Biomasse für den Agrokraftstoff, der mittlerweile als Hort unerschöpflicher und erneuerbarer Energie seine Unschuld verloren hat. Aus 20 % der globalen Zuckerrohrproduktion, 9 % der Ölsaaten und 4 % der Zuckerrüben wird Agrosprit gewonnen. Die Hälfte der US-Maisproduktion und 60 % der europäischen Rapsernte verschwinden im Tank. Lebensmittel wie Mais, Zuckerrohr und andere Agrarrohstoffe sind bereits Träger des Wandels: Weg vom Öl ist die Devise, hin zu einer auf nachwachsenden Kraftstoffen basierenden Wirtschaft. Die Wachstumsraten der Agrokraftstoffkonzerne liegen im zweistelligen Bereich. Der Anteil der Agrokraftstoffe soll rapide wachsen und 2030 in Deutschland bis zu 20 % betragen. Derzeit sind es in Deutschland 5,6 und in Europa 4,5 %.

Doch inzwischen regt sich weltweit Widerstand, da die Agrotreibstoffe der Nahrungsmittelproduktion in den letzten fünf Jahren mehr als 100 Mio. Tonnen Getreide entzogen haben. So fordert der Chemie-Nobelpreisträger Hartmut Michel, diesen »Unsinn mit dem Agrosprit« nicht weiter zu unterstützen. Sinnvoller wäre es, die von der EU für stillgelegte Flächen bezahlten Prämien zur Aufforstung, am besten mit Weiden und Pappeln, zu nutzen und deren Biomasse dann mit dem Verfahren der hydrothermalen Karbonisierung in Kohle zu überführen. Das wäre wesentlich effizienter, da diese Kohle auch in Kraftwerken verfeuert werden könnte. Der Kohlendioxidausstoß würde bedeutend sinken. Agrokraftstoff, wie wir ihn herstellen, ist nichts anders als ein Subventionsprogramm für die Landwirtschaft.[24]

Nur, in Europa gibt es nicht in ausreichendem Maße Landflächen, mit denen der wachsende Bedarf an Agrartreibstoffen ohne Gefährdung der Lebensmittelproduktion abgedeckt werden könnte. Aber die bekannten Getreide-, Öl- und Gentechnologiekonzerne haben bereits neue Allianzen gebildet, begleitet von den Automobilkonzernen, um mit entsprechender Lobbyarbeit die Kapazitäten auszuweiten und Vorbehalte zu zerstreuen. So sind die Agrokraftstoffe auch als Verlängerung der Öl-Ökonomie zu sehen. Das Versprechen, dass mit diesem Kraftstoff ein wesentlicher Beitrag zur Klimaentlastung geleistet werden kann, ist wissenschaftlich widerlegt. Die deutsche Akademie der Naturforscher der Leopoldina kam in einem breit angelegten Forschungsprojekt zu dem Schluss,

»dass Bioenergie als nachhaltige Energiequelle in Zukunft keinen quantitativ wichtigen Beitrag zu einer Energiewende in Deutschland leisten kann«. Im Vergleich zu anderen erneuerbaren Energiessourcen wie der Photovoltaik, der Solarthermie und der Windenergie verbrauche Bioenergie mehr Fläche und sei häufig mit höheren Treibhausgasemissionen verbunden. Zudem konkurriere Bioenergie potentiell mit der Herstellung von Nahrungsmitteln.[25] Die Nachhaltigkeit dieser Energiequelle ist damit ad absurdum geführt.

Zur großflächigen Produktion von Energiepflanzen, von der Rodung bis zum Einsatz im Tank, werden erheblich mehr Emissionen und $CO_2$ freigesetzt als bei der Produktion und dem Verbrauch von normalem Kraftstoff. Dafür werden tropische Regenwälder mittels Brandrodung freigemacht für Ölpalmen, Zuckerrohr und Soja. Der enorme Verlust für die Sauerstoffproduktion und die Zerstörung der Artenvielfalt sind die begleitende Opfergabe. In besonderer Weise trifft dies für die Produktion von Palmöl zu, die in den letzten Jahren extrem zugenommen hat, mit Wachstumsraten von über 8 %. Palmöl wird für Agrodiesel und in verschiedenen Haushaltsprodukten verwendet.

Der malaysische Palmöl-Plantagenbetreiber Felda ist zur Kapitalfindung für weitere Investitionen an die Börse gegangen. An diesem Börsengang in Kuala Lumpur war auch die Deutsche Bank als Dienstleister beteiligt, was die Szene der entwicklungspolitischen Organisationen aufbrachte. Sie argumentierte, dass dieser »Kahlschlagdiesel« in Monokulturen auch noch massive Bodenerosion nach sich ziehe. Die Aufbereitung in Ethanol ist zudem nicht ohne enormen Wasserverbrauch möglich und erzeugt entsprechende Abwässer. Malaysia hat bereits 90 % seines Regenwaldes verloren, dicht gefolgt von Indonesien mit ähnlich radikaler Entwaldung. Besonders problematisch ist die sich verschärfende Konkurrenz um die Anbauflächen zwischen Nahrungs- und Kraftstoffproduzenten. Resultat sind Verteuerungsprozesse, die Grundnahrungsmittel für in Armut lebende Menschen unerschwinglich machen. Bereits jetzt geben diese Bevölkerungsschichten fast 70 % ihres Einkommens für Nahrungsmittel aus. Jegliche Kostensteigerung kann nur durch weniger Essen aufgefangen werden, und das bedeutet Hunger. Mit jedem Prozent, um das die Nahrungsmittelpreise steigen, wird die

Ernährung von 16 Millionen Menschen prekärer.[26] Bis 2025 bedeutet dies bei konstanter Ausgangslage chronischen Hunger für über eine Milliarde Menschen. Sogar in der Europäischen Kommission wachsen inzwischen die Zweifel, ob durch Agrosprit die Umwelt geschont wird, weshalb man die Nutzung beschränken will.

Der Konflikt zwischen »Tank, Teller und Trog« hat auch den umstrittenen Agrosprit in Deutschland erreicht. Laut der Forschungsgruppe Wahlen unterstützen 63 % der Deutschen die E10-Beimischung nicht. Nur 12 % sind dafür.[27] In einer Situation, in der die UNO vor einer wachsenden weltweiten Lebensmittelkrise mit steigenden Lebensmittelpreisen warnt, trägt Agrosprit indirekt zu stärkerem Hunger in der Welt bei. Die Europäische Union nahm dies zum Anlass, die Nutzung von Agrokraftstoffen auf 5 % zu beschränken, und arbeitet an einem entsprechenden Gesetzesentwurf. Die Agrokraftstoffindustrie brauche Schranken und keine Anreize, hieß es von den grünen Abgeordneten des Europaparlaments. Gearbeitet wird inzwischen an einer »zweiten Generation« von Material für den Agrosprit, bei der Essbares ausgeschlossen werden soll. Im Blickfeld stehen besondere Zelluloseformen, die sich gut aufspalten lassen, wie etwa Chinaschilf und schnellwachsende Bäume. Hier steckt die Forschung allerdings noch in den Kinderschuhen und fordert Anreize und Investitionen im Milliardenbereich.[28]

Weltweit verschärft sich das Phänomen des Land Grabbings. Darunter versteht man die umstrittene Aneignung von Flächen durch Investoren auf Kosten der lokalen Bevölkerung. Der Journalist Stefano Liberti sah sich weltweit Auswüchse des Land-Grabbings an und bezeichnet sie schlicht als Neokolonialismus.[29] Die Öffentlichkeit wird über die Vertragsbedingungen, mit denen riesige Flächen vergeben werden, nicht informiert, obwohl oft Bevölkerungsgruppen betroffen sind, die historische Anrechte besitzen und dadurch landlos werden. Im Dunkeln bleiben gewöhnlich auch die Absichten, die der Staat damit verfolgt. Der Agrarmarkt des betroffenen Landes wird durch diese Landverkäufe nämlich radikal verändert, denn Fläche für die Grundnahrungsmittelproduktion geht dadurch verloren, da dort künftig zumeist Energiepflanzen für Agrosprit angebaut werden.

So handelte die Regierung von Madagaskar Anfang 2009 einen Vorvertrag mit dem südkoreanischen Daewoo-Logistics-Konzern aus. Verpachtet werden sollten 1,3 Mio. Hektar Agrarland über 99 Jahre. Das ist fast die Hälfte der landwirtschaftlich nutzbaren Fläche Madagaskars. Daewoo wollte auf dem Land Mais und Palmöl für den Export nach Südkorea anbauen. Als Pachtzins war die erstaunliche Summe von null Dollar, null Cent vereinbart. Einzige Gegenleistung: Die Regierung wollte 30 % Steuern auf die Gewinne erheben. Das Hauptargument waren dadurch entstehende Jobs. Das Vorhaben wurde nach scharfen Protesten und dem Sturz von Präsident Marc Ravalomanana im März 2009 gestoppt.

Auch Länder mit geringen landwirtschaftlichen Ressourcen wie die Golfstaaten sichern sich Land in Afrika, um die Versorgung der eigenen Bevölkerung mit Nahrungsmitteln langfristig abzusichern. Das Emirat Katar etwa besitzt bereits mehr Flächen außerhalb seiner Grenzen als in seinem eigenen Territorium. Die Golfstaaten investieren im Sudan, in Ägypten, Kambodscha oder Pakistan.

Die chinesische Regierung fordert ihre im Ausland tätigen Unternehmen auf, dort Boden zu erwerben, insbesondere mit dem Ziel, die Sojaproduktion abzusichern.

Ein besonderes Beispiel für die dramatische Veränderung des Landbesitzes und des Eindringens von ausländischen Investoren ist Patagonien, der Süden von Argentinien und Chile. Bisher waren es die Fleisch- und Wollbarone, die hier ihre Ländereien zur Rinder- und Schafzucht nutzten. Aber diese Besitzverhältnisse haben sich grundlegend geändert. Mit dem Rohstoffboom der 1990er Jahre kamen die Sojaproduzenten und kauften alles verfügbare Land auf – mit tatkräftiger Unterstützung des damaligen argentinischen Präsidenten Carlos Menem, der die Bodengesetze liberalisierte. Danach konnte alles verhökert werden, was einen Käufer fand: Wälder und Seen sowie ganze Gebirgslandschaften. Und, was die dort auf den Böden oft ansässigen indigenen Gemeinden gar nicht wussten: Sie wurden gleich mitverkauft.

Die Pullover-Dynastie Benetton, die auch Italiens größter Autobahnbetreiber und Bankteilhaber ist, produziert mit mehr als 250 000 Schafen dort inzwischen über 1,2 Mio. Kilo hochwertige

Wolle, überwiegend für den europäischen Markt. Die indigenen Gemeinden der Mapuche haben im Zuge der Ausdehnung des Konzernbesitzes zumeist ihre Landrechte verloren. Sie siedeln vielerorts inzwischen perspektivlos an den Zäunen der neuen Landbesitzer.[30] Mit dem Ethikkodex von Benetton, auf den das Unternehmen gern verweist, hat das wenig zu tun.[31]

Aber auch die Wälder des Gran Chaco, der großen, kargen Landschaft im Länderdreieck Argentinien, Paraguay und Bolivien, verschwinden auf einer Fläche, die den Ausmaßen von Polen entspricht. Seit 2010 wurden dort mehr als 470 000 Hektar gerodet. Paraguay steht einsam an der Spitze der Abholzung. Die Indígenas, die hier lebten, werden einfach vertrieben. Die größte Fläche hat sich der Brasilianer Tranquilo Favero zugelegt, der sich allein in kurzer Zeit 249 000 Hektar aneignete.[32] Favero ist inzwischen der größte Sojaproduzent Paraguays mit Investitionen in 13 von 17 Provinzen des Landes.

Aber man muss gar nicht so weit gehen. Ähnliche Prozesse laufen auch in Europa ab. Deutsche und österreichische Großgrundbesitzer sichern sich Zugriffsrechte auf Wälder in Rumänien und Bulgarien, da sie voraussehen, dass mit dem Aufschwung von Alternativenergien die Nachfrage nach Holz steigen wird. Der Wüstenstaat Libyen hat sich in der Ukraine 100 000 Hektar Land für die Weizenproduktion gekauft und weitere 100 000 Hektar für Reis in Mali.

Die Deutsche Welthungerhilfe verweist darauf, dass oft die Staaten, die auf Nahrungsmittelimporte angewiesen sind, ihr Land an Investoren verpachten, ohne die Einkommens- und Ernährungssicherung des eigenen Landes dadurch erkennbar zu verbessern.[33] Die Weltbank unterstützt solche Vorhaben, weil sie ihrem Entwicklungsmodell der exportorientierten Landwirtschaft entsprechen. Sie weist für das Jahr 2010 »großflächigen Landerwerb« von 47 Mio. Hektar an ausländische Investoren aus. Hauptzielländer waren demnach Sudan, Mosambik, Liberia und Äthiopien.[34] Die NGO Oxfam schätzt den Besitzwechsel dagegen auf das Fünffache und spricht von 227 Mio. Hektar.

Da es kaum eine Erfassung der Landnahmen gibt, wurde Landmatrix gegründet, eine Datenbank, die Informationen über große Landverkäufe oder Pachtgeschäfte verzeichnet. Die Betreiber sind

.

große Entwicklungshilfeorganisationen wie die International Land Coalition ILC, die Gesellschaft für internationale Zusammenarbeit GIZ und das German Institute for Global and Area Studies GIGA sowie verschiedene andere Nichtregierungsorganisationen. Über die Plattform Land-Portal kann jeder per E-Mail Landverkäufe melden, die dann überprüft werden. Bisher sagen aber erste Analysen aus, dass die Landgeschäfte zu einem großen Teil zu Lasten der lokalen Landbevölkerung gehen. Ausgerechnet sieben der ärmsten afrikanischen Länder, die von den größten Hungerproblemen betroffen sind, leiden unter dem Land Grabbing am meisten, so OXFAM. Allein in Äthiopien sind über 5,7 Millionen Menschen von der UN-Welternährungshilfe abhängig. Aber auch Landübernahmen von Flächen, die bereits von Kleinbauern beackert werden, sind Regelfälle, bei kräftiger Unterstützung einer korrupten Bürokratie und ohne Einbeziehung der Bauern, die davon leben und oft auch die umliegende Region versorgen. Die neuen Eigner in Afrika sind Gesellschaften aus China, Saudi-Arabien, Indien, Europa und den USA.[35] Laut Land-Portal sind seit dem Jahr 2000 durch internationale Investoren nachweisbar mindestens 83 Mio. Hektar angeeignet wurden.

Die Idee, auf jedem Flecken Erde möglichst industrielle Agrarproduktion zu betreiben, ignoriere völlig, so Fred Pearce in seinem Buch »Land Grabbing«, dass es gerade die kleine Landwirtschaft ist, die die Versorgung in den jeweiligen Regionen sichert und durch ihre Art des Ackerbaus auch den Boden schützt.[36]

Der International Fund for Agricultural Development (IFAD) weist zu Recht darauf hin, dass die größten Investoren in der Landwirtschaft die rund 500 Millionen Kleinbauernfamilien sind, die mehr als zwei Milliarden Menschen, fast ein Drittel der Menschheit, ernähren und 80 % aller Nahrungsmittel produzieren, die in den sogenannten Entwicklungsländern konsumiert werden. Trotzdem werden sie in aller Regel vernachlässigt und können von staatlichen Subventionen, wie sie ausländischen Investoren angedient werden, nur träumen. Sie brauchen nichts anderes als Rechtssicherheit, Zugang zu Wasser und Krediten, zu Beratung und angepasster Technologie sowie zu den Märkten. Das hat auch das UN-Entwicklungsprogramm UNDP längst erkannt und empfiehlt Investitionen in organische Landwirtschaft der Klein- und Kleinstbauern.[37]

## Reaktivierte Altbergwerke

Deutschland verfügt über 300 stillgelegte Bergwerke mit Restreserven, insbesondere in Ostdeutschland. Die Deutsche Rohstoff AG, ein »Start-up« könnte man sagen, versucht solche stillgelegten Bergwerke wieder aufzuschließen und kann bereits einige Erfolge vorweisen.

Geologen sind wieder im Harz und im Erzgebirge unterwegs, um mit modernster Technik nach neuen oder auch unrentabel gewordenen alten Lagerstätten zu suchen. Hohe Rohstoffpreise machen die Förderung aus alten Minen in Deutschland wieder interessant. Dass die ersten Funde gerade das hochkritische Niob und die dringend benötigten MSE hervorbrachten, unmittelbar unter dem Ort Storkwitz in Sachsen, eröffnet neue Perspektiven. Probebohrungen laufen, danach wird eine Machbarkeitsprüfung durchgeführt. In 900 Metern Tiefe soll ein MSE-Lager ausgebeutet werden, allerdings von geringem Umfang und geringer Konzentration. Bis zu einer Tiefe von 300 Metern sind umfangreiche Kenntnisse vorhanden, wichtig wäre aber, so Christoph Seidler, der Autor des Buches »Deutschlands verborgene Rohstoffe«, dass die Kenntnisse über tiefer liegende Lagerstätten systematisch um ein spezielles Suchprogramms erweitert würden.[38]

Die Schürfrechte hat sich die Deutsche Rohstoff AG gesichert. Anfangs belächelt, hat sie sich die geologische Datenlage der DDR angeeignet und gründlich ausgewertet. Aber auch ein dänisches Unternehmen ist hier auf der Suche nach Kupfer. Insgesamt soll es mittlerweile über 400 Erkundungsbohrungen in den neuen Bundesländern geben. Im Erzgebirge, in Geyer, geht man von einer Renaissance des Bergbaus aus, nachdem die Deutsche Rohstoff AG hier Zinnlagerstätten von 180 000 Tonnen Vorkommen neu belebt hat. Im Vogtland und in der Lausitz wurde mit Probebohrungen nach Kupfer begonnen.

Die deutsche Industrie zählt zu den größten Rohstoffverbrauchern, nimmt aber an der globalen Rohstoffförderung kaum teil. Der früher bedeutende Steinkohlebergbau befindet sich in der Phase der Abwicklung. Unweit der deutsch-niederländischen Grenze, neben dem kleinen Ort Emlichheim, wird seit Anfang der 1950er Jahre Öl gefördert. In der Zwischenzeit sind die Ölfelder relativ weit ausgebeutet, sodass mit unterschiedlichen Methoden nachgeholfen wird. Der hohe Ölpreis macht den Aufwand noch lukrativ, weshalb auch an vielen anderen Stellen gebohrt wird, sogar auf der Ostsee-Ferieninsel Usedom.

## Recycling – aus Schrott wird Gold und Silber

Leistungsfähigen Recyclingtechniken kommt angesichts zunehmender Rohstoffknappheit wachsende Bedeutung zu. Alte Deponien, auf denen in der Vergangenheit Materialien ohne Trennung entsorgt wurden, werden jetzt neu erschlossen. Diese Rückgewinnung erfordert zum Teil komplizierte Verfahren, mit denen erst hochwertige Bestandteile aus der Kommunikationstechnik, die in feinsten Schichten aufgetragen wurden, isoliert werden können. Für Deutschland ist diese Gewinnung von Sekundärrohstoffen die wohl wichtigste Rohstoffquelle.

Es sind rund 37 Mio. Tonnen Abfall, die jedes Jahr in den Privathaushalten Deutschlands anfallen. Jeder Bundesbürger erzeugt rund 20 Kilo Elektroschrott im Jahr. Aus dem gesamten Abfall werden 64 % wiederverwertet und somit in neue Rohstoffe verwandelt, was einem Wert von 12 Mrd. Euro entspricht.[39] Verstärktes Recycling und Kreislaufwirtschaft sind unabdingbar für einen ressourcenschonenden Umgang mit den Rohstoffen, nicht nur in Zeiten hoher Rohstoffpreise.[40] Im Vordergrund steht die Steigerung der Ressourceneffizienz, wozu eine enge Einbeziehung der Verbraucher notwendig ist.

Die deutsche Industrie könnte durch neue Technologien mit reduzierten Metallanteilen und verbessertes Recycling jährlich 150 Mrd. Euro einsparen, so Johannes Lackmann, Geschäftsführer des Zentrums für Ressourceneffizienz und Klimaschutz des Verbandes Deutscher Ingenieure. Der wesentliche Anreiz liegt in den hohen Preisen, die erzielt werden können, weshalb sich bei Stahl, Kupfer und Aluminium fast schon eine Kreislaufwirtschaft etabliert hat. Von im Schnitt 520 Kilogramm Stahl, die für ein Auto verwendet werden, können inzwischen 250 Kilogramm recycelt werden.

Ein großer Vorteil des Recycelns ist die enorme Energieeinsparung. Der Prozess erfordert nur einen Bruchteil der Energie, die zur Gewinnung der Neumetalle eingesetzt werden muss. Das kann bis zu 90 % ausmachen. Laut einer Studie der Industrie- und Handelskammer Berlin erspart diese Sekundärrohstoffverwertung über 18 Mio. Tonnen Kohlendioxid. Das entspricht ungefähr einem Fünftel der durch PKW erzeugten $CO_2$-Emissionen.

Die Lebensdauer der Geräte reicht oft viel weiter als die Nutzungsdauer, die sich kulturell verändert hat und immer kürzer wird. Den Konsumenten wird von der Werbung suggeriert, sie müssten jeder technologischen Neuerung sofort Rechnung tragen. Ästhetische Anforderungen oder einfach das Attribut »neu« dienen als Kaufmotivation. Der zusätzliche Ressourcenverbrauch spielt dabei keine Rolle. Viele Geräte werden bei voller Funktionsfähigkeit ersetzt, bei Handys sollen es pro Jahr 60 Millionen sein oder umgerechnet drei Tonnen Gold, 30 Tonnen Silber, 1900 Tonnen Kupfer, 1151 Tonnen Aluminium und 105 Tonnen Zinn.[41] Die Nutzungsdauer beträgt meist vertragsbedingt zwei Jahre. Von der Funktionsfähigkeit her liegt sie weitaus höher. Durch diese Entwicklung verstärkt sich auch die Tendenz, dass immer weniger Produkte noch zu reparieren sind, weil auch Haltbarkeit oder Reparaturfähigkeit nachrangig geworden sind.

Das deutsche Wissenschaftsministerium hat eine Kampagne gestartet, Schüler über den Wert ihres Handys zu informieren und es, anstatt es in der Schublade zu lassen, in den Geschäften oder bei den Telefongesellschaften abzugeben. Die jährlich anfallende Menge an Elektroschrott liegt laut UNO weltweit bei 50 Mio. Tonnen. Aber davon werden nur knapp 40 % recycelt. Der größte Teil wird entsorgt, oft in ärmere Länder verbracht. Allein über Hamburg sind es 160 000 Tonnen jährlich. Was auf dem Landweg nach Osteuropa geht oder mit Binnenschiffen in verschiedenen Etappen weggeschafft wird, darüber gibt es nur Vermutungen.

Dabei gibt es eindeutige Verordnungen, wie Elektroschrott zu behandeln ist. Einsatzfähige Geräte, so die EU-Richtlinie zur Entsorgung von Elektroaltgeräten, dürfen nur in OECD-Länder exportiert werden. Aber den Schrott zu verschicken ist oft billiger, als ihn hier zu entsorgen. Und wer sieht schon in den Schiffscontainern nach, ob die deklarierten PCs wirklich noch funktionsfähig sind? Die Lücken sind groß, der Markt ist gigantisch. Um die schlimmsten Auswüchse einzudämmen, werden sogar Fahnder gegen die Müllmafia aktiv.

In Afrika wird der Schrott zum Ablösen der Kunststoffe, die ihn meist ummanteln, einfach angezündet, oft durch Kinder. Krebserregende Rauchschwaden der Schrottabbrennung legen in Accra, der Hauptstadt von Ghana, ganze Stadtteile lahm und machen die Menschen dort krank. Betroffen vom Schrotttransport sind vor allem Benin, Elfenbeinküste, Liberia und Nigeria. Was nach Abbrennen noch nicht verwendbar ist, wird dann mit Zyanid und chemischen Laugen bearbeitet.[42]

Die EU will nun durch neue Auflagen das Einsammeln und die Wiederverwertung von Elektroschrott wesentlich verbessern. Die Mitgliedsstaaten müssen dafür sorgen, dass ab 2016 mindestens 45 % der gebrauchten Handys, Computer und Fernsehgeräte wieder eingesammelt werden. Ab 2019 soll dieser Anteil auf 65 % steigen. Ausgegangen wird von einer Verdopplung der Schrottmenge bis 2020 auf 12,3 Mio. Tonnen.[43] Schließlich ist ein Elektroschrotthaufen auch ein Rohstofflager.

Die größte »Silbermine« Deutschlands heißt Ami Doduco GmbH und liegt mitten in einem Industriegebiet im badischen Pforzheim. Aus Bergen von Schrott der digitalen Technologie wird hier durch Elektrolyse und andere chemische Prozesse Silber zurückgewonnen. Durch die neuen Verfahren lassen sich bereits über 20 % der weltweiten Silbernachfrage mittels Recycling abdecken. Bei Ami Doduco sind es jährlich 400 Tonnen, fast genauso viel wie in den Bergwerken von Peru, die zu den größten Silberförderern der Welt gehören, gewonnen wird.

Durch die hohen Weltmarktpreise brummt das Geschäft und der Aufwand lohnt, auch um kleinste Mengen von seltenen Rohstoffen aus dem Schrott zu extrahieren. Bei Metallen der Seltenen Erden liegt die Recyclingquote aber nahe null. Technologisch ist die Branche noch nicht so weit, die extrem kleinen Mengen herauszulösen.

Dabei ist in einer Tonne Handyschrott etwa 50-mal so viel Gold enthalten wie in einer Tonne Goldgestein aus den besten Minen Südafrikas. Durch Importware aus Fernost kommen zugleich große

Mengen an wertvollen Metallen, quasi als Beipack, ins Land, wo sie dann nach Gebrauch wieder recycelt werden können.

Das ließ zum Beispiel die Aurubis AG in Lünen, Westfalen, kontinuierlich wachsen. Sie ist inzwischen Weltmarktführer bei der Buntmetallaufbereitung. In Lünen verarbeitet der Konzern neben Kupfer noch über 130 verschiedene Schrottsorten.

Kupfer hat mit fast 56 % einen sehr hohen Recyclinggrad in Deutschland. Damit wird der industrielle Bedarf des Landes zu einem Drittel gedeckt. Obwohl schon weltweit eingekauft wird, ist der Markt aber leergefegt. China importiert ein Drittel des weltweiten Kupferschrotts für den Eigenbedarf, gefolgt von Indien. Wie wichtig Recycling ist, wird daran deutlich, dass heute schon weniger Kupfer gefördert wird, als es Bedarf gibt.

## Urban Mining – Rohstoffgewinnung aus städtischen Deponien

Urban Mining ist mehr als Recycling. Hierbei geht es vor allem um die schlummernden Deponien der großen Städte, in denen Material lagert, das schon lange vor der Mülltrennung entsorgt wurde. Hier sind Forscher wie Jason Rauch am Werk, die Ballungsregionen sondieren.[44] Nach seiner Studie waren im Jahr 2000 insgesamt 14,8 Mrd. Tonnen Eisen, 504 Mio. Tonnen Aluminium, 311 Mio. Tonnen Kupfer und 205 Mio. Tonnen Zink in Umlauf.[45] Die Wissenschaft geht davon aus, dass bei Metallen wie Eisen und Kupfer bis zu einem Drittel der weltweit benötigten Mengen wiedergewonnen werden können.[46]

Urban Mining wird dann richtig effektiv, wenn es eine längerfristige Strategie über mehrere Dekaden gibt. Bei Gebäuden sollten die Rohstoffbestandteile bereits beim Bauen dokumentiert werden, um sie nach dem Abriss dann gezielt wiederverwenden zu können.[47]

In Deutschland hat sich im März 2011 ein Urban-Mining-Verein gegründet, der jährlich einen Fachkongress ausrichtet und auch einen Preis verleiht. Er setzt sich zugleich für die Schaffung entsprechender Aus- und Weiterbildungsmöglichkeiten im Hochschulbereich ein. Beim Kongress 2013 ging es unter anderem um die künftige Entsorgung von Solarmodulen, Windenergieeinrichtungen und Batterien aus der Elektromobilität.

Das Ganze steckt allerdings noch in den Anfängen. Letztlich wird es eine Frage der Rohstoffpreise sein, wann aus den Deponien ein richtiger Industriezweig wird, der mit der bisherigen Abfallwirtschaft vergleichbar ist.

# Die Hauptförderer der Rohstoffe

## Die großen Bergbaukonzerne

Im internationalen Rohstoffmarkt haben sich Konzentrationsprozesse vollzogen, wie es sie so stark kaum in einer anderen Branche gibt. Es hat quasi eine Oligopolbildung stattgefunden, sodass die Angebotsseite den Markt beinahe diktieren kann. Dabei spielen drei »big player« die größte Rolle.

### BHP Billiton

Der australisch-britische Konzern mit einem Umsatz von 72,22 Mrd. US-Dollar und 46 370 Mitarbeitern ist das Schwergewicht unter den Rohstoffkonzernen. 2012 verdiente das Unternehmen vor Steuern 23,02 Mrd. US-Dollar.[1] BHP Billiton besitzt die größte Kupfermine der Welt, die in der chilenischen Atacama-Wüste liegende La Escondida mit einer Jahresproduktion von 1,2 Mio. Tonnen. Hinzu kommen zahlreiche Eisenerzminen.

Mit den enormen Gewinnen der letzten Jahre ging man auf Einkaufstour. 2005 übernahm der Konzern eine riesige Kohlemine des australischen Minenbetreibers Riversdale in Afrika. Als das Unternehmen auch noch die weltgrößte Düngemittelfabrik Potash übernehmen wollte, intervenierte die kanadische Regierung mit der Begründung, sie wolle »keine strategischen Reichtümer ins Ausland verkaufen«. BHP zeigte tatsächlich strategisches Denken, denn angesichts wachsenden Nahrungsmittel- und Agrospritbedarfs wird die Nachfrage nach Düngemitteln zur Ausweitung der Produktion natürlicher Basisrohstoffe in den nächsten Jahren kräftig steigen, zumal der industrielle Anbau von Monokulturen nur bei starkem Düngemitteleinsatz funktioniert.[2] Neuerdings engagiert sich der Konzern verstärkt im Schiefergassektor der USA.

## Rio Tinto

Das britisch-australische Unternehmen Rio Tinto mit Hauptsitz in London und Melbourne ist der zweitgrößte Eisenerzproduzent der Welt und hat 72 000 Mitarbeiter. Der Konzern fördert allein aus der Tagebaumine Mesa in der australischen Wildnis über 7 Mio. Tonnen jährlich, bei 250 Mio. Tonnen Gesamtförderung.

Der Gesamtumsatz lag 2012 bei mehr als 50 Mrd. US-Dollar, wobei in jüngster Zeit der Nettogewinn deutlich eingebrochen ist – von mehr als 13 Mrd. Dollar 2011 auf minus zwei Mrd. Dollar 2012.[3] Die bisherige aggressive Wachstumsstrategie hat viele Mittel verschlungen und wird unter diesen Bedingungen so nicht fortgesetzt werden können. Es gab bereits mehrere Versuche einer feindlichen Übernahme von Rio Tinto, die der Konzern aber bisher stets abwehren konnte.[4] Die Übernahme des Aluminium-Konzerns Alcon im Jahr 2007 hat sich im Nachhinein durch den Verfall der Preise als großes Problem erwiesen.

Als letztes Großprojekt hat Rio Tinto 2013 seine Produktion von Kupfer und Gold in der Mongolei aufgenommen. Die Oyu-Tolgoi-Mine soll 2020 ein Drittel zur mongolischen Wirtschaftsleistung beitragen und bei voller Produktion jährlich 450 000 Tonnen Kupfer und 330 000 Unzen Gold fördern.[5]

## Vale SA (Companhia Vale do Rio Doce)

Die Companhia Vale do Rio Doce (CVRD) mit Sitz in Rio de Janeiro ist mit 35 % der Weltproduktion der größte Eisenerzproduzent und förderte 2011 allein in der Ferro-Carajás-Mine 110 Mio. Tonnen Eisenerz. Über eine eigene Eisenbahngesellschaft wird das Erz über 900 km zum Hafen São Luis transportiert. Gegründet als Staatsunternehmen, wurde sie erst vor wenigen Jahren privatisiert. 2007 kaufte sie die kanadische Inco-Gruppe und wurde damit über Nacht auch noch der weltgrößte Nickelproduzent. Nickel ist eines der entscheidenden Legierungsmetalle in der Produktion von rostfreien Stählen. Unternehmensziel ist es, durch ausländische Produktionsstätten die Abhängigkeit von den einheimischen Ressourcen Brasiliens zu verringern.

2011 konnte der Konzern bei einem Umsatz von mehr als 40 Mrd. US-Dollar seinen Gewinn auf 18 Mrd. US-Dollar steigern, da sich in den Jahren zuvor die Erzpreise verdoppelt hatten. Doch in den Folgejahren gaben die Preise wieder nach.

Vale geriet in Auseinandersetzungen mit dem brasilianischen Staat, da dieser bei der Privatisierung dem Konzern auch eine gesellschaftliche Verantwortung für die 120 000 Mitarbeiter auferlegt hatte und nun die einseitige Orientierung auf Gewinnmaximierung kritisierte. Anstatt die Eigenverarbeitung in Brasilien zu steigern, habe sich Vale nur um den Erzexport gekümmert. Als der Konzern dann 18 gigantische Erzfrachter in China und Korea bauen ließ anstatt in Brasilien, musste Konzernchef Roger Angelli 2011 seinen Hut nehmen. Dessen ungeachtet kürte ihn die Harvard Business Review 2012 zum viertbesten Unternehmenschef des Jahres.

2012 wurde der Vale S.A. der Negativpreis Public Eye People's Award für unverantwortliches Konzernverhalten verliehen. Begründet wurde das mit der Beteiligung am Bau des Belo-Monte-Staudamms in der Amazonasregion, für den 42 000 Menschen umgesiedelt werden. Höchst ungewiss ist es, ob sie eine angemessene Entschädigung erhalten.

### Anglo American

Der südafrikanisch-britische Bergbaukonzern gehört mit mehr als 200 000 Mitarbeitern und 25 Tochtergesellschaften in elf Ländern ebenfalls in die Riege der großen Rohstoffproduzenten. Er ist breit diversifiziert, vom Bergbau bis zur Verpackungsindustrie. Sein Umsatz betrug 2012 rund 28 Mrd. US-Dollar, der Gewinn lag allerdings mit 239 Mio. im Minusbereich. Deshalb wird der Konzern in der Branche als Übernahmekandidat gehandelt.[6]

Anglo American ist durchaus interessant, da das Unternehmen der wichtigste Edelmetall- und Diamantenproduzent sowie der größte Platinproduzent ist. Es baut auch Mineralexoten wie Rhodium, Ruthenium, Indium, Osmium und Palladium ab. In Südafrika hat das Unternehmen wegen schlechter Tarifbedingungen und akuter Mängel im Arbeitsschutzbereich wachsende Probleme, die sich in wiederholten, langanhaltenden Arbeitsniederlegungen zeigten. Zu dem Konzern gehört seit 2012 auch der von Luxemburg aus gesteuerte, weltweit führende Diamantenproduzent und -händler De Beers.

All diesen großen Rohstoffkonzernen sind zwei Dinge gemeinsam: aggressive Wachstumspolitik und ein denkbar schlechter Ruf. Bei den enormen Gewinnmargen von mehr als 20 % geht es ausgesprochen raubeinig zu. Mit allen Mitteln wird um die Marktmacht gekämpft, sollen Konkurrenten verdrängt werden. Immer wieder werden feindliche Übernahmen versucht. 2007 nahm der größte Konzern, BHP Billiton, Anlauf, um die Nummer zwei, Rio Tinto, zu schlucken, doch es blieb bei der Absicht. Um neue Schürfgebiete zu sichern, schreckt man auch vor der Zusammenarbeit mit korrupten Regierungen und Militärs nicht zurück. Umweltzerstörung wird vielerorts billigend in Kauf genommen. Krasse Arbeitsausbeutung in den Bergwerken ist der Normalfall. Damit unsaubere Geschäfte nicht der Muttergesellschaft angelastet werden können, gibt es zahlreiche Tochterunternehmen und verschachtelte Beteiligungen. In Australien sahen sich die Rohstoffkonzerne veranlasst, gegen ihr schlechtes Image und die wachsenden Proteste in der Bevölkerung eine große Imagekampagne auf allen Medienebenen zu starten.

Die drei Großen beherrschen nahezu das gesamte Eisenerz der Erde und kontrollieren so rund 70 % des weltweiten Handels. Damit können sie auch den Preis für das Eisen weitgehend bestimmen. Über 40 Jahre wurde der Preis für Eisenerz einmal jährlich zwischen den größten Minenunternehmern und den Stahlkochern aus den USA, Japan und Europa nach gemeinsamer Markteinschätzung festgelegt. Damit gab es in der gesamten Wertschöpfungskette eine Preissicherheit, die für alle Beteiligten vorteilhaft war. Aber dann besannen sich die großen drei ihrer Marktmacht und verteuerten 2006 in einem gemeinsamen Coup den Eisenerzpreis über Nacht um 70%. Das war nur möglich, weil sie quasi als Oligopol, mit einer erdrückenden Marktbeherrschung, ihre Vorstellungen durchsetzen konnten. Nun wird der Basispreis für Eisenerz vierteljährlich ausgehandelt, und an der Börse in Singapur existiert ein Spotmarkt, wo kurzfristig gegen sofortige Bezahlung Eisenerz gekauft werden kann. Die Situation der

Stahlindustrie hat sich dadurch merklich verschlechtert, zumal die drei auch noch den für die Stahlherstellung notwendigen Koksmarkt beherrschen und diese Preise gleich mit beeinflussen können.[7] Die weltweite Versorgung mit einem der wichtigsten Ausgangsstoffe der industriellen Produktion hängt somit von ein paar Rohstoffkonzernen ab.

Die Intention der Bergbaukonzerne ist es, die gesamte Wertschöpfungskette von der Erzgewinnung bis zum Stahlkocher zu beherrschen, mit allen Dienstleistungen, die dazwischenliegen. Um das zu realisieren, versuchte beispielsweise der Handelskonzern Glencore in einer langen Unternehmensschlacht, den Bergbaukonzern Xstrata zu übernehmen, was nach abenteuerlichen Auseinandersetzungen mit den Aktionären am 20. November 2012 dann auch gelang. (Mehr davon im nächsten Kapitel.)

In der Boomphase bis 2010 planten die drei ihre Zukunft mit großen Schritten. Vale wollte Investitionen von 24 Mrd. US-Dollar im Eisenerzbereich vornehmen, Rio Tinto beabsichtigte, 15 Mrd. in den Ausbau der Pilbara-Mine im Westen Australiens zu stecken. Damit soll bis 2015 die Fördermenge auf jährlich 360 Mio. Tonnen hochgeschraubt werden.[8] BHP Billiton ging noch weiter und sah für die nächsten fünf Jahre Investitionen von 68 Mrd. für seinen Kupferbergbau vor. Aber der gewaltige Preiseinbruch in den Jahren 2010 und 2011 infolge der weltweiten Konjunkturprobleme nach dem Bankencrash machte die hochtrabenden Pläne wieder zunichte. Angesagt war nun ein kräftiges Zurückrudern und das Verteidigen der erreichten Positionen.[9]

Nachdem sich Australiens Regierung jahrelang die kräftigen Gewinne der Konzerne angesehen hatte, verabschiedete sie im März 2012 eine Gewinnsteuer für Bergbauunternehmen. Sie sieht eine Abgabe von 30 % der in Australien erwirtschafteten Gewinne vor. Das spült dem australischen Staat seitdem etwa elf Mrd. US-Dollar jährlich in die Kasse.[10] Als Nächstes soll eine neue $CO_2$-Abgabe für den Sektor folgen.[11]

Die Unternehmen hatten den Beratungen über die neue Besteuerung ihre Lobbymacht entgegengestellt und warnten, dass das Hochlohnland Australien mit Exporteinbrüchen rechnen müsse.

Mit einem sechzigprozentigen Anteil am Export ist der Bergbau für Australien der bei weitem wichtigste Wirtschaftszweig, auch wenn er im Verhältnis zum Umsatz nur sehr wenige Arbeitsplätze schafft. Mittlerweile handelten die Konzerne günstige Kompromisse in der Gesetzgebung für sich aus.

Als sich die Prophezeiungen für eine schnelle Erholung der Weltwirtschaft zerschlugen, räumten die Aufsichtsräte der drei kräftig auf. Sie meinten, dass die Vorstandsvorsitzenden zu sehr auf eine weiterhin positive Konjunkturentwicklung der Schwellenländer gesetzt hätten. So tauschten BHP Billiton, Rio Tinto und Anglo American ihre Vorstandsvorsitzenden aus. Gleichzeitig wurden allein in Australien 60 Mrd. an Investitionen im Rohstoffsektor auf Eis gelegt. Stabilisierung ist angesagt, und die visionären Strategen wurden durch »kühle Rechner« ersetzt.[12]

Im Energiesektor sieht die Situation anders aus. Hier liegt der Anteil der börsennotierten Ölkonzerne an der Förderung weltweit nur zwischen 15 und 20 %. Den weitaus größten Teil fördern die staatlich kontrollierten Unternehmen der erdölexportierenden Länder. Mit großem Abstand an der Spitze liegt die staatliche saudische Ölgesellschaft Saudi Aramco mit über zehn Mio. Barrel pro Tag.

Die größten Ölförderkonzerne[13]

| NAME | LAND | UMSATZ (IN MRD. $) | MITARBEITER |
|---|---|---|---|
| Royal Dutch Shell | Niederlande | 484,489 | 90 000 |
| Exxon Mobil | USA | 452,926 | 99 100 |
| British Petrol BP | Großbritannien | 386,463 | 83 400 |
| Sinopec | China | 375,214 | 1 021 979 |
| China National Petroleum | China | 352,338 | 1 668 072 |
| Chevron | USA | 245,621 | 61 189 |
| Total | Frankreich | 231,580 | 96 104 |
| Gazprom | Russland | 157,831 | 401 000 |
| Petrobras | Brasilien | 145,915 | 81 918 |

Die größten nicht börsennotierten Öl- und Gasunternehmen[14]

| NAME | LAND | MARKTWERT (MRD.$) |
|---|:---:|:---:|
| Saudi Aramco | Saudi-Arabien | 781 |
| Pemex | Mexiko | 415 |
| Petróleos de Venezuela | Venezuela | 388 |
| Kuwait Petroleum Corporation | Kuwait | 378 |
| Petronas | Malaysia | 232 |
| Sonatrach | Algerien | 224 |
| National Iranian Oil Company | Iran | 220 |
| Pertamina | Indonesien | 140 |
| Nigerian National Petroleum Corp. | Nigeria | 120 |

Da die nicht börsennotierten Unternehmen keine offiziellen Bilanzen vorlegen, stellt der Marktwert nur einen Näherungswert dar. Die Erdölindustrie ist der weltweit größte Wirtschaftszweig. Durch die große Bedeutung und die Abhängigkeit der industrialisierten Welt von diesem Rohstoff haben sich die Ölkonzerne eine strategische Machtposition gesichert. Sieben der ersten zehn unter den weltweit hundert umsatzstärksten Unternehmen sind Öl- und Gaskonzerne.

Aber der Ölmarkt ist in ständiger Bewegung. Auch hier gibt es laufend Zukäufe und Übernahmen. So hat sich der russische Staatskonzern Rosneft im Oktober 2012 durch Ankauf des russisch-britischen Joint Ventures TNK-BP zum größten Ölkonzern der Welt gemausert.[15] BP hat dafür 17 Mrd. US-Dollar und 20 % der Aktien von Rosneft erhalten.

## Das Millionenheer der Kleinschürfer

Bei einer Reihe von Erzen, die nur verstreut in kleinen Mengen vorkommen, ist die Förderung durch Kleinschürfer größer als die Produktion der industriell agierenden Konzerne. So etwa bei Zinn, Tantal und Gold. Doch diese Kleinschürfer leben zumeist in einer völlig rechtlosen Situation, sind den Aufkäufern und Zwischenhändlern ausgeliefert und leben unter der Angst gewaltsamer Übergriffe von Banden und Warlords.

Besonders schwierig ist die Situation im östlichen Kongo. Hier konzentrieren sich seltene Erze wie Tantal, Coltan, Kobalt und Niob, Kupfer und Gold sowie Diamanten, um die sich marodierende Rebellengruppen streiten. Es herrscht permanenter Ausnahmezustand und Kleinkrieg.[16] Die staatliche Verwaltung hat in der Region keine Kontrollfunktion mehr, Lokalpolitiker wirtschaften in die eigene Tasche, und beim kongolesischen Militär handelt es sich eher um eine »Ansammlung von Geschäftemachern in Uniform«[17] als um eine Schutztruppe für die Bevölkerung vor Ort.

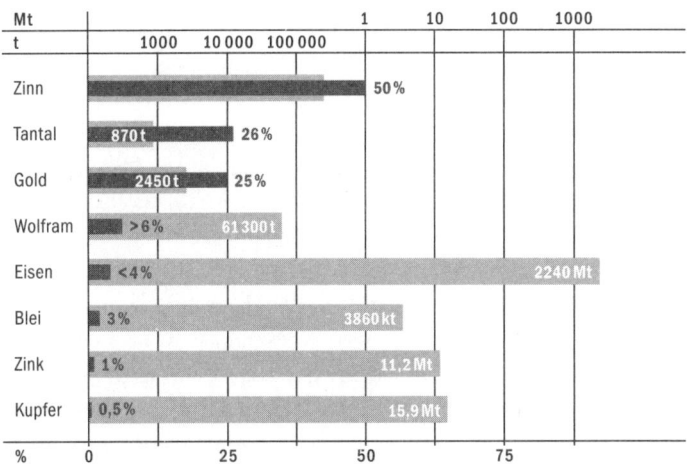

Heller Hintergrund: weltweite industrielle Bergwerksförderung
Dunkler Hintergrund: geschätzter Anteil des Kleinbergbaus

Quelle: Deutsche Rohstoffagentur, Commodity Top News Nr. 38, Hannover 2011, S. 3.

Mehr als 20 bis 25 % des im Kongo geförderten Goldes stammen aus der handwerklichen Produktion der Kleinschürfer. Zwischen 500 000 und zwei Millionen Menschen sollen es sein, die auf eigene Rechnung, unter unsäglichen Bedingungen und physischer Bedrohung die Metalle aus dem Boden holen und sie dann einem Geflecht von Aufkäufern, Zwischenhändlern, Söldnern und selbsternannten Zöllnern zu Willkürpreisen übergeben müssen. Erst die Rohstoffmakler, die das Metall an den Endverbraucher bringen, machen den Hauptreibach. Zwischen acht und zehn Tonnen Gold der Gesamtproduktion von 40 Tonnen in der DR Kongo werden so gefördert und weltweit 50 % des Zinns sowie 26 % des Tantals.[18]

Da das Coltanerz sehr selten und wertvoll ist, haben Rebellengruppen in der Region die meisten kleinen Coltanminen unter ihre Gewalt gebracht. Sie schmuggeln dann das geförderte Metall in die Nachbarländer und legalisieren es dort. Eine UNO-Resolution aus dem Jahr 2008 droht den Firmen, die weiterhin Erz aus dieser Region beziehen, mit Sanktionen. Doch die Herkunft von Erzen lässt sich bisher nur schwer belegen, obwohl die Bundesanstalt für Geowissenschaften und Rohstoffe eine Technik entwickelt hat, die sich »geochemischer Fingerabdruck« nennt, womit man Tantal und Coltan einen eindeutigen Herkunftsnachweis zuordnen könnte.[19] Die Technik ist zwar prinzipiell einsatzbereit, findet aber international keine Anwendung, wie der zuständige Forscher beklagt.[20] Dabei wäre der Nachweis ein wichtiger erster Schritt, um zu klären, ob das Erz legal ist oder nicht. Unternehmen, die diese Rohstoffe verarbeiten, fordern seit langem Herkunftssicherheit, sie sind an zertifizierten Werkstoffen interessiert.

Rohstoffe dubioser Provenienz werden nach Insideransicht zum großen Teil an der Börse von Toronto gehandelt.[21] Das kanadische Recht bietet das beste Umfeld für derartige Transaktionen, denn hier gibt es nicht nur beträchtliche Steuervorteile, sondern auch ganz schwache Transparenzauflagen und keine ernstzunehmende Verpflichtung, über die tatsächliche Herkunft der gehandelten Materialien Auskunft zu geben.[22]

Zertifizierungen im Kleinbergbau wären darüber hinaus eine Möglichkeit für Kleinschürfer, Zugang zu legalen Konzessionen zu bekommen, und eine Chance, den rechtlosen Teil des informellen Sektors zu verlassen. Nur so könnten sie sich auch gegen willkürliche Niedrigpreise und extreme Ausbeutung wehren.

Im Bergbau von Peru gibt es nach Schätzungen des Umweltministeriums in Lima mehr als 100 000 Kleinschürfer. Sie fördern etwa 30 % des Goldes, wovon das Land 2010 rund 170 Tonnen produzierte. Fast jeder dritte Kleinschürfer ist aufgrund der eingesetzten Chemikalien und der Quecksilberdämpfe krank und hat Hautverätzungen. Das Schürfen ist aber auch eine traurige Domäne der Kinderarbeit. Schon Kleinstkinder werden zum Waschen eingesetzt.

Werden sie größer, müssen sie die Gesteinsbrocken zerschlagen, und mit neun oder zehn Jahren gehen sie bereits unter Tage und schleppen die Körbe mit dem Goldgestein hinauf.

Als wegen des hohen Goldpreises die Zahl der illegalen Kleinschürfer sprunghaft anwuchs, reagierte die peruanische Regierung 2011. Sie will nun den Kleinbergbau legalisieren und diesen Prozess mit neuen Gesetzen und Richtlinien begleiten. Gleichzeitig unterzeichnete die Regierung auch die Konvention 169 der Internationalen Arbeitsorganisation (ILO) zum Schutz indigener Völker, da die meisten Kleinschürfer einer der indianischen Ethnien angehören.

Die 2004 gegründete weltweit agierende Alliance for Responsible Mining (ARM) versucht im Bergbau, Sozial- und Umweltstandards nach dem Fair-Trade-Prinzip und damit vertretbare Arbeitsbedingungen durchzusetzen. Seit 2010 gibt ARM ein Zertifikat für fair gehandeltes Gold aus. Die Allianz hat das Netzwerk Artisanal and Small-scale Mining Organizations (ASMOS) gegründet, über das sie versucht, den kleinteiligen Goldabbau aus der Schattenwirtschaft herauszuholen. Sie organisiert die Schürfer, um sie dann zu zertifizieren. Auf diese Weise sind die Schürfer dann nicht mehr den Aufkäufern und Zwischenhändlern ausgeliefert, sondern können direkt zu Abnahmepreisen verkaufen, die zu 95 % den internationalen Handelspreisen entsprechen. Außerdem werden Prämien für die Einhaltung bestimmter Umweltstandards gezahlt.[23] 2011 wurden die ersten Genossenschaften in Peru zertifiziert. Bei der indigenen Bevölkerung findet der Prozess hohe Akzeptanz.

Anders sieht die Situation in Kolumbien aus, wo durch Guerillaorganisationen und Milizen Gold, Coltan und Wolframerz gefördert werden. Nachdem der Drogenhandel und die Erpressung von Schutzgeldern nicht mehr genug abwarfen, stieg beispielsweise die Guerillagruppe FARC in die Goldförderung ein. 2010, so die spanische Forschungsorganisation Toledo International Center for Peace (CITpax), seien 86 % des Goldes in Kolumbien illegal abgebaut worden. CITpax geht davon aus, dass bis zu 20 % des Profits daraus an die FARC gegangen seien.[24] Geringere Prozentsätze würden von der ELN-Guerilla, Paramilitärs und kriminellen Banden erpresst.[25]

# Die Rohstoffmärkte

Den Rohstoffhandelskonzernen geht es richtig gut. Die *Financial Times* hat nach eigenen Angaben »Tausende von Firmendokumenten, öffentliche und nicht öffentliche«, wie auch Einträge in den Handelsregistern, von den Virgin Islands bis Singapur, nach den Geschäften der Rohstoffhändler analysiert. Ihr Ergebnis: In der letzten Dekade hat die Branche fast 250 Mrd. US-Dollar Profit eingefahren. Die Analyse war langwierig und schwierig, da die verschachtelten Großunternehmen kaum reguliert werden und die Veröffentlichung von Zahlen nur mit großer Vorsicht betreiben.

Die 20 bedeutendsten Rohstoffhandelsunternehmen haben allein 2012, so die *Financial Times*, einen Gewinn von 33,5 Mrd. US-Dollar erzielt, der in diesem Sektor nur gering von dem der letzten fünf Jahre abweicht. Dabei wurden nur die Handelshäuser wie Glencore, Cargill, Vitol und Trafigura untersucht, nicht aber Produzenten, die ebenfalls Handel betreiben wie die Öl- und Energiekonzerne BP und Royal Dutch Shell, Total und EDF, Eon und RWE oder Lokoil und Gazprom, obwohl diese die reinen Handelsfirmen meist noch in den Schatten stellen.[1]

## Handelshäuser fusionieren mit Produzenten – Das Beispiel Glencore Xstrata

Das 1974 in der Schweiz gegründete Rohstoffhandelsunternehmen Glencore (**Gl**obal **En**ergy **C**ommodity and **Re**sources) ist einer der schillernden Sterne am Rohstoffhimmel und mutierte vom reinen Rohstoffhändler zu einem Konzern, der im Laufe der letzten Jahre nun auch die gesamte Wertschöpfungskette seiner Produkte kontrolliert. Das Unternehmen steht auf drei Pfeilern: Metalle und Erze, Energieträger und landwirtschaftliche Produkte. 2011 betrug der Umsatz 186 Mrd. US-Dollar bei einer Steigerung gegenüber dem Vorjahr um 28 %. Der Konzern beschäftigt rund 60 000 Mitarbeiter an 19 Standorten in zwölf Ländern. Glencore kontrolliert große Teile des Massengeschäftes von Eisenerz und Kokskohle, verfügt über Hunderte Erzfrachter mit hoher Tonnage und Containerschiffe. Der Gewinn belief sich 2011 auf 4,27 Mrd. US-Dollar.[2]

Glencores Marktmacht

| | ROHSTOFF | MIO. TONNEN | ANTEIL AM FREIEN ROHSTOFFMARKT (IN %) |
|---|---|---|---|
| Metalle | Eisen | 9,3 | 1 |
| | Aluminium | 3,9 | 22 |
| | Zink | 1,7 | 60 |
| | Ferrochrom | 1,5 | 16 |
| | Kupfer | 1,4 | 50 |
| | Blei | 0,3 | 45 |
| | Nickel | 0,2 | 14 |
| | Kobalt | 0,018 | 23 |
| Energie | Kohle (thermisch) | 196 | 28 |
| | Öl | 125 | 5 |
| Agrarsektor | Getreide | 19 | 9 |
| | Pflanzenöl und Ölsaaten | 8 | 4 |

Quelle: Erklärung von Bern/Glencore-Emissionsprojekte und -Jahresberichte; UNCTAD 2011; nach: Erklärung von Bern, S. 131

Die geförderten Rohstoffe werden aufgekauft und zu einem großen Teil an die verarbeitende Industrie im Rahmen langfristiger Verträge weitergegeben. Was so nicht gebunden ist, landet am Spotmarkt der Rohstoffbörsen und in einem Meer von Finanzprodukten unter der Ägide von Fondsgesellschaften, Finanzakrobaten und Spekulanten, denn auf den steigenden oder fallenden Wert von Rohstoffen werden mit Hilfe von Derivaten Wetten abgeschlossen.

So wurde Ende Juni 2009 plötzlich in Süd- und Südosteuropa das Aluminium knapp. UC Rusal, der russische Aluminiumkonzern, an dem Glencore beteiligt ist, stellte seine Lieferungen ein und behauptete, ausverkauft zu sein. Alle Fakten sprachen dagegen: Die Autoindustrie steckte in der Rezession und brauchte weniger Aluminium, die Chinesen hielten sich wegen sinkenden Wirtschaftswachstums ebenfalls zurück. Aber das Aluminium war weg. Wie verschiedene Fachmedien vermuteten, habe Glencore die gesamte Produktion vom Markt weggekauft, was immerhin 500 000 Tonnen Aluminium bedeutete. Die Börse reagierte prompt auf die Verknappung mit einem Kurssprung von 20 %.[3] Ein ähnliches Phänomen betraf zur gleichen Zeit auch Kupfer, Zink, Nickel und Blei. Es war ein perfektes Timing und zeigt die erschreckende Marktmacht des Handelsriesen.

Gegründet wurde das Ursprungsunternehmen Glencore von Marc Rich, der 1934 als Marcell David Reich in Antwerpen geboren worden war und zunächst die Marc Rich + Co. AG aufbaute. Nach vielfältigen Verstrickungen und wachsenden Problemen erfolgte 1994 die Umbenennung in Glencore. Der inzwischen größte Rohstoffhändler der Welt hat seinen operativen Hauptsitz im Tiefsteuer-Kanton Zug, in dem kleinen Städtchen Baar. Der für die Steuer registrierte Sitz der Firma befindet sich auf Jersey im Ärmelkanal.

Um Marc Rich ranken sich in den vierzig Jahren Unternehmensgeschichte wilde Gerüchte. Es gab zum Teil äußerst bedenkliche Vorfälle und geheimnisumwitterte Geschäfte jenseits internationaler Embargos, aufgrund derer es eine weltweite Verfolgung durch US-Ermittler gab. Der Staatsanwalt und spätere New Yorker Bürgermeister Rudy Giuliani glaubte, ihn für 325 Jahre hinter Gitter bringen zu können. Doch an seinem letzten Amtstag begnadigte Präsident Bill Clinton den gesuchten Marc Rich, der nie vor einem US-Gericht erschienen war und deshalb auch nicht verurteilt werden konnte.[4] Die Schweiz hatte jegliche Rechtshilfe verweigert. Marc Rich füllt mit seiner spektakulären Lebensgeschichte inzwischen ganze Bücher.[5]

Die Rohstoffhändler, die bei ihm ihr Handwerk lernten, werden in der Szene anerkennend »Rich-Boys« genannt, wie auch der in Südafrika geborene Glencore-CEO Ivan Glasenberg, der zu einem der reichsten Schweizer aufgestiegen ist. Er soll mit über 15,8 % der Glencore-Aktien am Unternehmen beteiligt sein, was einem Kurswert von rund sieben Mrd. US-Dollar entspricht.

Glencore, so äußert sich der Konzernchef eines anderen Rohstoffhändlers, sei eine »Riesenkrake«. Der Konzern mache einfach alles: »Herstellung, Finanzierung, Handel, Transport. Da wird nicht gekleckert, da wird immer gleich geklotzt.« Obwohl direkter Konkurrent, will der Mann nicht zitiert werden. »Man begegnet sich zu oft in dieser Zunft.«[6]

Mitunter sind die Konkurrenten auch gezwungen, mit Glencore zusammenzuarbeiten, weil nur dieser Konzern über die entsprechenden Frachtkapazitäten verfügt, die bei großen Tonnagen gebraucht werden. Gleichzeitig steht das Unternehmen im Ruf, in der Abwicklung von Geschäften sehr zuverlässig zu sein.

Glencore reichte es nicht, nur Händler zu sein. Nach dem Börsengang 2011, durch den rund zehn Mrd. US-Dollar in die Kasse gespült wurden, fusionierte der Konzern im November 2012 mit dem Bergbaukonzern Xstrata zum Weltkonzern Glencore Xstrata International. Es war der größte Zusammenschluss im Rohstoffsektor seit Jahren. Der Staatsfonds von Katar, der eine zwölfprozentige Beteiligung an Xstrata hielt, hatte lange gemauert, gab sich mit dem Übernahmeangebot nicht zufrieden und trieb so den Umtausch der Aktien bis zum gewünschten Preis in die Höhe.

Der Börsenwert des neuen Riesen liegt bei 90 Mrd. US-Dollar. Fast 130 000 Mitarbeiter erwirtschaften einen Umsatz von 236,5 Mrd. US-Dollar und einen Betriebsgewinn von 8,1 Mrd. US-Dollar.[7] Konzernchef Ivan Glasenberg will den Gewinn noch steigern, indem allein im Handelsbereich 500 Mio. US-Dollar eingespart werden sollen. In einem Interview mit dem *Wall Street Journal* machte er klar, wie das geschehen soll: Eine große Anzahl von Managern der mittleren Ebene würde entlassen.[8]

Auf dem Weg zu dieser Megafusion war eine Reihe von kleineren Zugeständnissen erforderlich. Erst im April 2013 gab es die entscheidende Zustimmung der chinesischen Regulierungsbehörde, nachdem Glencore zugesagt hatte, seinen Anteil an einer Kupfermine in Peru zu veräußern und die chinesischen Kunden für die Dauer von acht Jahren mit festgeschriebenen Mengen an Kupfer, Zink und Blei zu versorgen.[9] Damit ist aus dem Schweizer Handelshaus nun der viertgrößte Rohstoffanbieter der Welt geworden – mit 130 000 Mitarbeitern in 40 Ländern und mit mehr als 100 Bergwerken.

Allerdings musste Ivan Glasenberg in diesem Prozess auch eine Schlappe hinnehmen. Er wollte für die Führungskräfte von Xstrata ein imposantes Boni-Bleibe-Programm in der astronomischen Höhe von 180 Mio. US-Dollar durchsetzen.[10] Die Aktionäre lehnten das jedoch ab. Der Xstrata-Verwaltungsratsvorsitzende John Bond erklärte daraufhin im Mai 2013 seinen Rücktritt. Xstrata-Chef Michael Davis soll aber dennoch einen Ausgleich von 5,4 Mio. Euro erhalten haben, zusätzlich zu einem Jahresgehalt von 1,5 Mio. Pfund Sterling.[11] Gesamtchef Glasenberg hält vom neuen Glencore-Xstrata-Großkonzern 8 % der Aktien, was einem Börsenwert von 7,2 Mrd. US-Dollar (April 2013) entspricht.[12]

Die Fachpresse begleitete die Fusion mit großer Skepsis und sieht die Gefahr, dass durch den entstandenen extrem hohen Marktanteil von Glencore Xstrata die Rohstoffpreise in die Höhe getrieben werden. Dem schließt sich auch die deutsche Stahlindustrie an. Sie warnte ausdrücklich vor der Mega-Fusion, denn nun sind Abbau, Förderung, Transport, Verkauf und Finanzierung der Rohstoffe in einer Hand, wodurch der Markt manipulierbarer wird. Der Händler Glencore verfügt mit seinem Fusionspartner Xstrata nun auch über Produktionskapazitäten im Kohlebergbau, bei Kupfer- und Zinkminen sowie im Ölbereich. Der neue Riese hat jetzt allein in der Ölsparte mehr Schiffe als die britische Marine zur Verfügung.

Glencore Xstrata begnügt sich aber nicht mit den Massenrohstoffen, sondern will künftig noch stärker im Agrarmarkt aktiv werden. Deswegen kaufte der Konzern 2012 den kanadischen Getreideriesen Viterra und hat somit Zugriff auf riesige Getreidespeicherkapazitäten bei Raps, Sommerweizen, Hafer und Hartweizen, was bei der Gestaltung von Preisen wichtig ist.

Um das hochkomplizierte Geflecht zu durchdringen und zu dokumentieren, wie der Konzern vor Ort in problematischen Ländern agiert, hat der Schweizer Entwicklungsdienst Brot für alle in Kooperation mit Fastenopfer und zusammen mit Forschern der südafrikanischen Benchmark Foundation exemplarisch eine Feldstudie über die Geschäftspraktiken von Glencore und dessen Tochterunternehmen in der DR Kongo erarbeitet.[13] Der Konzern ist dort an verschiedenen Minen beteiligt und in einigen Unternehmen auch Mehrheitseigner. Die Studie belegt, dass Glencore in der Provinz Katanga eines der reichsten Vorkommen an Bodenschätzen weltweit ausbeutet, ohne der kongolesischen Seite einen gerechten Teil des

Ertrages zu überlassen. Berichtet wird über die katastrophale Lage der Kleinschürfer, die hier ohne Schutzkleidung und teils barfuß arbeiten. Mehr als 30 000 Kinder und Jugendliche müssen das Material in Säcken an die Oberfläche schleppen. Vier von zehn Beschäftigten arbeiten ohne feste Verträge und verfügen nicht über ausreichende Kenntnisse des Bergbaus; deshalb ist die Unfallrate extrem hoch. Wertmäßig sind 70 % der Glencore-Produktionsstätten in korrupten und/oder hoch konfliktreichen Ländern angesiedelt.

Unter Ausnutzung aller sich bietenden Schlupflöcher werden Steuerabgaben minimiert, sodass die einzelnen Staaten von der Ausbeutung ihrer Bodenschätze kaum etwas abbekommen. Dies prangert auch das Buch »Rohstoff. Das gefährlichste Geschäft der Schweiz« der Organisation Erklärung von Bern (EvB) an.[14] Fast die Hälfte der 46 Niederlassungen von Glencore lägen in Steuerparadiesen wie den Bermudas, den Virgin Islands oder den britischen Kanalinseln. Auch Chantal Preyer von Brot für alle sieht bei Glencore ein Hauptproblem in der gezielten Umgehung von Gewinnsteuern. Durch interne Konzernverrechnungen über Transferpreise und Dienstleistungen der Zentrale entstehen bei den Produktionsunternehmen oft Verluste, die dazu führen, dass vor Ort so gut wie keine Steuern gezahlt werden. Das Unternehmen im Kongo beispielsweise müsste laut Gesetz 30 % vom Gewinn abführen, versteuert letztlich aber nur ein Promille des Umsatzes. Diese Praxis, so Preyer, ist bei transnationalen Unternehmen durchaus normal und nennt sich »Steueroptimierung«.

Offiziell spricht Glencore Xstrata gern von seiner sozialen Verantwortung. Die Corporate Social Responsibility (CSR) wird auf der Website als »unternehmensleitend« dargestellt, doch den vielen schönen Worten entsprächen leider nicht die Taten, heißt es in der Studie. Es seien keine Anstrengungen unternommen worden, damit sich die Tochterfirmen in Kongo für Menschenrechte einsetzen und die enorme Umweltbelastung bei der Materialförderung senken. Glencore hat sich gegen diese Ausführungen verwahrt und alle Vorwürfe zurückgewiesen. Aber die Veröffentlichungen fanden ein großes Echo und bewirkten, dass sich die Politik in der Schweiz einschaltete und sich Glencore-CEO Ivan Glasenberg zu einer öffentlichen Stellungnahme veranlasst sah. »Wir sind nicht die bösen Spekulanten … wir sind eine Erfolgsgeschichte«, meinte er und forderte, dass die Schweizer stolz auf das Unternehmen sein sollten.[15]

Schaut man sich bei Glencore Xstrata in Lateinamerika um, gibt es allerdings wenig Grund für Stolz. Bolivien beispielsweise fordert seit Jahren vergeblich einen faireren Umgang mit den Bergarbeitern und eine höhere Gewinnbeteiligung des Staates. Nach langanhaltenden Protesten der Bergleute wurde die von der Glencore-Tochter Sinchi Wayra betriebene Zinn- und Zinkmine Colquiri im Juni 2012 schließlich verstaatlicht. Glencore protestierte dagegen und fordert eine Entschädigung für die in den bolivianischen Bergbau investierten 250 Mio. US-Dollar.[16]

Anrainer der Gemeinde Espinar im peruanischen Hochland protestierten 2012 gegen Xstrata Copper, die die Mine Tintaya in der Provinz Cuzco stilllegen wollte, ohne acht umliegende Gemeinden für die Verschmutzung von Wasser und Böden durch den Tagebau angemessen zu entschädigen. In Südafrika gab es 2012 mindestens 44 Tote bei Streiks gegen den Platinförderer Lonmin, an dem Xstrata beteiligt ist.

Nun gelobt der Konzern Besserung. Bei dem neuen Kupferbergbauprojekt Las Bambas in 4000 Meter Höhe in den peruanischen Anden will Xstrata die Betroffenen, Umweltschutzorganisationen und den Staat in die Planung einbinden. Las Bambas soll 2014 in Betrieb gehen und bei voller Kapazität 315 000 Tonnen Kupfer pro Jahr liefern. Für umzusiedelnde Familien sollen neue Häuser gebaut und Arbeitsplätze in der Mine geschaffen werden. Doch die Betroffenen bleiben skeptisch.[17]

Die Autoren der EvB-Studie sehen Xstrata noch weit entfernt vom fairen Bergbau. Ungeachtet philantropischer Sozialprojekte bestehe im Kerngeschäft »die augenfällige Diskrepanz zwischen Milliardengewinnen, Gehaltsmillionären und skandalöser Armut rund um die Produktionsstätten«.[18] Die Unternehmenspolitik ziele vor allem auf eine Stärkung der Marktmacht ab.

# Die Schweiz als Rohstoffhandelsdrehkreuz

Die Schweiz verbindet man zunächst mit Schokolade, Käse, Feinmechanik, Maschinenbau und Steuerflucht. Aber der Alpenstaat ohne nennenswerte eigene Fundstätten ist in der letzten Dekade auch zu der Rohstoffdrehscheibe Europas geworden. Jeder dritte Liter Erdöl, der auf dem Weltmarkt gehandelt wird, stammt von einem Handelsunternehmen mit Sitz in der Schweiz. Der weitaus größte Teil des russischen Ölhandels wird über Genf abgewickelt. Von den zwölf größten Unternehmen in der Schweiz zählen sieben zur Rohstoffbranche.

Die Rohstoffbranche lässt sich in zwei grobe Kategorien unterteilen: die Rohstoffhändler und die Rohstoffunternehmen. Die ersten sind spezialisiert auf den Ankauf und den Verkauf. Sie fühlen sich nicht verantwortlich für Probleme bei der Förderung und der Verarbeitung der Rohstoffe. Die größten sind hier Trafigura, Vitol, Mercuria, Gunvor und Litasco. Die Rohstoffunternehmen operieren entlang der gesamten Wertschöpfungskette, sind in der Produktion, der Verarbeitung und im Recycling engagiert, besitzen Minen und Ölfelder, verfügen über Konzessionen und betreiben Verarbeitungswerke.[19] Hier sind die großen Ölkonzerne vorn, gefolgt von den Bergbauunternehmen.

Die größten Rohstoffhandelsunternehmen der Welt haben sich im letzten Jahrzehnt wegen der besonders guten Bedingungen in der Schweiz angesiedelt. Das Land hat sich so in wenigen Jahren in eine Rohstoffmacht verwandelt, ohne dass die Öffentlichkeit davon groß Notiz genommen hätte. Die Schweiz mit ihrem vergleichsweise kleinen Binnenhafen in Basel könnte mit einem physischen Rohstoffaufkommen von Millionen Tonnen auch gar nichts anfangen, aber der Handel findet ja ohnehin nur virtuell statt.

Mehr als ein Viertel aller weltweiten Metall- und Agrarrohstoffströme und zwischen 50 und 60 % des weltweiten Geschäfts zur Finanzierung des Rohstoffhandels werden über Zürich und Genf kanalisiert. So veranstaltete auch die *Financial Times* 2012 ihren ersten »Global Commodities Summit«, so etwas wie ein Rohstoffgipfeltreffen, nicht in Chicago, London oder Toronto, den Plätzen der Rohstoffbörsen, sondern am Genfer See. Es ging dabei aber nicht nur um neue Geschäftsstrategien, sondern auch darum, wie mit dem wachsenden Druck in der Öffentlichkeit bezüglich der Probleme und Risiken der Branche umzugehen sei. Daran hatte auch die Schweiz ein Interesse, denn nach den jüngsten Bankenskandalen wollte man auf keinen Fall eine weitere Imageschädigung durch den Rohstoffhandel. So wies der Verwaltungsratspräsident und CEO des Rohstoffhändlers Cargill zur Eröffnung des Gipfels 2013 in Lausanne darauf hin, dass »die anwesenden Vertreter der weltweit führenden Handelshäuser aufgefordert sind, sich ihrer sozialen und politischen Verantwortung bewusst zu werden« und aktiv an der Ausarbeitung neuer Rahmenvereinbarungen zur Regulierung des Sektors mitzuarbeiten. Wenn die Rohstoffhändler sich aktiv engagierten, könnten sie mitgestalten, sonst riskierten sie, dass ihnen neue Regeln von der Politik aufgezwungen würden.[20]

Die Handelsfirmen sind bis auf ganz wenige Ausnahmen nicht börsennotiert, haben deshalb keine Veröffentlichungspflicht für detaillierte Zahlen und agieren eher im Stillen. Diese Verschwiegenheit und Politikabstinenz lässt aber den Eindruck von Intransparenz entstehen und wird zum medialen Problem.

Ein wichtiger Grund für die massive Ansammlung von Rohstofffirmen in der Schweiz sind neben den Steuervorteilen vor allem die guten Finanzierungsbedingungen. Bei relativ wenig Kontrolle ist man quasi unter sich. Unternehmen ohne inländische Geschäftstätigkeit werden in den Kantonen steuerlich privilegiert. Das Gleiche gilt für Holding-Gesellschaften, die nur zwischen 0,5 und 1,5 Promille Steuern als Minimalabgabe für ihr Kapital aufwenden müssen und von der kantonalen Gewinnsteuer befreit sind. Viele Rohstoffhändler wie etwa Trafigura sind verschachtelte Unternehmen über viele Länder hinweg, wovon nur einzelne Teile in der Schweiz angesiedelt sind, da sie andernorts noch weniger Steuern zahlen müssen.

Wie hochkomplex die Unternehmen strukturiert sind, wird auch am Ölhändler Vitol deutlich.[21] Eigentümer des Mutterkonzerns Vitol Holding BV sind die 200 führenden Mitarbeiter. Die Genfer Vitol SA gehört der Genfer Vitol Holding SARL. Deren hundertprozentige Eignerin ist die Rotterdamer Vitol Holding BV und diese ist wiederum im Besitz der luxemburgischen Vitol Holding II SA. Deren Anteile gehören wieder den 200 führenden Mitarbeitern.

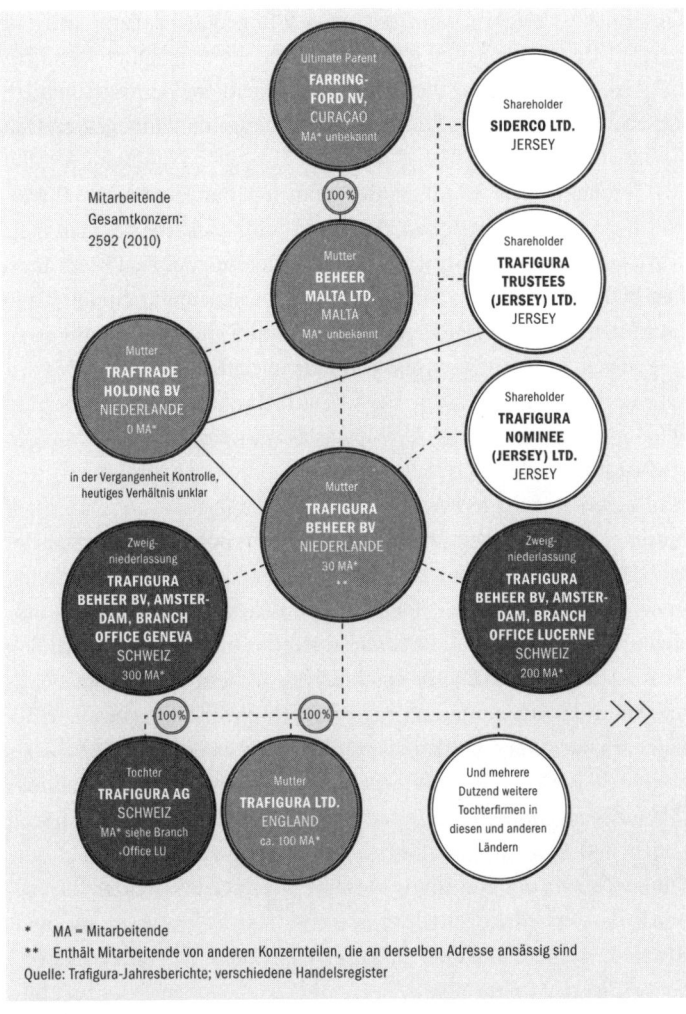

Quelle: Erklärung von Bern – Ein Ausschnitt aus der Trafigura-Struktur, S. 295

Auf mehr als 4,53 Billionen US-Dollar (Exporte) belief sich 2011 der globale Handel mit Bodenschätzen.[22] Davon entfallen bis zu 25 % auf die Schweiz. Allein der Ölhändler Vitol schlägt täglich rund 5,5 Mio. Barrel um, was dem Bedarf von halb Europa entspricht. Mit seinen riesigen Lagerkapazitäten von vier Mio. Kubikmetern außerhalb der Schweiz ist Vitol auch in der Lage, große Mengen an

Öl zwischenzulagern, um Preisentwicklungen abzuwarten oder zu beeinflussen. Damit wird ein Drittel des weltweiten Ölhandels über die Calvin-Stadt Genf veräußert. Aber auch im politisch heiklen Agrarhandel – Weizen, Zucker, Kaffee – liegen die Eidgenossen weit vorn.

Geschäfte großen Ausmaßes brauchen natürlich eine Finanzierung und bei den schwankenden Preisen auch eine finanzielle Absicherung. An jedem Rohstoffdeal sind eine oder mehrere Banken beteiligt, die bis zu 90 % der Finanzierung übernehmen. Dazu kommt ein hochspezialisiertes Umfeld von Fachanwälten, Beratern und Wirtschaftsprüfern. Genf als Stadt verschiedenster UN-Organisationen in der neutralen Schweiz baute seine besondere Stellung bereits im Kalten Krieg auf. Die Sowjetunion brauchte große Mengen an Rohstoffen, die auf dem freien Markt eingekauft werden mussten und deren Ankauf teilweise mit Restriktionen belegt war. Deshalb empfahl sich der Weg über ein neutrales Land. Das Konsulat der UdSSR entwickelte sich zum wichtigsten Partner bei den verschwiegenen Eidgenossen, ohne Probleme zu machen. Nach dem Zusammenbruch der UdSSR konnte daran angeknüpft werden. Durch den Ausbau der Ölförderung in Russland wurde Genf bei den neuen Oligarchen und Staatsunternehmen erst richtig zur Drehscheibe. Über 85 % des russischen Ölhandels werden inzwischen über die Schweiz abgewickelt. Die *NZZ* sieht Genf bereits als neue Welthauptstadt des Ölhandels, mit einem Handelsvolumen von 800 Mrd. US-Dollar und fast 10 000 Beschäftigten. Solche Perspektiven ziehen auch andere Ölhändler von der Londoner Börse weg nach Genf. Parallel dazu gewinnt der Agrarhandel in der Rhone-Stadt an Bedeutung. Das kanadische Unternehmen Viterra, das erst seit kurzem Glencore Xstrata gehört, ist der weltgrößte Weizenhändler und vermarktet von hier aus seine Ware aus Australien, der Ukraine und Ägypten. Nun fehlt eigentlich nur noch China, um den Rest der Welt zu bedienen.

In Genf haben sich mittlerweile rund 400 Unternehmen angesiedelt, in der gesamten Schweiz etwa 500, die unmittelbar im Rohstoffhandel tätig sind. Die Nettoeinnahmen aus dem Transithandel lagen 2011 bei 20 Mrd.,[23] die Verkaufserlöse der Transithändler im Ausland bei 763 Mrd. Franken.[24] Genaue Zahlen sind jedoch sehr schwierig zu ermitteln, weil das Bundesamt für Statistik der Schweiz die Rohstoffunternehmen ohne weitere Präzisierung mit dem Gesamtbereich Großhandel erfasst. Das gilt auch für die im Kanton Zug ansässigen Unternehmen, darunter der Riese Glencore Xstrata.[25]

Eines der wichtigsten Motive für die Entscheidung dieser Unternehmen, sich in der Schweiz anzusiedeln und dort auch zu bleiben, ist die Überzeugung, dass der Regulierungsdruck hier sehr gering ist und auch die Folgen der Bankenkrise geringer ausfallen werden als andernorts. In jedem Fall erwartet man hier eine Politik im Interesse der Banken und Rohstoffunternehmen.

Allerdings sehen nach einer Studie der Boston Consulting Group viele multinationale Unternehmen eine Gefährdung des Standortes durch die wachsenden Drohgebärden der EU, die die Sonderbesteuerung von ausländischen Unternehmen in der Schweiz kappen will.[26] Wichtig ist den Konzernschefs aber vor allem, dass die Schweiz durch ihre Neutralität nicht an Embargos oder Importstopps der EU gebunden ist.

Aber die Schweizer sind sich bei allen wirtschaftlichen Vorteilen auch der Problematik bewusst, die sie sich damit aufladen. Der Chef der eidgenössischen Direktion für Entwicklung und Zusammenarbeit meinte gegenüber der *Neuen Zürcher Zeitung,* dass der Rohstoffhandel in der Schweiz eine politische Zeitbombe sei. Rohstoffunternehmen verhielten sich so, dass sie ständig schweren Vorwürfen ausgesetzt seien, was der Reputation der Schweiz schade.[27] Um die Position der Schweizer Regierung zum Rohstoffsektor klarzustellen, hat der Schweizer Bundesrat einen Rohstoffbericht vorgelegt.[28] Der Schweizer Strafrechtler Markus Häfliger kritisiert ihn jedoch als »mutlos und vage«. Der Bericht mache die Probleme zwar deutlich, nämlich mangelnde Transparenz der Unternehmen und ihre Politik der Steuervermeidung, doch die Regierung lehne nach wie vor ein Regulierungsabkommen ab. Offiziell wolle man warten, bis es dafür internationale Standards gebe.[29] Gefordert wird eine Regulierung in vier Bereichen: bei den physischen Märkten, wo es um die Lieferung der Rohstoffe geht, bei den Terminmärkten, an denen die Preisfindung für künftige Lieferungen mit entsprechender Absicherung gegen Schwankungen stattfindet, beim Derivathandel außerhalb der Börse und beim Abbau und der Art der Förderung in den Rohstoffländern.[30] Die *NZZ* stellt in diesem Zusammenhang die

Frage: »Ist nach dem Bankgeheimnis der Rohstoffsektor die nächste große Front, an der die Schweiz mit heftigen Angriffen des Auslands rechnen muss?«[31]

## Rohstofffonds, Kapitalanlagen und Investoren

Rohstoffanlagen sind riskante Investitionen, denn auf die Preise wirken unzählige Einflussfaktoren ein, die ein Privatanleger kaum durchschauen kann. Tausende von Analysten sind ständig damit beschäftigt, Preissteigerungen und Preisreduzierungen vorherzusehen und herauszufinden, welcher Rohstoff die größte Rendite erzielen könnte. Dafür ist inzwischen eine riesige Computerinfrastruktur entstanden, die permanent mit Analysen, Daten und Formeln gefüttert wird. Ziel ist es, Algorithmen zu erarbeiten, die in Tausendstelsekunden einen Rohstoffpreis bei überbordender Datenlage bewerten können. Jeder will in der Beurteilung und Auftragsvergabe schneller sein als der Konkurrent. Ganze Wissenschaftsinstitute sind damit beschäftigt und forschen an neuen Modellen mit »Schwarmintelligenz«, also der Weisheit der Vielen, um möglichst belastbare Prognosen erstellen zu können.

Das große Rohstoffgeschäft betreiben daher fast ausnahmslos global operierende Banken und große Fondsgesellschaften. Die Summen, die hier bewegt werden, gehen in die Hunderte Milliarden Euro; das ist nichts für Kleinanleger. Das lukrative Spiel wird immer vielfältiger. Man kann derweil mit fast allem spekulieren, von Maiskolben und Schweinehälften über verschiedene Ölsorten und Massenrohstoffe wie Kohle bis hin zu kritischen Metallen. Jede Bank legt ihre eigenen Produkte auf. Mittlerweile sind es Tausende.

Ausgangspunkt sind die Termingeschäfte der Unternehmen, die den Rohstoff nicht nur besitzen, sondern auch verbrauchen wollen. Sie möchten sich zur Planungs- und Kalkulationssicherheit vor Preisschwankungen schützen, indem sie sich frühzeitig zusichern lassen, was der jeweilige Rohstoff zum Zeitpunkt x kosten wird. Das eröffnet auch den Spielern und Spekulanten ein breites Betätigungsfeld, denn sie ordern auf Verdacht, was lukrativ erscheint, um es dann zu möglichst besseren Preisen wieder auf den Markt zu werfen. Die Folge davon sind enorme Preisschwankungen, was das Absicherungsgeschäft der Banken wiederum verteuert. Eine alte Weisheit aus dem Glücksspiel besagt: Am Ende gewinnt immer die Bank.[32] Im konkreten Fall wäre zu ergänzen: zum weitaus größten Teil auch die beteiligten Rohstoffhändler.

Wegen sinkender Renditen in anderen Bereichen begannen ab 2004 Banken, Investoren und Rohstoffexperten massiv für Finanzprodukte zu werben, die rohstoffbasiert waren. In den Folgejahren expandierte dieser Bereich durch anhaltende Gewinne und zog verstärkt Kapital an. Mit der einsetzenden Finanzkrise kamen dann noch Investoren hinzu, die ihr Kapital aus den Anleihe- und Aktienmärkten abzogen und auf Rohstoff-Futures setzten. So wurden allein 2011 über 2,5 Milliarden derartiger Geschäfte abgewickelt. Futures sind verbindliche Börsenverträge (Kontrakte) über ein an der Börse gehandeltes Termingeschäft. Vereinbart wird dabei die Lieferung des Rohstoffes an den Käufer. Dazu kommt es aber nicht, weil der vorher weiterverkauft. Hierfür ist nur eine Vorschusszahlung erforderlich, die als Sicherheitsleistung dient. Das führt natürlich dazu, dass die Menge der Rohstoffe, die durch diese Kontrakte gehandelt, aber fast nie eingelöst wird, bei weitem größer ist als die der real zur Verfügung stehenden Rohstoffe. Die verschiedenen Konstellationen zwischen Finanzinvestoren und Rohstoffhändlern lassen sich so erklären, dass Erstere kein Interesse an dem physischen Rohstoff haben, sondern ihr Augenmerk nur dessen Preisentwicklung gilt. Während früher Warentermingeschäfte vor allem von Händlern und industriellen Käufern abgewickelt wurden, um Planungssicherheit durch festgelegte Preise für einen definierten Zeitraum zu haben, werden heute allein mit Kupfer jeden Tag Kontrakte im Wert von rund 20 Mrd. US-Dollar weitergegeben, wobei neben den Banken vornehmlich Pensionskassen, Versicherungen und Hedgefonds aktiv sind.[33]

Gehandelt werden sogenannte Derivate (Futures und Optionen), also Finanzprodukte, deren Wert von einem künftigen Preis eines Rohstoffes abhängt. Man kann damit auf die künftige Preisentwicklung wetten und sogar noch auf den Erfolg der Wette setzen. Das Handelsvolumen dieser Derivate ist in den letzten Jahren ständig gewachsen, allein in London gab es seit 2009 einen Anstieg von mehr als 600 %. Der Wert der Wetten auf Rohstoffpreisentwicklungen lag 2010 weltweit bei 500 Mrd. US-Dollar.[34] Auch hier ist oft das Volumen der Derivate um ein Vielfaches größer als der zum Handel zur Verfügung stehende physische Rohstoff.

Um diesen Gefahren und spekulativen Unsicherheiten aus dem Weg zu gehen und über die Rohstoffe zu verfügen, wenn sie gebraucht werden, beschreiten einige große Unternehmen wieder den klassischen Weg, wie z. B. der weltgrößte Stahlproduzent Arcelor Mittal. Er hat sich in seiner Beschaffung in den letzten Jahren teilweise vom Handel gelöst und eigene Minen erworben. Damit ist der Zugang zum benötigten Rohstoff sicher, und die Preise sind es auch.

Anleger, denen Rohstoffpapiere zu riskant sind, bevorzugen physische Rohstoffe, vor allem Gold und Silber. Diese haben sich gerade in den Zeiten der Finanzkrise als Fluchtwährung etabliert und ersetzen teilweise die realen Fluchtwährungen, wie den Schweizer Franken oder die norwegische Krone. Die Edelmetalle unterliegen zwar auch Preisschwankungen, sollen aber aus dem Dilemma von Abwertung und Inflation heraushelfen, denn Gold kann von keiner Zentralbank entwertet werden. Allein die Züricher Kantonalbank hat inzwischen mehr als 150 Tonnen Gold und etwa 1500 Tonnen Silber eingelagert. Aber je mehr Banken und Fonds derartige Lagerbestände anlegen, desto eher können sie auch die Preise von Gold, Silber und Platin beeinflussen. Daher gibt es vielerorts Lager, die nicht akkreditiert und offiziell erfasst sind. Von hier aus lassen sich dann Bestände hin- und herschieben, sodass genügend Material da ist, mit dem man kräftig spekulieren kann.

Goldreserven augewählter Staaten 2012

| LAND | GOLDSCHATZ (IN TONNEN) |
| --- | --- |
| USA | 8 133,5 |
| Deutschland | 3 391,3 |
| Italien | 2 451,8 |
| Frankreich | 2 435,4 |
| China | 1 054,1 |
| Schweiz | 1 040,1 |
| Russland | 981,6 |

| LAND | GOLDSCHATZ (IN TONNEN) |
| --- | --- |
| Japan | 765,2 |
| Niederlande | 612,5 |
| Indien | 557,7 |
| Europ. Zentralbank | 502,0 |
| Welt | 30 684,2 |

Quelle: World Gold Council, Mai 2013[35]

Eine inzwischen höchst populäre Anlageform sind Indexfonds, die in Deutschland erst seit 1998 zugelassen sind. Damit haben die Banken ein Anlageprodukt geschaffen, dessen Wert sich am aktuellen Stand der Aktien einer bestimmten Börse oder Rohstoffgruppe orientiert. Auf diese Weise kann heute jeder in Rohstoffe investieren. Zwischen 1998 und 2008 stieg das Anlagevolumen in Rohstoff-Indexfonds von drei auf 174 Mrd. US-Dollar. Allein die Kapitalanlagen in Agrarrohstoffe sind von 2003 bis 2011 von neun Mrd. auf 99 Mrd. US-Dollar gestiegen.

Der kometenhafte Aufstieg der Indexfonds hat dazu geführt, dass die Spekulanten an den Warenterminbörsen inzwischen in der Überzahl sind. Dies wiederum hat eine künstliche Nachfrage geschaffen, wodurch die Preise zeitweilig nach oben getrieben wurden. Sie orientieren sich heute oft mehr an den Finanzmärkten als an den real gehandelten Waren. Spekulanten, die auf steigende Preise und auf Preisschwankungen bei Agrarrohstoffen wetten, können damit große Gewinne erzielen. Menschen in Armut sind den extremen Schwankungen (Volatilität) und Explosionen der Nahrungsmittelpreise ausgeliefert. Der UN-Sonderberichterstatter für das Recht auf Nahrung, Olivier de Schutter, stellte fest: »Ein wesentlicher Anteil des Anstiegs der Preise und der Volatilität bei wichtigen Grundnahrungsmitteln in der Nahrungsmittelkrise 2007/2008 kann nur mit der Entstehung von Spekulationsblasen erklärt werden.«[36] Dabei verweist er besonders auf die Rolle großer institutioneller Investoren wie Hedgefonds, Pensionsfonds und Investmentbanken.

Die Organisation Oxfam hat eine Studie »Mit Essen spielt man nicht!« vorgelegt, in der speziell das Geschäft deutscher Finanzakteure mit Agrarrohstoffen untersucht wird.[37]

Das Ergebnis: Alle großen deutschen Banken spekulieren mit

Nahrungsmitteln, egal ob Privatbanken, Genossenschaftsbanken oder Landesbanken. Der Allianz-Konzern und die Deutsche Bank sind mit Abstand die größten deutschen Akteure im Rohstoffbereich. Beide gehören durch ihre Fonds zur Gruppe der weltweit führenden Rohstoffspekulanten. Insgesamt investierten die untersuchten deutschen Finanzinstitute ein an Nahrungsmittelpreise gekoppeltes Anlagevermögen von 11,4 Mrd. Euro. Damit vereinigen deutsche Finanzinstitute auf sich rund ein Siebentel des von der Barclays Bank geschätzten globalen Anlagevolumens in Agrarrohstoffen von 99 Mrd. US-Dollar (77,23 Mrd. Euro).

Erst seit zwei Jahren ist es jedem Investor möglich, in den bis dato erlauchten Kreis der Rohstoffhändler einzutreten. Das Instrument dazu nennt sich Exchange Traded Commodities (ETC). Das sind rechtlich unbefristete Schuldverschreibungen, also Anleihen, weil der Rohstoff nicht immer als Sicherheit zu hinterlegen ist. Damit kann der Investor nun einzelne Rohstoffe einkaufen oder sich an bestimmten Körben von Rohstoffen beteiligen. Dieses Spekulationsinstrument führte dazu, dass an deutschen Börsen in der Zwischenzeit über 270 verschiedene ETC aufgelegt wurden, unter Führung der Banken und durch Handelsunternehmen.

Ein Problem ist ihre Risikokonstruktion. Der Käufer trägt das Emittentenrisiko. Geht der Anbieter des ETC in die Insolvenz, dann unterliegen die Schuldscheine dem Insolvenzverfahren, und der Anleger hat den Schaden. Wer diesem Risiko entgehen will, kann die Rohstoffe direkt kaufen und sie hinterlegen lassen. Nun würde man vermuten, dass diese Form nur für die Edelmetalle zutrifft. Weit gefehlt, es gibt auch Fonds, die Industriemetalle wie Kupfer oder Nickel anbieten oder Energieträger wie Erdöl und Benzin. Deren Lagerhaltung ist allerdings extrem teuer und organisatorisch aufwendig.[38]

Generell bieten die ETC die Möglichkeit, auf steigende oder fallende Preise am Rohstoffmarkt zu spekulieren. Wem das als Risikoumfang nicht ausreicht, der kann seine ETC auch noch hebeln und je nach Kursentwicklung einen überdurchschnittlichen Ertrag erwirtschaften oder Verlust einfahren.

Unabhängig von der Preisentwicklung eines Rohstoffs fallen bei den jeweiligen Kontrakten bestimmte Rollverluste oder auch Gewinne an. Der Anleger will ja den Rohstoff nicht erwerben, deshalb verkauft er seinen Terminkontrakt unmittelbar vor Ende der Laufzeit. Wenn der neue Terminkontrakt teurer ist als der ausgelaufene, entsteht ein Verlust, wenn er billiger ist, ein Gewinn. Deshalb wird versucht, sich vor Abschluss auf Märkte mit steigenden Preisen zu konzentrieren. Anders als bei Metallen werden die ETC bei den Agrarrohstoffen aus naheliegenden Gründen nicht physisch hinterlegt, sondern mit Anleihen abgesichert.

Börsengehandelte Indexfonds, Exchange Traded Funds (ETF), sind Investmentfonds, die sich auch im Rohstoffsektor ausgebildet haben. Mit ihnen wird insbesondere Gold, Silber und Platin gezeichnet. ETF sind eine eher passive Anlageform, da die Rohstoffe hierbei oft breit gestreut abdeckt werden.

Der russische Aluminiumkonzern Rusal hat zusammen mit Glencore beispielsweise einen ETF für Aluminium aufgelegt, der, so der Plan, eine Million Tonnen Aluminium lagern soll. Glencore kann hier seine Lagerkapazitäten einsetzen. Im Kupferbereich wird Ähnliches geplant.[39]

Seit 2010 hat sich die Situation dramatisch verändert. Die Aluminiumindustrie laboriert inzwischen an einer weltweiten Überkapazität. Rusal kündigte an, 2012 die Produktion um 7 % (300 000 t) und im ersten Quartal 2013 um weitere 4 % zu kürzen. Es folgte der Rivale ALCOA, der plante, 2013 über 460 000 t Aluminium vom Markt zu nehmen. Beide hoffen, durch Verknappung den Preisverfall zu stoppen und den Preis pro Tonne wieder auf mehr als 2000 US-Dollar zu heben.[40]

Die ETF ermöglichen es ihren Anlegern auch, einen bestimmten Anteil an Rohstoffen zu sichern, die der Fonds kauft oder auch lagert. Damit wird der Rohstoff dem Markt entzogen. Es gibt in Europa über 1400 ETF mit schnell wachsenden Zuflüssen. In den ersten neun Monaten 2012 waren es bereits 182,6 Mrd. US-Dollar weltweit. Die Euphorie für diese Anlagen ist groß, aber die Finanzaufsicht begleitet dies mit gemischten Gefühlen. Die Strukturen werden immer komplexer, und bei Indexfonds ist oft zur Überraschung der Zeichner »nicht das drin, was draufsteht«. Stattdessen wird das Fondsvermögen dann aus Wertpapieren gebildet, die eigentlich nicht mit dem abgebildeten Börsenindex verbunden sind. So ist es möglich, dass im Fonds ganz andere Werte liegen, als der Anleger glaubt.

Üblicher bei den Rohstoffen sind ETC. Sie reagieren direkter auf Verschiebungen am Markt und daraus resultierenden Marktpreisrisiken. So wurde anlässlich der blutigen Streiks in der südafrikanischen Lonmin Platinmine im August 2012 mit einer daraus resultierenden Verknappung des Edelmetalls gerechnet, was bereits sieben Tage nach Streikbeginn den Platinpreis, nach vorausgegangener monatelanger Hängepartie, um 13 % nach oben schießen ließ. Dabei war industrielle Nachfrage nach Platin weiterhin schwach und die Produzenten hatten bereits vor dem Streik überlegt, wegen des Überangebots einige Minen vorübergehend zu schließen. ETF, die auf steigende Preise setzten, erzeugten nun eine plötzliche Nachfrage, obwohl der reale Bedarf gar nicht vorhanden war.

Wie in anderen Handelsklassen drängen sich auch im Rohstoffhandel neue Hedgefonds in das Angebot, die ursprünglich dazu da waren, Warentermingeschäfte abzusichern (hedge). Das sind kaum regulierte Investmentfonds, mit denen die Händler nun auch ihre eigenen Rohstoffe zum Spekulationsobjekt machen können. Zunehmend wird damit in Rohstoffe investiert, die gar nicht abzusichern sind. Das Instrument lautet Proxy Hedges, eine stellvertretende Absicherung. Damit »hedgt« ein Unternehmen, das z. B. den Gaspreis absichern will, mit Öl, in der Annahme, dass der Preis für Gas nach einer zeitlichen Verzögerung dem Ölpreis folgen wird. Ein starkes Fallen des Ölpreises trifft dann solche Hedgefonds. Im Mai 2011 verbrannte der Hedgefonds Clive Capital nach einem Preiseinbruch rund 400 Mio. US-Dollar in vier Tagen.[41] Weshalb der Ölpreis so plötzlich einbrach, blieb für viele Experten ein Rätsel, vermutet wurden die superschnellen Computersysteme, die den Handel weitgehend automatisch abwickeln und den Preis durch einen Fehler nach unten trieben, was in der Folge auch die Preise für Kupfer und Agrarrohstoffe gleich mitzog. Ein Phänomen, das schon mehrmals verheerende Auswirkungen hatte.

Besonders beliebt bei Hedgefonds sind Agrarrohstoffe, da ihre Preise stark schwanken, sodass man leicht entsprechende Differenzgewinne erzielen kann. Das ruft neben Spekulanten auch die Großen auf den Plan. So war die Deutsche Bank 2012 beispielsweise der größte Zuckerhändler der Welt.

Steigt der Ölpreis, sind die Autofahrer sauer, fällt er, freuen sie sich. Aber wir haben keinen Einfluss auf den Preis. Die Menschen, die ihr Auto brauchen, können nicht einfach weniger tanken. »Die explosionsartigen Preissteigerungen bei Öl und bei vielen Agrarprodukten seit dem Sommer 2007 und die abrupten Preisschwankungen lassen sich nicht ohne Spekulation erklären«, so Heiner Flassbeck, ehemaliger Direktor des Bereichs Globalisierung und Entwicklungsstrategien der UN Conference on Trade and Development (UNCTAD). Er schlägt auch vor, die Spekulation mit Lebensmitteln schlichtweg zu verbieten. Man dürfe Spekulanten keinen Vorwand geben, aus den Knappheiten bei Nahrungsmitteln Kapital zu schlagen, weil die menschlichen und sozialen Folgen für Millionen Menschen zu groß sind. Flassbeck: »So würde auch niemand einen Derivatehandel bei Drogen akzeptieren.«[42]

Bilden steigende Nachfrage, Dürreperioden und Unwetter den Ausgangspunkt für Preissteigerungen, so springen bei jeder Bewegung am Markt Profispekulanten auf, die die Preisausschläge verstärken, sei es nach oben oder nach unten. Diese Wetten erzeugen einen Sog und ziehen neue Spekulanten mit an Bord. Das bläst die Märkte auf und entfernt sie von jeder nachvollziehbaren Realentwicklung – oft mit katastrophalen Folgen. Alle Bemühungen, das Zocken deutlich einzuschränken, sind bisher an den Lobbyaktivitäten der Banker und Händler gescheitert. Es gibt lediglich erste zaghafte Ansätze.

Die Commodity Futures Trading Commission (CFTC) der USA ist für die Aufsicht des Rohstoff-Terminhandels zuständig und nimmt inzwischen Mengenbegrenzungen vor, um den Markt zu regulieren. Danach dürfen Handelsfirmen nur noch Verträge über maximal ein Viertel des vorhandenen Rohstoffs abschließen. In der Praxis wird das aber dadurch unterlaufen, dass findige Konzerne die Rohstoffe auf ihre vielen Tochterunternehmen verteilt haben, die durch die verschachtelten Beteiligungen nur schwer zu erfassen sind.

Die USA waren damit aber immerhin das erste Land, das durch die Mengenbegrenzung den Spekulationen ein wenig Einhalt geboten hat. Die erlassene Richtlinie bezieht sich auf 28 Rohstoffe. Den Kritikern geht die Verordnung jedoch nicht weit genug.

Ein zweiter Schritt war die Anhebung der Hinterlegungssumme der Händler für Gold. Die Rohstoffbörse Chicago Metal Exchange (CME) hat festgelegt, dass man zum Wetten mit Goldkontrakten mindestens 11 000 US-Dollar Kapital vorhalten muss, was zumindest kleinere Spekulanten abschreckt. In jüngster Zeit ist allein an der CME in Chicago mit Kontrakten über eine Menge von 2000 Tonnen gehandelt worden, was der gesamten Weltjahresproduktion des begehrten Edelmetalls entspricht.

Auch die deutsche Bundesregierung will Schritte unternehmen, um die Aktivitäten der hochspekulativen Hedgefonds einzuschränken, womit insbesondere Privatanleger aus diesem Sektor zurückgedrängt werden sollen.[43]

Aber der eigentliche Drehpunkt in der Zockergemeinde sind die Banken, die von den neuen Verfügungen kaum betroffen wären. Die eigentlich Betroffenen in diesem Spiel um Millionen sind die verarbeitenden Industrien mit entsprechendem Rohstoffbedarf, da sich die Preise durch die vielfältigen Spekulationsformen in der Regel erhöhen.

Daher sind große Unternehmen gezwungen, selbst zu hedgen und ihre Kosten abzusichern. So gehen die Airlines am Finanzmarkt Sicherungsgeschäfte für ihren Treibstoff ein, sogenanntes Fuel-Hedging. Die Lufthansa sichert auf diese Weise bis zu sechs Monate im Voraus 85 % ihrer Treibstoffkosten ab.[44]

Die UNCTAD hat in einer Studie vom Juni 2011 eindrucksvoll nachgewiesen, dass es umfangreiche Belege dafür gibt, wie die Finanzinvestoren die Rohstoffpreise beeinflussen.[45] Bei Öl z. B. ist davon auszugehen, dass durch Spekulationen 20 % des Preises beeinflusst werden. Intransparenz und Herdenverhalten erzeugen oft eine Dynamik, die sehr schnell zu riskanten Entwicklungen führen kann. Ein besonderes Problem hierbei sind die mehr als fragwürdigen Nahrungsmittelspekulationen. Der Anteil der zu spekulativen Zwecken gehaltenen Weizen-Kontrakte, so die Organisation Foodwatch, habe an der Chicagoer Börse zur Jahrhundertwende bei rund 20 % gelegen. Heute beträgt er mehr als 80 %. Das Volumen der gezeichneten Futures (»open interest«) allein bezogen auf Weizen der Sorte

Soft Red Winter in Chicago betrug im März 2011 rund 76 Mio. Tonnen – das entspricht dem 8,5-Fachen der Jahresernte dieser Sorte von rund 9 Mio. Tonnen.[46]

Völlig unerwartet war es Frankreichs Staatspräsident Nicolas Sarkozy (2007–2012), der sich vehement gegen Spekulationen an den Nahrungsmittelmärkten wehrte und die Frage stellte, wie es erklärbar sei, »dass die Geldmärkte reguliert werden, aber die für Rohstoffe nicht«. Der Einfluss spekulativer Anleger, so meinte er, müsse zurückgedrängt werden. Das war Anfang 2011 das erste offizielle Statement eines Staatschefs, der ein bekanntes Problem zu »einer moralischen Frage« machte.[47] Sarkozy wusste sich in guter Gesellschaft, da eine Petition von 450 Wirtschaftswissenschaftlern aus aller Welt vorlag, die die Regierungschefs der G20-Staaten angesichts einer Milliarde hungernder Menschen aufforderte, die Spekulation dringend einzudämmen. Aber schon das folgende Treffen der Finanzminister blieb in dieser Frage ergebnislos. Um ein nachhaltiges Wachstum der Weltwirtschaft zu sichern, müssten die Rohstoffmärkte reibungslos funktionieren und dürften nicht zu stark reguliert werden, hieß es.

Auch Äußerungen von EU-Kommissar Michel Barnier im Sinne des Sarkozy-Vorstoßes verhallten wirkungslos.[48] Anleger und Banken gingen in die mediale Gegenoffensive und erklärten, es sei nicht erwiesen, dass durch Spekulation mit den daraus resultierenden Folgen für die Preise letztendlich Hunger erzeugt werde. Verschiedene Studien belegen jedoch den Zusammenhang zwischen Spekulationen und Marktpreisen eindeutig.[49]

Auch Papst Franziskus hat es bei einer Audienz für die UN-Organisation FAO als »einen Skandal« gegeißelt, dass »viele Millionen Menschen in der Welt trotz einer ausreichenden Nahrungsmittelproduktion vom Hungertod bedroht« seien, so Foodwatch. Dabei prangerte er auch die Finanzspekulationen als preistreibend bei den Nahrungsmitteln an.[50]

# Die Rohstoffbörsen

Die *New York Mercantile Exchange* (NYMEX) ist eine der größten Warenterminbörsen der Welt. Hier werden Metalle, Energieprodukte und Agrarrohstoffe gehandelt. Die Börse gehört zur CME-Group mit Sitz in Chicago, die die größte Warenterminbörse der Welt betreibt. Sie entstand aus der Fusion der Börsen *Chicago Board of Trade* (CBOT) und der *Chicago Mercantile Exchange* (CME). Die 1864 gegründete *Chicago Board of Trade* ist die älteste Terminbörse mit mehr als 3600 registrierten Mitgliedern. Der Handel erfolgt auf dem Parkett oder elektronisch. Die CME-Group insgesamt bearbeitet täglich rund 12,3 Mio. Future-Kontrakte.[51]

Die *London Metal Exchange* (LME) hat sich auf den Handel mit den Industriemetallen Kupfer, Blei, Aluminium, Nickel, Zink und Zinn konzentriert und hält für die meisten Metalle eine Art Monopolstellung. Täglich wechseln hier Rohstoffe für mehr als 30 Mrd. US-Dollar den Besitzer. Im Juli 2012 wurde die altehrwürdige Einrichtung von der *Hongkong Exchange Group* (HKEx) übernommen, womit man sich einen besseren Zugang zum Rohstoffgeschäft des asiatischen Marktes erhofft, zumal China allein für 42 % der weltweiten Metallnachfrage sorgt. Gleichzeitig gehen die Londoner davon aus, dass sie durch die Übernahme auch den Sprung in die technologische Moderne, den elektronischen Hochfrequenzhandel, schaffen werden, was ihr wegen fehlenden Kapitals bisher nicht möglich war.

Der außerbörsliche Handel (Over-The-Counter, OTC) insbesondere mit Gold- und Silberbarren wird von der *London Bullion Market Association* (LBMA) abgewickelt und koordiniert. Sie operiert ähnlich wie ein Großhandelsmarkt bei festgelegten Mindestgrößen der gehandelten Mengen. Ihre Mitglieder sind internationale Banken, eine Gruppe von Herstellern, Verarbeitern und Händlern. Der Handel erfolgt mit den meist institutionellen Kunden auf eigene Rechnung.

Am *London Platinum and Palladium Market* (LPPM) findet die Preisbildung für die Edelmetalle Platin und Palladium statt. Der LPPM ist wie der LBMA keine Börse, sondern ein OTC-Markt.

Weltweit haben in den letzten Jahren insbesondere die chinesische *Delian Commoditiy Exchange*, die sich auf Futures mit Agrarrohstoffen spezialisiert hat, und die *Shanghai Futures Exchange*, die insbesondere mit Nichteisenmetallen und Energierohstoffen handelt, die CME-Group verdrängt. Bei den Agrarrohstoffen sind auch die *Zhengzhou Commodity Exchange* und die *Multi Commodity Exchange of India* (Agrarrohstoffe, Metalle und Energie) in die Weltspitze aufgerückt. Vergleiche zwischen den Börsen über die Anzahl der Future-Kontrakte sind nicht aufschlussreich, weil die veröffentlichten Zahlen nur die Anzahl der gehandelten Futures, aber keine Information über deren jeweiliges Vertragsvolumen angeben. Bei der Shanghai Futures Exchange waren dies 2011 über 308 Millionen.[52]

China hat in den letzten Jahren eine führende Rolle im Rohstoffhandel übernommen, und der Anteil wächst noch. Inzwischen drängt auch Singapur mit Vehemenz auf den Markt und will das neue Nervenzentrum für den Metall-, Mineralien- und Agrarhandel werden. Der südostasiatische Stadtstaat zieht durch niedrige Steuern von lediglich 5 bis 10 %, was noch wesentlich unter den Schweizer Bedingungen liegt, Rohstoffkonzerne und Händler geradezu an. Aber auch im Edelmetallbereich will der Tigerstaat mitmischen und seinen Anteil am Welthandel wesentlich erhöhen. Als eine der ersten Maßnahmen hat er die Mehrwertsteuer auf Edelmetalle aufgehoben. Auch dieser Schritt richtet sich wesentlich gegen die Schweiz.[53]

Im Agrarhandel agiert die *London International Financial Futures Exchange* (LIFFE). Sie ist wesentlich im Kaffeehandel und anderen »soft commodities« wie Weizen, Kakao, Zucker, Mais und Raps engagiert. LIFFE hat bereits ihren »Kakao-Aufstand« hinter sich: Händler hatten sich über Terminkontrakte mit Kakao in solchen Mengen eingedeckt, dass sie die Produzenten bei der Preisbildung unter Druck setzen konnten. Im Sommer 2010 beklagten sich 16 europäische Kakaohändler und -verarbeiter bei LIFFE über die überbordende Spekulation auf dem Londoner Markt: »Die Kakao-Industrie kann nicht weiter auf einem Futures-Markt handeln, wenn dort nicht ein Minimum an Hedge-Transparenz herrscht«, hieß es. Sie drohten, auf den *Intercontinental Exchange*-Markt (ICE) auszuweichen. Diese Terminbörse ist bisher für den Handel mit Öl, Gas und Elektrizität sowie Emissionsrechten bekannt. Der Ableger der

New Yorker Intercontinental Exchange wickelt fast die Hälfte aller Rohöl-Futures ab.

LIFFE hatte bis dahin eine recht laxe Regulierung, anders als die ICE, die alle zwei Wochen anzeigt, wie hoch die Positionen sind, über die Spekulanten verfügen, also Händler, die kein Interesse am physischen Rohstoff haben. Nach dem massivem Händlerprotest versprach LIFFE, sich den Handelsmodalitäten der ICE anzugleichen.

Wie sich das Geschäft für die Rohstoffbörsen verändert hat, wird daran deutlich, dass sie sich immer mehr vom physischen Handel entfernen und zunehmend mit Derivaten handeln. Der Grund dafür ist, dass renditeorientierte Kapitalfirmen interessante Anlageformen suchen und nach sogenannten Bullenmärkten Ausschau halten, die mittel- oder langfristig steigende Preise versprechen. Rohstoffe bieten sich dafür geradezu an, nehmen sie doch physisch kontinuierlich ab. Nach Einschätzung einer amerikanischen Investmentbank hat sich das in Rohstoffkontrakte investierte Kapital zwischen 2006 und Frühjahr 2008 von rund 70 Mrd. auf 235 Mrd. US-Dollar verdreifacht. Parallel dazu entwickelte sich ein »Papiermarkt« für Rohstoffe, der völlig außerhalb der real gehandelten Mengen liegt. So werden Rohölkontrakte gehandelt, die über dem Zehnfachen der entsprechenden Produktion liegen. Da das physische Produkt den Spekulanten nicht interessiert, sind die sich daraus ergebenden Preise auch Papierpreise. Weil Unternehmen, die real Öl kaufen wollen, diese unkalkulierbaren Papierpreise nicht zahlen wollen, müssen sie ihre künftigen Einkaufspreise durch Finanzoptionen absichern, was die Geschäfte verteuert. Die Papierpreise treiben damit die realen Preise nach oben.

Die Verfechter freier Märkte bestreiten die preistreibende Wirkung der Rohstoffspekulation. Sie behaupten, Spekulanten seien in Wirklichkeit »Stabilisatoren«. Steige nämlich der Preis so stark, dass die physische Nachfrage zusammenbreche, käme es zu einer Stabilisierung auf niedrigem Niveau. Insofern wirkten die Spekulationsmärkte wie das Thermostat einer Klimaanlage, das die Raumtemperatur auf einem bestimmten Durchschnittsniveau hält. Leider wurden die »Stabilisatoren« aber grundlegend falsch justiert.

# Die Preismacher

Der neoliberale Wirtschaftswissenschaftler Milton Friedman vertrat die Auffassung, dass die Märkte sich selbst regulieren, weil jedes Risiko bereits im Preis enthalten sei. Der Preis war für ihn die geballte Intelligenz der vernünftig handelnden Marktteilnehmer.[54]

Doch die Wirklichkeit sollte Friedman Lügen strafen. Gewiss entstehen die Rohstoffpreise durch eine Vielzahl unterschiedlicher Komponenten wie Produktions-, Transport- und Lagerkosten, Angebot und Nachfrage, Umwelteinflüsse, politische und soziale Konflikte. Aber wer einen Rohstoff von der Mine über den Handel bis zum Verbraucher verfolgt, erlebt gleichzeitig die Transformation von einem realen Rohstoff in ein virtuelles Gut. Die Preise lösen sich zwischenzeitlich von den Ursprungskomponenten und unterliegen kaum noch kontrollierbaren Einflüssen aus der Finanzwelt.

Neben dem Handel mit realen Rohstoffen, etwa auf den Spotmärkten, sind mächtige Derivatmärkte entstanden, auf denen die Rohstoffe durch Kontrakte gehandelt werden, die es den Investoren ermöglichen, einen physischen Rohstoff zu einem bestimmten Preis in der Zukunft zu handeln. Diese Transaktionen werden an den Rohstoffbörsen abgewickelt oder sie geschehen außerhalb davon (Over the counter) zwischen den beteiligten Verhandlungsparteien.

Die Derivatmärkte wuchsen mit dem Bedürfnis zur Absicherung gegenüber dem Risiko von Preisschwankungen und beeinflussen ihrerseits wieder die Preisfindung für die physischen Rohstoffe. Unabhängig von der Absicherung konkreter Geschäfte haben Finanzinvestoren und Spekulanten einen Großteil des Handels übernommen, da sich bei der Wette auf steigende und fallende Preise oft mehr Geld verdienen lässt als bei Investitionen in die Realwirtschaft, zumal bei den Rohstoffzertifikaten, anders als bei Finanzinvestitionen, keine Zinsen oder abzuführende Dividenden anfallen. Die Spekulation bezieht sich ausschließlich auf die Entwicklung des Preises. Dazu muss man über gute Kenntnisse der Grunddaten verfügen – Verbrauch, Verfügbarkeit, Erschließbarkeit – und komplizierte computergesteuerte Hochrechnungen über Preisentwicklungen anfertigen können.

Wurden die Derivate bisher vor allem an den Börsen gehandelt, tritt nun ein neues Phänomen auf: die sogenannten Dark Pools. Das sind virtuelle Börsen, wo ein zunehmender Teil des Geschäfts abläuft. In den USA sollen es bereits über 40 % sein. Für Deutschland gibt es keine verlässlichen Zahlen. Die *Süddeutsche Zeitung* geht von 25 % aus. Dort wird faktisch ohne behördliche Kontrolle agiert, ist ein regelrechter Schattenhandel entstanden. Führende Betreiber sind große Banken wie UBS, Deutsche Bank, Credit Suisse und Goldman Sachs. Diese geben keine Informationen über ihr Handeln nach außen. Nur sie allein kennen die Umsätze und die Preise, nach denen gehandelt wird. Möglich wird dadurch sogar der Eigenhandel, der normalerweise nicht gestattet ist. Die UBS nennt ihren Dark Pool »multilateral trading facility« (MTF).[55] *Business Week* geht davon aus, dass in Dark Pools inzwischen rund 900 Mio. Kontrakte pro Tag (Februar 2013) abgewickelt werden. Die Deutsche Bank hat ihren Dark Pool in Hongkong aufgelegt, den sogenannten Deutsche Bank Automated Trading System (DBATS).[56]

Zu diesen Schattenbörsen gehören Computernetze, die nur von Großanlegern genutzt werden, sogenannte Broker Dealer Crossing Networks (BDCN), wie z. B. der »Crossfinder« der Credit-Suisse-Bank. Sie funktionieren global über alle Ländergrenzen hinweg und bereiten den nationalen Aufsichtsbehörden zunehmende Sorgen. Die EU-Kommission arbeitet gegenwärtig an einer Novellierung der Richtlinie über Märkte für Finanzinstrumente, deren Ziel es ist, ab 2014 dieser Entwicklung strenger zu begegnen.[57]

Zu den Finanzinvestoren, die an den Börsen, aber auch an den Dark Pools aktiv sind, gehört die Gruppe der Money Manager, die keine langfristige Anlagestrategie verfolgen, sondern in sehr kurzen Zeiträumen Preisschwankungen am Markt ausnutzen und speziell auf die Bewegung der volatilen Rohstoffpreise nach oben oder unten wetten. Dies geschieht zumeist mit hohen Transaktionsraten oder gleich im Computer oder im automatisierten Hochfrequenzhandel.

Gehandelt werden dabei die verschiedenen Derivate auf den Terminmärkten, also Futures, Options und Swaps. Futures sind eine Verpflichtung, einen physischen Rohstoff zu einem festgelegten Zeitpunkt zu handeln. Options sind erworbene Rechte zu einem solchen Handel, aber keine Pflichten. Die gewählte Option kann am Ende der Laufzeit, während der Kontraktzeit oder in einem festgelegten Zeitraum eingelöst werden. Swaps sind eine Vereinbarung, zukünftige Zahlungsströme zu einem bestimmten Zeitpunkt auszutauschen, zum Beispiel Zinsen auf ausgereichte Kredite gegen die zu erwartenden Preissteigerungen eines Rohstoff-Indexes.[58]

Die einfachste, aber wohl auch gefährlichste Art, einen Rohstoffpreis zu beeinflussen, ist die direkte Manipulation. So verdächtigte die Europäische Kommission im Mai 2013 drei große europäische Erdölkonzerne, den Ölpreis manipuliert zu haben. Der französische Konzern Total hatte im Herbst 2012 darauf hingewiesen, dass die Marktpreise im Ölgeschäft in diesem Jahr mehrmals nicht dem tatsächlichen Handelsgeschehen entsprochen hätten. Sollte das von der EU-Kommission nach Ermittlungen bestätigt werden, könnten in einem Kartellverfahren Geldbußen bis zu einer Höhe von 10 % des Jahresumsatzes der betroffenen Unternehmen fällig werden.[59]

Wie so etwas funktioniert, haben zwei Brüder in den 1980er Jahren vorgeführt. Zunächst trieben die beiden Milliardäre den Silberpreis auf ein Allzeithoch, indem sie einen großen Teil der weltweiten Silberproduktion aufkauften, um das Edelmetall dann teuer weiterverkaufen zu können. Doch zwischenzeitlich führte die Comex-Börse in Chicago neue Regeln für den Rohstoffhandel ein, woraufhin die Brüder ihr gehortetes Silber im Wert eines dreistelligen Millionenbetrages in einer Panikaktion auf den Markt warfen. Es kam zum Crash.[60] Ähnliches ereignete sich 2008, als der hochgetriebene Preis für Silber in wenigen Tagen um 30 % abstürzte. Im Frühjahr 2013 passierte beinahe das Gleiche beim Gold, das binnen weniger Tage im Wert um mehr als 20 % verlor.

Spekulanten oder gefällige Investoren hatten zuvor jeweils eine Preisblase erzeugt, die nichts mehr mit dem realen Bedarf der Verarbeiter zu tun hatte. Börsianer verstiegen sich beim Suchen nach Gründen zu abenteuerlichen Erklärungsansätzen und gaben die Schuld mal irgendwelchen Gerüchten über zu erwartende Produktionsrückgänge, mal den schwachen Arbeitsmarktdaten in den USA und der hohen Anzahl von Arbeitslosengeldbeziehern.[61] Zu vermuten ist eher, dass nach zuvor erfolgten illegalen Preisabsprachen einige Großbanken Wetten von erheblichem Umfang auf fallende Preise abgeschlossen hatten.

Die Bestimmungsfaktoren, wie sich Preise letztendlich bilden, sind sehr komplex und werden höchst unterschiedlich beurteilt. Auch in der Wissenschaft gibt es keinen Konsens darüber, da die Funktionsweise der Märkte sehr verschieden eingeschätzt wird. In der von dem Ökonomen Milton Friedman geprägten Richtung geht man davon aus, dass Märkte hocheffizient agieren und die Marktteilnehmer überwiegend rational handeln. Die Preise werden nach dieser Theorie vor allem auf der Grundlage von Fundamentaldaten wie Angebot und Nachfrage, Verfügbarkeit in der Zukunft, Abbau- und Transportkosten etc. gebildet. Nach Einschätzung anderer Wirtschaftsschulen müssen zusätzlich zu den Fundamentaldaten noch weitere Faktoren eingerechnet werden, die einen wesentlichen Einfluss auf die Preisbildung haben. Dazu gehören etwa Klimaveränderungen, neue technologische Entwicklungen und veränderte kulturelle Verhaltensweisen. Wieder andere Theoretiker heben den Einfluss der psychischen Verhaltensmuster der Marktteilnehmer hervor, wie Händler beispielsweise auf gezielt gestreute Signale und Pseudosignale reagieren, wie sie politische Konflikte einschätzen, von welchen Erwartungen und Anreizen (Boni) sie getrieben werden.

Wissenschaftler der Österreichischen Forschungsstiftung für internationale Entwicklung (ÖFSE) gehen davon aus, dass die Preisentwicklung bei Rohstoffen in jüngster Zeit stark von der veränderten Struktur der Derivatmärkte und den Handelsstrategien der Akteure beeinflusst wird, da deren Handelsvolumen extrem gewachsen ist.[62]

Ein Beispiel dafür ist der plötzliche Absturz des Ölpreises am 18. September 2012, der für große Verwirrung an den Terminmärkten sorgte und zeitweilig die Händler lähmte. Zunächst hieß es, ein Softwarefehler eines computergesteuerten Handelsprogramms sei schuld daran. Als sich dies nicht belegen ließ, sprach man vom Eingabefehler eines Händlers. Doch auch das war nicht nachweisbar. Die New Yorker Rohstoffbörse NYMEX leitete daraufhin eine Überprüfung ein und stellte fest, dass es eine »koordinierte Verkaufswelle« gewesen war, die den Ölpreis in einer Minute um drei US-Dollar pro Barrel fallen ließ. Gleichzeitig sei der Handel mit Kontrakten von 500 auf 12 500 pro Minute explodiert.[63] Auch so lassen sich Preise beeinflussen.

Wenn sich das Interesse spekulativer Anleger verändert, schlägt das unmittelbar auf die Preisbildung durch. Die USA sind nach wie vor der größte Ölverbraucher der Welt und haben daher auch die größten Lagerbestände an Erdöl. Sobald sich ein Gerücht verbreitet, dass der Staat aus diesen Beständen Öl auf den Markt bringen will, und somit der Preis zu sinken droht, verkaufen die Spekulanten nahezu gleichzeitig ihre ölbasierten Derivate, was enorme Auswirkungen auf den Preis hat. Die großen Schwankungen haben auch damit zu tun, dass es im Rohstoffhandel keine Gesetze gibt, die den Insiderhandel verbieten, sodass es hier eher »koordinierte Verkaufswellen« geben kann. Finanzprofessor Michael Greenberger von der University of Maryland schätzt, dass mehr als 70 % des Handelsvolumens auf dem Ölmarkt von Spekulanten ausgehen.[64]

Ein zentrales Problem der Rohstoffmärkte ist, dass sich hier »zu viel Geld« tummelt. Nach dem Crash vieler Finanzinstitute 2008 sind die Zentralbanken dazu übergegangen, mit billigem Geld den Markt zu stabilisieren. Das bedeutet, dass es nur noch sehr geringe Zinsen für Anleger im Finanzsektor gibt, weshalb das frei flottierende Kapital nach anderen Anlageformen sucht und verstärkt in die Rohstoffmärkte strömt.

Nach den extremen Preissprüngen der letzten Jahre mit den entsprechend unkalkulierbaren Folgen für die Volkswirtschaften drängt die Politik, insbesondere in den USA, jetzt auf Regulierungen, um wenigstens die »exzessiven Spekulationen« einzudämmen. Hatten die Börsen und Banken bisher immer behauptet, dass es keinen Zusammenhang zwischen der Preisentwicklung bei Rohstoffen und den Spekulationen gebe, wird nun zumindest eingeräumt, dass »kurzfristige Preisfluktuationen« durchaus durch Händler und Spekulanten provoziert werden können.[65] Doch solange bei Preismanipulationen sehr viel Geld verdient werden kann und es keine harten Strafen bei entsprechendem Fehlverhalten gibt, wird munter weiterspekuliert.

Die Österreichische Forschungsstiftung für internationale Entwicklung (ÖFSE) und viele andere entwicklungspolitische Organisationen fordern seit Jahren die Einführung einer mehrstufigen Transaktionssteuer zur Reduzierung spekulativen Handels: eine niedrige Steuer auf alle Transaktionen und eine höhere auf Preisveränderungen, die eine bestimmte Grenze überschreiten. Die UNO sollte eine globale Aufsichtseinheit erhalten, die Rohstoffderivate überwacht, rechtliche Rahmenbedingungen global koordiniert und die nationalen Regelungen harmonisiert. Als Erstes soll die Spekulation mit Nahrungsmitteln unterbunden werden, indem strenge Positionslimits für alle Händlerklassen festgelegt werden und ein Verbot für Finanzinvestoren auf den Agrarrohstoff-Derivatmärkten ausgesprochen wird.[66]

# Lösungsansätze für das Rohstoffproblem

## Nachhaltigkeit

Das Dilemma ist bekannt. Bei Fortsetzung des extrem hohen Ressourcenverbrauchs auf der Basis fossiler Energieträger sind nicht nur die Rohstoffe in absehbarer Zeit aufgebraucht, sondern es leidet auch das Klima der Erde. Die Gefahr eines ökologischen Kollapses ist damit durchaus real, zumal, wenn die Schwellenländer dem Konsummodell der Industriestaaten in gleichem Tempo folgen.[1] Lassen sich also Entwicklungspfade finden, die ökologisch sinnvoll, Ressourcen schonend, Armut vermindernd und zukunftsfähig zugleich sind? Gibt es eine Möglichkeit zum Umsteuern?

Da der durchschnittliche Verbrauch an Ressourcen durch die wachsende Anzahl der Konsumenten per se zunehmen wird, stellt sich die Frage, ob sich die bisher vorherrschenden Lebensstile in Richtung mehr Nachhaltigkeit ändern lassen oder der Physik-Nobelpreisträger Robert Laughlin recht behält, der meint, die Menschen wollten immer nur das Billigste kaufen und seien zu schwach, in ihrem wirtschaftlichen Verhalten grundlegend etwas zu verändern.[2]

Seit Jahren dreht sich die internationale Debatte um Nachhaltigkeit, wozu es bereits mehrere UN-Konferenzen gab. Gemeint ist damit ein langfristig angelegter verantwortungsbewusster Umgang mit Ressourcen, umweltschonendes Handeln, sodass künftige Generationen nicht unter dem heutigen Handeln leiden müssen. Die UN-Konferenz für Umwelt und Entwicklung forderte 1992 die Mitgliedsstaaten auf, eine Politik zu verfolgen, bei der ökologische, ökonomische und soziale Ziele nicht gegeneinander ausgespielt, sondern alle drei Bereiche gleichrangig behandelt werden (Drei-Säulen-Modell). Doch konkrete Handlungskonzepte folgten daraus nicht, sie wurden immer wieder in die Zukunft verschoben. Beim UN-Nachhaltigkeitsgipfels 2012 in Rio de Janeiro, der völlig unverbindlich endete, wurde einmal mehr deutlich, dass die Staaten mit ihren unterschiedlichen Interessen nicht in der Lage waren, verbindliche Ziele für eine nachhaltige, Ressourcen schonende und die Umwelt schützende Wirtschaftsentwicklung konkret zu formulieren. Noch weniger waren sie bereit, konkrete Pläne zur Umsetzung derartiger Ziele zu verabschieden. Die BRICS-Staaten wiesen umweltorientierte Vorgaben der Industriestaaten als Bevormundung zurück, da diese damit nur das Wachstum ihrer Konkurrenten bremsen wollten. Viele Experten empfanden Rio als einen Rückschritt hinter den Brundt-land-Bericht von 1987, mit dem die Weltkommission für Umwelt und Entwicklung unter Leitung der ehemaligen norwegischen Mi-nisterpräsidentin Gro Harlem Brundtland das Drei-Säulen-Modell der Entwicklung eingeführt hatte. Angestrebt wurde danach eine »Entwicklung, die die Bedürfnisse der Gegenwart befriedigt, ohne zu riskieren, dass künftige Generationen ihre eigenen Bedürfnisse nicht befriedigen können«.[3] Das Ziel von Investitionen, die Richtung technologischer Entwicklung, die Nutzung von Ressourcen und die soziale Entwicklung sollten miteinander harmonieren.

Das Konzept der Nachhaltigkeit ist seither äußerst populär ge-worden, doch es wird inzwischen auch von den rücksichtslosesten Bergbaukonzernen im Munde geführt, sodass es an Biss verloren hat und ins Unverbindliche abgerutscht ist. Oft wird darunter nur ökologisch bewusstes Handeln verstanden, während das ursprüng-liche Drei-Säulen-Modell von der Gleichberechtigung von Ökologie, Ökonomie und sozialer Zielsetzung ausging. Der gegebene Verän-derungsbedarf bezieht sich aber auf alle Lebensbereiche. Es bedarf nicht nur einer Überprüfung der Produktionsmethoden, sondern auch der derzeitigen Lebensstile und Konsummuster.

Die konservative Haltung »Weiter so wie bisher, das kriegen wir schon hin« funktioniert unter den heutigen Herausforderungen nicht mehr. Vielerorts wehren sich die Anwohner von Bohrfeldern und Erzminen in lokalen Protestgruppen gegen die Vernutzung ih-res Lebensraums und schließen sich über die global verfügbaren Kommunikationswege zu Netzwerken zusammen. Wachstumskri-tische Initiativen verweisen darauf, dass der lange vorherrschende Glauben, dank des technischen Fortschritts werde der Bedarf an Naturressourcen sinken, ein Irrtum ist. Auch wenn man durch neue

Technologien mit geringerem Input mehr produzieren kann, hat sich gezeigt, dass die zunehmende Produktion die Einsparungen bei weitem übertrifft. Wenn Nachhaltigkeit an Wachstum gekoppelt bleibt, können die zunehmenden Ressourcenprobleme nicht gelöst werden.

Bergbauunternehmen stehen per se im Widerspruch zur Nachhaltigkeit. Ihre Tätigkeit bedeutet immer tiefe Eingriffe in die Natur, verbunden mit hohem Flächenverbrauch, oft auch die Zerstörung von Ökosystemen, Klimaschädigung und Verlust der Lebensgrundlage für dort siedelnde Menschen.[4] Daher müssten durch UN-Vorgaben als Erstes die internationalen Bergbaukonzerne in die Verantwortung genommen werden. Sie haben ein großes Potential zur Einflussnahme auf die wirtschaftliche, politische und soziale Entwicklung in den Förderländern. Im Rahmen ihrer sozialen Verantwortung müssen sie verpflichtet werden, in enger Kooperation mit den jeweiligen staatlichen Institutionen ihren Gewinntransfer aus den Ländern klar zu deklarieren und mit den Staaten zu vereinbaren, in welche Sektoren Investitionen aus abzuführenden Steuern vorgenommen werden. Dazu könnten sie auch durch Investoren gedrängt werden, die ihr Kapitel in Nachhaltigkeitsfonds und -indizes lenken.[5] Diese hätten die Chance, auf die Art und Weise, wie die Rohstoffe gefördert, verarbeitet und die Erlöse zurückgeführt werden, Einfluss zu nehmen.

Wie sehr Anspruch und Wirklichkeit der Konzerne auseinanderklaffen, wird am Beispiel von Foxconn, einem Tochterunternehmen des chinesisch-taiwanesischen Elektronikkonzerns Hon Hai, deutlich. Foxconn ist der wichtigste Zulieferer für Apple-Produkte wie iPhones und Tablets. Apple formuliert in seinen hehren Grundprinzipien, dass es bei seinen Zulieferern sichere Arbeitsbedingungen gebe, die Arbeiter mit Respekt und Würde behandelt würden und die Produktionsprozesse umweltverträglich seien. Die Realität bei Foxconn sieht jedoch völlig anders aus, wie die *New York Times* aufzeigte. Bis zu 60 Wochenstunden müssten dort gearbeitet werden, es gebe zahlreiche Todesfälle durch unzureichenden Arbeitsschutz, bis zu 20 Arbeiter würden in einem Drei-Raum-Appartement untergebracht, der Tagesverdienst belaufe sich auf 22 US-Dollar inklusive Überstunden. Wie der militärische Drill, die Ausbeutung und erniedrigende Strafen die Arbeiterinnen in den Selbstmord treiben, wird in dem Buch »iSlaves« anschaulich beschrieben.[6] Ähnliches gilt für die Zulieferer von Dell, Hewlett-Packard, IBM, Lenovo, Motorola, Nokia, Sony, Toshiba und anderen.[7] Noch katastrophaler geht es in der Textilindustrie zu, wofür Bangladesch mit seinen eingestürzten Fabriken nur ein Beispiel ist.

Die meisten Unternehmen haben auf die Kritik dadurch reagiert, dass sie sich einen Verhaltenskodex (Code of Conduct) gegeben haben, den sie nach außen hin öffentlichkeitswirksam in den Vordergrund stellen, dessen Einhaltung aber nur von den eigenen Leuten überprüft wird, wenn überhaupt. So geschah es auch im viel gescholtenen Bergbausektor. 2001 entstand der International Council on Mining and Metals (ICMM), ein von Bergbauunternehmen gebildeter Rat, der regelmäßig über deren Beteiligung an der nachhaltigen Entwicklung, ihre Beiträge zur sozialen Verantwortung und ihre positive Rolle in den jeweiligen Volkswirtschaften informiert. Der ICMM betont, wie wichtig es seinen Mitgliedern sei, zu den Anwohnern an den Standorten eine »Akzeptanzbeziehung« aufzubauen, um »Konflikte lösungsorientiert bearbeiten« zu können.[8] So hätten Unternehmen bei Neuerschließungen die betroffene Bevölkerung aus angrenzenden Gemeinden in einen Dialog einbezogen und deren Belange berücksichtigt. Der Minenkonzern Xstrata habe soziale Projekte wie Schulbau und Infrastrukturmaßnahmen aufgelegt. Unzweifelhaft hat es einige Verbesserungen gegeben, etwa im Arbeits- und Gesundheitsschutz und bei der Eindämmung von extremer Umweltzerstörung. Insgesamt verfolgt ICMM aber vor allem das Ziel, dem aggressiv operierenden Bergbau ein nachhaltiges und menschenfreundliches Image zu verschaffen. Um falschen PR-Darstellungen zu begegnen, müsste es aber gelingen, den Konzernen die Kontrolle des eigenen Verhaltens aus der Hand zu nehmen und unabhängige Gremien daran zu beteiligen. Die viel gepriesene soziale Verantwortung der Firmen (Corporate Social Responsibility) kann nur dann glaubhaft sein, wenn ihre Umsetzung auch von Außenstehenden überprüft wird.

## Ressourceneffizienz

Nach und nach hat sich die Erkenntnis durchgesetzt, dass unser bisheriges Wirtschaftsmodell mit Nachhaltigkeit nicht zu vereinbaren ist. Es basiert auf einem zu großen Ressourcenverbrauch vor allem nicht nachwachsender Rohstoffe. Als Ausweg wird daher eine »Effizienzrevolution« angesehen. Allerdings werden dabei die sogenannten Rebound-Effekte ignoriert. Wenn ein Gerät effektiver hergestellt werden kann und auch im Verbrauch – etwa von Strom – günstiger ist, kann dies dazu führen, dass mehr solcher Geräte angeschafft werden und damit der Verbrauch insgesamt steigt. Die ursprüngliche Absicht prallt somit ab (rebound). Die anvisierte Senkung des Naturverbrauchs verkehrt sich in ihr Gegenteil.

Nicht zufällig fehlen im Gutachten der Enquetekommission des deutschen Bundestages für Wachstum und Wohlstand vom Dezember 2011 jegliche Angaben zur Wirkung der erreichten Effizienz auf den realen Ressourcenverbrauch.[9] Bisher ist nämlich keine Abnahme des Ressourcenverbrauchs nachweisbar, sondern vielmehr dessen Steigerung.

Die Arbeitsproduktivität in Deutschland ist seit 1960 um den Faktor 4, die Materialproduktivität aber nur um den Faktor 2 gesteigert worden, was die Ineffizienz der Ressourcennutzung verdeutlicht. Erforderlich wäre das Gegenteil. Hier ist eine qualitative Veränderung des Wachstums erforderlich. Ein wesentlicher Teil der Entlastung der Umwelt und wachsende Versorgungssicherheit werden nur über eine entsprechende Steigerung der Ressourceneffizienz erreichbar sein. Wenn die Nachhaltigkeit zunehmen soll, muss die bisherige Rohstoffproduktivität deutlich erhöht werden.[10] Dazu bedarf es eines entsprechenden Instrumentariums mit hochentwickelten Technologien, damit etwa die kritischen Rohstoffe besser ausgenutzt werden können.[11]

Die Nachhaltigkeitsstrategie der Bundesregierung, wonach die Energie- und Rohstoffeffizienz bis 2020 gegenüber 1994 verdoppelt werden soll, kann nur aufgehen, wenn die eingesetzten Materialien drastisch reduziert werden.

Im produzierenden mittelständischen Gewerbe fehlen jedoch die Innovationskapazitäten dafür, hier belaufen sich die Kosten für den Materialeinsatz im Durchschnitt immer noch auf rund 43 %. Die deutsche Materialeffizienzagentur (DEMEA) hat dieses Problem erkannt und entsprechende Beratungs- und Förderprogramme aufgelegt. Dabei geht es um eine veränderte Werkstoffauswahl und neue Konstruktionsmuster, sodass die Produkte verbesserte Anwendungseigenschaften erhalten. Ziel ist es, neben der Erhöhung der Lebensdauer auch die Nutzungsdauer zu verlängern und den Grad der Wiederverwertung zu verbessern.[12] Angestrebt wird seit vielen Jahren ein Modell des »Faktors 4«: Verdopplung des wirtschaftlichen Wachstums bei Halbierung des Ressourceneinsatzes durch den Einsatz besserer Technologien.[13]

Doch das Problem lässt sich nicht allein im Bereich der Technik, also auf der Produzentenseite, lösen. Genauso wichtig ist die Verbraucherseite. Hier helfen nicht allein moralische Appelle, Geräte doch länger zu nutzen und sie sachgerecht zu recyceln, dafür müssen konkrete Anreize geschaffen werden. Hierzu gibt es bereits verschiedene EU-Richtlinien wie die zur Entsorgung von elektrischen Altgeräten Waste, Electrical and Electronic Equipment (WEEE) von 2002, die 2012 noch einmal erweitert wurde. Danach werden die Hersteller verpflichtet, für die Recyclingkosten ihrer Produkte aufzukommen. Bis 2014 soll das überall in der EU in nationales Recht umgesetzt werden, was ein deutlicher Fortschritt gegenüber anderen Regionen der Welt ist.

Ungelöst ist derzeit noch das Problem der Dissipation, des Verlustes hochwertiger Rohstoffe durch Feinverteilung in der Biosphäre aufgrund von Korrosion, Abrieb oder durch chemische Prozesse. Ein Beispiel dafür sind Platinpartikel, die aus dem Abgaskatalysator des Autos in geringen Mengen freigesetzt werden, ein anderes Nanopartikel, die als Oxyde aus Alltagsprodukten wie Zahnpasta, Sonnencreme oder Wandfarbe austreten.

Für Metalle, die in sehr geringer Konzentration in Kleingeräten wie Mobiltelefonen vorkommen, wird intensiv nach Formen eines effizienten Recyclings gesucht. Die technologische Entwicklung dafür müsste staatlich gezielt gefördert werden.

Das hohe Lied der Ressourceneffizienz wird inzwischen von vielen gesungen, begleitet von großspurigen Absichtserklärungen. Doch das realpolitische Handeln bleibt weit dahinter zurück.

## Zertifikate und Abkommen

Die enormen Gewinne, die sich aus der Rohstoffförderung ziehen lassen, lassen Gegenden mit reichen Bodenschätzen oft zu Konfliktregionen werden. Ganz deutlich sieht man das am Osten der DR Kongo, der seit Jahren ein Kriegsschauplatz ist. Die lokale Bevölkerung ist den Übergriffen marodierender Banden und lokaler Militärorganisationen ausgeliefert. Ähnliches geschieht in der gesamten zentralafrikanischen Region der Großen Seen, in Uganda, Ruanda und Burundi.

Hier fördern auch kanadische Minengesellschaften, obwohl es immer wieder Proteste gegeben hat. Die kanadische Regierung hat damit kein Problem und geht sogar so weit, zu behaupten, dass die Minengesellschaften im öffentlichen Interesse handeln würden. Hintergrund ist, dass die kanadischen Pensionsfonds zur Absicherung der privaten Altersversorgung der Kanadier ihre Mittel im Bergbausektor investiert haben und deshalb an einer positiven Kursentwicklung im Minensektor interessiert sind, egal zu welchen Bedingungen.

Die viel beschworenen Konzepte von »good governance« oder »sozialer Unternehmensverantwortung« erscheinen vor diesem Hintergrund als leere Phrasen. Der von der Weltbank geförderte Ausbau der Rohstoffgewinnung richtet in armen und schlecht regierten Staaten oft mehr Schaden an, als er Nutzen bringt. Er fördert zwar die Exporteinnahmen, doch versickern diese zumeist in korrupten Regierungskreisen. Arbeitsplätze werden dadurch kaum geschaffen, und lokale Wertschöpfung entsteht auch nur höchst selten, da es kaum eine Weiterverarbeitung im eigenen Land gibt. Zu den Ausnahmen gehören Mexiko, Brasilien, Chile, Indien, China, Botswana und Ghana, wo Teile der Einnahmen aus den Rohstoffexporten für Sozial- und Wirtschaftsprogramme eingesetzt werden.

Um den Handel mit kriminell erzeugten Rohstoffen einzuschränken, gibt es seit vielen Jahren Initiativen von Menschenrechts- und Entwicklungshilfeorganisationen, die unter anderem die Kampagne gegen »Blutdiamanten« initiiert haben.[14] Inzwischen haben auch einige Staaten reagiert. So ist in den USA infolge der Finanzkrise 2010 ein Bundesgesetz zum Verbraucherschutz verabschiedet worden, der sogenannte Dodd-Frank-Act, das nicht nur Auflagen für die Finanzmärkte enthält, sondern die börsennotierten Firmen auch dazu verpflichtet, ihren Umgang mit Rohstoffen offenzulegen und die konkreten Quellen zu benennen. Im letzten Abschnitt des 849 Seiten starken Gesetzespaketes mit mehr als 500 Artikeln ist festgeschrieben, dass US-Unternehmen keine »Konfliktmineralien« verwenden dürfen – genannt werden hier exemplarisch Gold, Wolfram, Zinn und Tantal (Coltan) –, die dazu geeignet wären, bewaffnete Konflikte zu finanzieren.[15]

Die Börsenaufsicht kann sich seitdem erkundigen, ob es sich bei den gehandelten Rohstoffen und deren Derivaten um »Konfliktminerale« handelt. Sollte dies der Fall sein, wird nachgefragt, ob die verwendeten Minerale in der DR Kongo oder einem Nachbarstaat gefördert wurden. Wird auch das positiv beantwortet, muss dargelegt werden, mit welchen Maßnahmen die Sorgfaltspflicht in der Lieferkette sichergestellt wurde. Die betroffenen Unternehmen sind verpflichtet, dies in einem öffentlich zugänglichen Bericht nachprüfbar zu erklären. Wird dieser Prozess positiv durchlaufen, zeichnet die US-Börsenaufsicht das Mineral mit dem Siegel der Konfliktfreiheit aus. Der Dodd-Frank-Act sieht auch vor, dass bestimmte Minen, die sich nicht überprüfen lassen, boykottiert werden können.

Gleiches gilt für die in den USA börsennotierten Öl- und Gaskonzerne. Sie sind aufgefordert nachzuweisen, welche Zahlungen an die jeweiligen Regierungen für Lizenznahmen und Schürfrechte und/oder Nutzungen geleistet werden. Werden die Gelder der Verwaltung überwiesen oder versickern sie auf Geheimkonten im Ausland? Damit ließe sich auch nachfragen, was die Regierungen mit dem erhaltenen Geld getan haben.

Bereits seit 2002 ist von der UNO die Einführung von Certified Trading Chains (CTC), Zertifikaten für den Metallhandel, gefordert worden, was auch die deutsche Bundesanstalt für Geowissenschaften und Rohstoffe unterstützte.[16] Doch die deutsche Bundesregierung hat bisher keine entsprechende Initiative ergriffen und kommentierte den Dodd-Frank-Act lediglich mit der Warnung vor möglichen Wettbewerbsnachteilen.

Da waren sogar die Bergbauriesen positiver in der Beurteilung. BHP Billiton, Rio Tinto und die norwegische Statoil veröffentlichen seitdem die geforderten Angaben und weisen nach, welche Zahlungen wohin erfolgen. Transparency International hat belegt, dass die Minengesellschaften dadurch keinen Schaden erlitten haben.[17]

Auch die EU will nunmehr über schärfere Transparenzregeln Rohstoffunternehmen zwingen, ihre Zahlungen an die staatlichen Stellen des Förderlandes zu veröffentlichen. Nach langem Ringen soll dies bei Verträgen über 80 000 Euro der Fall sein.[18] Die Börsenaufsicht der USA hatte eine Regel durchgesetzt, die US-Unternehmen verpflichtet, Zahlungen von mehr als 100 000 US-Dollar an Regierungsstellen des Förderlandes offenzulegen und diese auch in den Geschäftsberichten auszuweisen. Nun muss sich zeigen, ob innerhalb der EU die von Deutschland unterstützte unternehmensfreundliche Blockadehaltung dominiert oder ob die anderen europäischen Staaten ein Konzept durchsetzen, das die betroffenen Länder stärker berücksichtigt.[19]

Auch die Organisation für wirtschaftliche Zusammenarbeit und Entwicklung OECD hat einen internationalen Konsultationsprozess für Richtlinien zur Sorgfaltspflicht in den Lieferketten von »Konfliktmineralen« ins Leben gerufen. Diese Richtlinien setzen aber nicht bei den Minengesellschaften an, sondern beim Export und der Vermarktung des Minerals. Inzwischen ist auch die Industrie bemüht, aus der Ecke der Menschenrechtsverletzer herauszukommen. Insbesondere die Zinnindustrie hat ein mehrstufiges Nachverfolgungssystem eingeführt, das von einigen Zinnexporteuren getragen wird. Gleiches gilt für die Elektronikindustrie und ihren Branchenverband Electronic Industry Citizenship Coalition (EICC). Sie schuf mit den Conflict free smelters (unbedenkliche Schmelzereien) ein entsprechendes Kontrollverfahren. Die Rohstoffverarbeiter werden danach überprüft und bei entsprechendem Nachweis über den Ursprung auch zertifiziert. Großverbraucher wie die Elektronikkonzerne Intel, Motorola und Hewlett-Packard haben signalisiert, dass sie ihre Rohstoffe in Zukunft besser kontrollieren wollen, um »kontaminierte« Zulieferer zu vermeiden und damit ein Beispiel für mehr soziale Verantwortung in ihrem Handeln zu geben.

Dies alles sind erste Ansätze, doch die Instrumente reichen zu einer spürbaren Eindämmung der bewaffneten Konflikte bei weitem nicht aus. Es fehlt zudem an einer Koordinierung und Angleichung der unterschiedlichen Initiativen sowie an den Möglichkeiten zu spürbaren Sanktionen.

Ähnlich steht es um die Kontrolle internationaler Geldströme zwischen den Minengesellschaften und den Staaten, in denen die Rohstoffe gewonnen werden. Hierzu gibt es die Extractive Industries Transparency Initiative (EITI), die auf dem Weltwirtschaftsgipfel 2003 in Évian-les-Bains ins Leben gerufen wurde.[20] Erreicht werden soll damit ein verantwortungsvolles Handeln mit den Exporteinkünften der Förderländer. Die Regierungen sollen sich verpflichten, die Vertragsgrundlagen und Staatseinnahmen mit den Bergbauunternehmen oder den Ölförderern offenzulegen. Dafür bietet EITI einen globalen Standard, der auf die landesspezifischen Bedingungen zugeschnitten werden kann. Zivilgesellschaftliche und staatliche Akteure müssen dabei kooperieren. Bisher haben sich lediglich 13 Länder weltweit zur Einhaltung der EITI-Normen verpflichtet: Aserbaidschan, Ghana, Kirgisien, Liberia, Mali, Mauretanien, Mongolei, Niger, Nigeria, Norwegen, Ost-Timor, Peru und die Zentralafrikanische Republik. Interessanterweise gehören zu den Unterzeichnern keine BRICS-Staaten, die auch weiterhin Abstand zu der Initiative halten wollen.[21]

Transparency International überprüft die Einhaltung der Selbstverpflichtungen und musste dabei wiederholt feststellen, dass sich keineswegs alle Signatarstaaten daran halten. Allein in Nigeria sind fast 50 Mrd. US-Dollar an Staatseinnahmen verschwunden, wofür niemand zur Rechenschaft gezogen wurde.[22]

Ein positives Beispiel ist dagegen Botswana. Die Erlöse des Diamantenbergbaus, die ein Drittel des Bruttoinlandsproduktes ausmachen, werden transparent und für die Bevölkerung nachvollziehbar investiert. Das Ergebnis ist ein deutlicher Zuwachs im Pro-Kopf-Einkommen.

Ergänzt wird die Transparenzinitiative durch das Instrument der zertifizierten Handelsketten, das die Rohstoffgewinnung im Kleinbergbau nachvollziehbar machen soll. Ziel ist es, dass sich auch der informelle Sektor an international anerkannten Standards orientiert. Da durch die verzweigten Produktions- und Weiterverarbeitungsschritte sowie die zahlreichen Zwischenhändler ein lückenloser Rückschluss vom Endprodukt auf seinen Herkunftsort sehr schwierig ist, will man sich zunächst auf ausgewählte Bereiche der Lieferkette konzentrieren. Das Bundesministerium für Zusammenarbeit BMZ unterstützt diesen Vorstoß.[23] Inwiefern die gewünschten Zertifizierungsverfahren zur Kennzeichnung von Rohstoffen durchsetzbar sind und welche praktischen Ergebnisse sie bringen, ist derzeit noch nicht abzusehen.

Es geht bei all dem um sehr viel Geld. Die Einnahmen der Minengesellschaften und Ölförderer sind bei den meisten Staaten um ein Vielfaches höher als die Zuwendungen aus der Entwicklungshilfe. Daher tun sich viele Staaten schwer, ernsthafte Kontrollen ihrer wichtigen Geldgeber zu erzwingen, auch wenn dadurch die Lebensverhältnisse für Millionen Menschen verbessert werden könnten.

## Neue Regionalpolitik

Der Ölmulti Texaco förderte von 1965 bis 1992 Erdöl im ecuadorianischen Regenwald. Als der Chevron-Konzern Texaco 2001 übernahm, wurde er damit konfrontiert, dass Texaco Ölrückstände und rund 60 Mrd. Liter giftiger Abwässer in diesem hochsensiblen Fördergebiet einfach versickern ließ. Es handelt sich dabei um eine Fläche von mehr als 5000 Quadratkilometern. Die dort ansässige Bevölkerung verklagte den Konzern, und ein ecuadorianisches Gericht erkannte in einem Urteil von 2007 an, dass diese aufgrund der Verseuchung von Böden und Wasser ihrer Existenzgrundlage beraubt worden ist. Auf die Verseuchung zurückgeführt wurde auch das vermehrte Auftreten von Krebs und anderen Krankheiten mit oft tödlichem Ausgang. Das Gericht verurteilte Chevron zu Entschädigungszahlungen in Höhe von 19 Mrd. US-Dollar. Der Konzern protestierte gegen den Schuldspruch und behauptete, er sei das Resultat eines betrügerischen Intrigenspiels gegen ihn.

Da Chevron in Ecuador kein pfändbares Vermögen mehr besitzt und das Urteil somit nicht vollstreckt werden konnte, übernahm ein argentinisches Gericht den Fall und bestätigte das Urteil. Es ordnete die Beschlagnahme des Konzernvermögens von Chevron in Argentinien an. Dagegen legte der Ölkonzern Berufung ein und bekam im Juni 2013 vor dem Obersten Gerichtshof in Buenos Aires auch Recht. Doch die Affäre ist damit noch nicht beendet, denn die Kläger aus Ecuador haben parallel dazu ersatzweise die Beschlagnahme von Konzernvermögen in Brasilien, Kolumbien und Kanada beantragt. Die Brasilianer legten noch mit einer eigenen Schadensersatzklage gegen Chevron über 22 Mrd. US-Dollar nach. Der Grund: Umweltschäden durch Öllecks bei Offshore-Bohrungen des Konzerns vor der brasilianischen Küste.

Bisher waren Ansätze eines gemeinsamen Vorgehens lateinamerikanischer Staaten gegen ausländische Konzerne immer wieder unterlaufen und torpediert worden. Zu stark waren jeweils die Eigeninteressen der Staaten. Inzwischen stehen sie zur Verteidigung der kontinentalen Interessen öfter zusammen. Ihre Position ist durchaus stark: Von den zehn wichtigsten Minerallieferanten der Welt sind sieben lateinamerikanische Länder.

Die aktuell recht positive ökonomische Entwicklung in Lateinamerika basiert auf dem Rohstoffboom der letzten Jahre. Erdöl- und Gasförderer, Minenunternehmen und die Agroindustrie haben die Exporterlöse steigen und die Staatsdefizite sinken lassen. Doch Kritiker verweisen auf die Kehrseite dieses »Extraktivismus«, bei dem aus den Ländern die Rohstoffe herausgezogen (extrahiert) werden. Eine Weiterverarbeitung im Lande findet nicht statt. Eine auf Raubbau begründete Nationalökonomie plündere die Ressourcen der nächsten Generationen und vernutze durch Monokulturen die Agrarflächen. Bis zu welchem Extrem das führen kann, lässt sich in Venezuela erkennen. Das Land hängt mit seiner gesamten Ökonomie von einem einzigen Rohstoff ab, dem Öl: Mehr als 90 % der Exporteinnahmen werden durch den Erdölverkauf erlöst. Auch Kolumbien gründet seine Wirtschaft einseitig auf den Bergbau.[24] Ein Gegenbeispiel ist Ecuador. Die Regierung in Quito wollte die großen Ölvorkommen im Regenwald des Yasuní-Reservats erst gar nicht ausbeuten lassen und trotzdem damit Einkünfte erzielen. Was zunächst paradox klingt, ist gut durchdacht. Die Erhaltung des Regenwaldgebietes will man durch einen von Spenderländern gespeisten Fonds finanzieren. Durch dessen jährliche Ausschüttungen sollen dann soziale und ökologische Projekte ermöglicht werden. Der Nutzen für die Menschheit wäre die Bewahrung des Regenwaldes und damit der Klimaschutz. Doch die Chancen zur Verwirklichung stehen schlecht. Deutschland, der wichtigste Fördergeber, ist unter BMZ-Minister Dirk Niebel (FDP) aus dem Projekt ausgestiegen. Er fürchtet eine Präzedenzwirkung. In den 1990er Jahren gab es bereits eine ähnliche Initiative in Brasilien. Unter dem Motto »Wir produzieren Sauerstoff für die Welt« wollte man sich den Verzicht auf die Abholzung des Regenwaldes von den nördlichen Industriestaaten abgelten lassen. Das Projekt scheiterte ebenso wie die Yasuní-Initiative. Der ecuadorianische Staatspräsident Rafael Correa erklärte sie am 15. August 2013 »mit tiefer Trauer« für beendet.[25] Anstatt der 3,6 Mrd. US-Dollar, die Ecuador dafür von der Weltgemeinschaft einsammeln wollte, um sich für den Einnahmeausfall von geschätzten sieben Mrd. schadlos zu halten, wurden nur Zusagen über 116 Mio. Dollar erreicht. Das Staatsunternehmen Petroamazonas wird nun, so der Präsident, mit der Ausbeutung beginnen. Das Biosphärenreservat Yasuní mit der größten Biodiversität weltweit ist damit gefährdet. Gescheitert ist auch ein erster Versuch, den Schutz der Artenvielfalt in einem Gebiet gegenüber der Staatengemeinschaft in Wert zu setzen und auszupreisen.

Auch wenn diese ambitionierten Vorhaben bisher nicht umgesetzt werden konnten, ist eine neue Politik der Mitte-links-Regierungen des Subkontinents zu erkennen, die von den Bergbauunternehmen deutlich höhere Abgaben fordern und mehr Einflussnahme auf ihre Rohstoffpolitik vor Ort verlangen. (Die rechtsregierten Länder Chile und Kolumbien ziehen da nicht mit.) Die Einkünfte aus den exportierten Bodenschätzen fließen sowohl in neue Infrastrukturprojekte als auch in soziale Reformen, Bildungsprojekte und partielle Einkommensverbesserungen. Damit wird auf die Protestbewegungen der Bergleute und Kleinschürfer reagiert, die sich in den letzten Jahren zunehmend organisiert haben.

Ähnlich wie in Lateinamerika gibt es im südlichen Afrika und in Südostasien Ansätze zu Regionalkooperationen, die sich verstärkt für eine größere Verteilungsgerechtigkeit einsetzen.

## Weitergehende Denkansätze

*»Nicht das, was du nicht weißt, bringt dich in*
*Schwierigkeiten, sondern das, was du ganz sicher weißt*
*und was sich dann als falsch herausstellt.«*

MARK TWAIN

Die Industrie- und auch einige Schwellenländer haben mit ihren klassischen wirtschaftlichen Wachstumsmodellen enorme Entwicklungsschübe erzielt und gesellschaftlichen Reichtum produziert. Gleichzeitig sind aber mehr als eine Milliarde Menschen nicht in der Lage, ihre unmittelbaren Lebensbedürfnisse zu befriedigen, und vegetieren unterhalb der Armutsgrenze. Hunderte von Millionen sind unterbeschäftigt und drängen in die Megastädte, Tausende versuchen, in die reichen Länder zu gelangen.

Die von der Politik beförderte Übertragung des wachstumsgesteuerten Wirtschaftsmodells der Industrieländer auf alle übrigen Länder hat nicht funktioniert. Auch das Konzept einer »nachholenden Entwicklung« war nie realistisch. Wenn nur die wachsende Mittelklasse der Schwellenländer nach westlichem Standard leben würde, wäre der Rohstoffkollaps schon erreicht. Die Erde wäre heillos überfordert.

Nach Ansicht von Chandran Nair, dem Gründer des Thinktanks Global Institute for Tomorrow in Hongkong, kann der Planet keine weiteren Amerikas aushalten. Die westlichen Industriestaaten wollten mit dem Export ihres Wachstumskonzepts auf der Basis von Konsumstimulierung den Menschen in den ärmeren Ländern einfach ihre Güter und alle damit verbundenen Probleme verkaufen. Asien aber brauche, wenn es seiner Bevölkerung von drei Mrd. Menschen eine Alternative geben will, neue Wege zur menschlichen und ökonomischen Entwicklung. Nair, der als Vortragsredner in der ganzen Welt unterwegs ist und zahlreiche Bücher veröffentlicht hat, plädiert für einen autoritären Staat, der in die Kapitalflüsse eingreift, technologische Entwicklungen steuert und versucht, die Markt- und Konsumprozesse in sinnvolle Bahnen zu lenken.[26] Für ihn ist China ein Beispiel. Doch wenn China bis 2050 »moderat wohlhabend« werden sollte, bedeutete dies das Siebenfache des bisherigen Rohstoffverbrauchs. Und das Nachbarland Indien steht vor den gleichen Herausforderungen.[27] Eine solche Entwicklung sei völlig unrealistisch, meint Nair.[28] Er fordert daher eine Kurskorrektur. Die Regierungen müssten ihren Bürgern klarmachen, dass es so nicht weitergehen kann und Einschnitte unumgänglich sind. Ihre Aufgabe sei es, im Interesse der Gesamtgesellschaft zu handeln und nicht vorrangig die Konsuminteressen Einzelner zu bedienen.[29]

Auch wenn viele Wirtschaftswissenschaftler Nairs autoritären Lösungsansatz nicht teilen, sind sich die meisten doch darüber einig, dass der aktuelle Typ Kapitalismus, der auf Wachstum und Fremdversorgung mit Rohstoffen basiert, in einer akuten Krise steckt. Experten wissen sehr wohl, dass die gängige politische Doktrin, dass mehr Wachstum her muss, damit die Staatsschulden irgendwie bezahlt werden können, nicht aufgehen kann, da die dafür benötigten Ressourcen nicht mehr im gewohnten Maße zur Verfügung stehen oder nur noch unter ruinösen Bedingungen für die Umwelt aus der Erde herausgequetscht werden können.[30]

Der Ökonom Karl Georg Zinn spricht hier von einer Doppelkrise: einer Finanz- und einer Realwirtschaftskrise.[31] Er verweist in diesem Zusammenhang auf den britischen Ökonomen John Maynard Keynes (1883–1946), der bereits frühzeitig klargestellt hat, dass entwickelte kapitalistische Volkswirtschaften nicht unbegrenzt wachsen können.

Die ökonomischen und sozialen Probleme über Wirtschaftswachstum zu lösen, war über längere Zeiträume ohne Zweifel erfolgreich,[32] doch ist es nun an der Zeit, sich von der Befangenheit dieser Vorstellungswelt zu befreien. Es ergibt für die zukünftige Entwicklung keinen Sinn, in die Wirtschaftswachstumsprogramme alles verfügbare Kapital zu stecken und die Notenpressen der Zentralbanken dafür auf Hochtouren laufen zu lassen. Es muss parallel dazu nach anderen Lösungen gesucht werden, die über das Bisherige hinausweisen. Dafür ist Kapital dringend erforderlich.

Wir brauchen ein Neubewerten, Umstrukturieren, Umverteilen, Reduzieren, Wiederverwenden.[33] Nur so lassen sich die bekannten Problemfelder wachsende Armut, wachsende Bevölkerungszahl und Klimawandel bewältigen. Wir sind inzwischen an die Grenzen des Systems gestoßen und haben sie teilweise sogar schon überschritten.

Der Ressourcenverbrauch hat die Belastungsgrenzen des Planeten erreicht. Erforderlich wäre ein veränderter Typ von Gesellschaft, deren Konstruktion allerdings noch unklar ist. Sie müsste andere Ziele festschreiben als die Renditenoptimierung des Kapitaleinsatzes. Gemeinwohlbelange und Lebensqualität müssten über das Wachstum der Wirtschaft und die Expansion des Kapitals gestellt werden – doch mehrere Versuche zu solchen Gesellschaften sind bekanntlich gescheitert.

Die massive weltweite Umweltzerstörung, verbunden mit einer zunehmenden sozialen Spaltung in den Industrie- und Entwicklungsländern, verschärft das Konfliktpotential. Benötigt wird ein fairer Vertrag, der beiden Seiten Chancen gibt. Wer den aber einfordert, muss sich darüber im Klaren sein, dass dies nicht ohne Verzicht auf Privilegien in den Industrieländern gehen wird.

Man kann die Lösung über den technischen Fortschritt anstreben und darauf hoffen, dass die Effizienzsteigerungen es ermöglichen, die erweiterte Güterproduktion ohne zusätzliche Umweltbelastung und den Verbrauch kritischer Ressourcen sicherzustellen. Doch die Erfahrungen zeigen, dass dabei nicht zu verhindern ist, dass alle Einsparungen auch Rebound-Effekte erzeugen, wodurch am Ende mehr Ressourcen verbraucht werden und die Umweltbelastungen noch steigen.[34]

Es wird daher ohne eine tiefgreifende Änderung der Wertvorstellungen des Wirtschaftens nicht zu realisieren sein. Erforderlich ist der änderungswillige Konsument. Doch die Politik scheut unbeliebte Wahrheiten. Sie fürchtet den Verlust an Wählerstimmen, die sie im Vierjahreszyklus immer wieder gewinnen will. Warum dann Probleme benennen, die jenseits dieses Zeitraums liegen? Da setzt man lieber auf technikoptimistische Verfahren, die mit Solarzellen und Windgeneratoren die Probleme schon lösen werden.

Aber an einer Diskussion über die notwendige Veränderung der Lebensstile wird in naher Zukunft niemand mehr vorbeikommen. Es scheint dringend geboten, in der ökologischen Debatte die Konsumfrage wesentlich deutlicher zu stellen. Es geht nicht mehr allein um Verschwendung, Effizienz, Suffizienz und Konsistenz, sondern um die politischen Rahmenbedingungen für wachstumsneutrale Lebens- und Wirtschaftsstile.[35] Dazu müssen gesellschaftlich verantwortliche Formen des Konsums gefunden werden, wozu ein großes Potential schöpferischer Vernunft erforderlich ist.[36]

Ansätze dafür zeichnen sich mit der »shared economy« ab. An die Stelle von persönlichem Eigentum und Besitzanhäufung tritt dabei sinnvolles, nutzenorientiertes Teilen, wie es etwa beim Carsharing in den Großstädten bereits erfolgreich praktiziert wird. Hier glänzt die Politik weitgehend durch Abwesenheit, schließlich werden damit klassische Wachstumsmodelle und somit Steuereinnahmen bedroht. Erforderlich wäre eine breit geführte Debatte über grundlegende Bedürfnisse und modische Begierden und die gesellschaftlichen Präferenzen dabei.[37]

Hilfreich wäre hierzu das konsequente Sichtbarmachen der in den Produkten enthaltenen Umwelt- und Sozialkosten. Diese ließen sich auch differenziert besteuern, sodass ressourcenverschlingende und umweltschädlich produzierte Waren teurer wären als etwa Recycling- oder Bioprodukte. Wirtschaftswissenschaftler gingen bisher davon aus, dass die Vorteile einer wachstumsbasierten Wirtschaft größer waren als deren Nachteile. Es mehren sich aber Stimmen, dass die allgemeinen Kosten durch wachsende Umweltschäden und Rohstoffausbeutung den erzielten Wertzuwachs übersteigen. Bisher werden die bei der Produktion entstehenden Begleitkosten im Umweltverbrauch als sogenannte externe Kosten an die Allgemeinheit abgegeben, denn der Staat und damit die Steuerzahler müssen für die Folgekosten aufkommen. Partha Dasgupta, Ökonom der Cambridge Universität, fordert dagegen, die Natur in die Berechnungen mit aufzunehmen und in Wert zu setzen. Das würde viele Waren, deren Produktionsauswirkungen wir heute alle tragen müssen und die teilweise die Zukunft aufs Spiel setzen, wesentlich verteuern.[38] Seine Position haben sich inzwischen viele Organisationen zu eigen gemacht und fordern, dass Umweltkosten von den Unternehmen getragen und nicht sozialisiert werden dürfen.

Wenn die Basis des Wirtschaftens auf den natürlichen Ressourcen aufbaut, kann auf einem Planeten mit endlichen Ressourcen das Wachstum auch nur endlich sein. Will man den Zukunftserwartungen der Bürger gerecht werden, muss man mit diesen Ressourcen verantwortungsbewusst umgehen, wobei eine entsprechende Preisgestaltung der Produkte äußerst hilfreich sein kann.

Der Club of Rome konstatiert in seiner Analyse »2052«, dass wir in einer tiefgreifenden systemischen Krise stecken, aus der wir ohne wesentliche strukturelle Veränderungen nicht herauskommen, sondern andernfalls auf fatale Auswirkungen zusteuern, ja unsere Existenzgrundlagen wissentlich zur Disposition stellen.[39] Wir treten, so Mitautor Jørgen Randers, in eine Epoche ein, die wichtige natürliche Ressourcen bereits verbraucht hat oder in absehbarer Zeit verbrauchen wird. Das neoliberale Credo »Wir haben noch immer unsere Probleme gelöst, es geht uns doch gut, machen wir so weiter!« ist seiner Ansicht nach überholt. Es offenbart die Perspektive der Industrieländer und ist von ignoranter Beschränktheit gekennzeichnet. Wenn so auch in Zukunft gehandelt wird, zerstören wir in ungebremster Geschwindigkeit die Lebensgrundlagen kommender Generationen und bringen gleichzeitig unsere Fähigkeit zum Überleben in Gefahr.[40]

»Was fehlt, ist eine Vision«, bekennt Christine Lagarde, die Chefin des Internationalen Währungsfonds. Ihre Organisation hält noch immer an einer reinen Wachstumspolitik fest, genau wie die Welthandelsorganisation der UNO. Dabei müsste Geld dafür eingesetzt werden, neue Projekte zu fördern, bei denen alternative Modelle ausprobiert werden. Stattdessen beschränkt man sich auf Feuerwehreinsätze zum Eindämmen und Löschen akuter ökonomischer Brandherde.[41] Den globalen Herausforderungen sind gemeinsam gefundene Antworten entgegenzustellen, mit neuen Langzeitlösungen und nachhaltigem Wirtschaften. Gefragt ist der sicherlich unpopuläre Entwurf eines neuen Lebensstils, der neben dem zu bedienenden Ego auch noch den Bedarf der anderen sieht und sich an gemeinsam zu setzenden Limits orientiert.[42] Der kritische Bürger, der eine solche Debatte mit führen kann, ist gleichzeitig auch Konsument und wird damit zu einer zentralen Kraft, die auf eine nachhaltige Wirtschaft einwirken kann. Auf diese Weise können Forderungen nach einer höheren ökologischen Effizienz durch Senkung des Energieeinsatzes und der Erhöhung der Ressourcenproduktivität spürbar an Kraft gewinnen.[43]

Der wissenschaftliche Beirat Globale Umweltveränderungen der Bundesregierung hat 2011 in seinem Hauptgutachten »Welt im Wandel. Gesellschaftsvertrag für eine große Transformation« ein mutiges Plädoyer vorgelegt. Danach sollten »die Nationalstaaten ihre kurzfristigen Interessenskalküle zugunsten globaler Kooperationsmechanismen zurückstellen, um vor allem in der Weltwirtschaft eine Trendumkehr zu Klimaverträglichkeit und Nachhaltigkeit zu ermöglichen«. Die Wissenschaftler fordern in ihrem Grundsatzpapier nicht weniger als den Übergang zu einer postfossilen Wirtschaftsweise. Sie weisen nach, »dass eine globale Dekarbonisierung der Energiesysteme technisch und wirtschaftlich möglich« ist. Dafür bedürfe es allerdings einer Politik der Veränderungen, die über technologische und technokratische Reformen weit hinausweise: »Es geht um einen neuen Weltgesellschaftsvertrag für eine klimaverträgliche und nachhaltige Weltwirtschaftsordnung. Dessen zentrale Idee ist, dass Individuen und die Zivilgesellschaften, die Staaten und die Staatengemeinschaft sowie die Wirtschaft und die Wissenschaft kollektive Verantwortung übernehmen.« Das erfordere »einen gestaltenden Staat, der dem Transformationsprozess durch entsprechende Rahmensetzung Entfaltungsmöglichkeiten in eine bestimmte Richtung eröffnet, die Weichen für den Strukturwandel stellt und klimaverträgliche Innovationen absichert. Der gestaltende Staat schafft den Pionieren des Wandels Freiräume und fördert sie aktiv.«

Energieriesen und die Atomlobby heulten auf und unterstellen den Autoren, eine »Ökodiktatur« errichten zu wollen. Dabei hatte der Beirat keineswegs gefordert, Verzicht zu üben und die Gürtel enger zu schnallen. Er empfahl lediglich, gezielt »die Weichen auf dem Weg in die Kreislaufwirtschaft« zu stellen. Substitution sei in fast allen Fällen möglich, umweltfreundlicher und nachhaltiger. Die Sicherung unseres Wohlstands sei in der wissenschaftlichen Weiterentwicklung zu suchen, nicht in der militärischen Bedrohung der Förderländer vermeintlich unentbehrlicher Rohstoffe.

In der Atomstromdebatte war es die Katastrophe von Fukushima, die ein Umdenken ausgelöst hat. Wahrscheinlich bedarf es erst eines vergleichbaren Großereignisses, um auch in der Rohstofffrage zu neuen Mehrheiten zu gelangen. Diese können aber nur erreicht werden, wenn es zuvor einen öffentlichen Diskussionsprozess gegeben hat, bei dem die Gesellschaft die Wahrheiten über die Rohstoffbegrenzungen akzeptiert und zu erkennen gibt, dass ihr daraus folgende Konsequenzen auch zumutbar sind.

# Anhang

## Anmerkungen

### *Der Kampf um die Rohstoffe*

1 Gang,Yi: International Monetary Fund, in: IMFC Statement by Yi Gang. The International Monetary and Financial Committee statement on behalf of People's Republic of China, 26th Meeting, October 13, 2012, S. 3 f. (http://www.imf.org/External/AM/2012/imfc/statement/eng/chn.pdf, Zugriff am 15.8.2013).

2 Angerer, Gerhard / Erdmann, Lorenz / Marscheider-Weidemann, Frank / Scharp Michael / Lüllmann, Arne / Handke, Volker / Marwede, Max (Hg.): Rohstoffe für Zukunftstechnologien. Einfluss des branchenspezifischen Rohstoffbedarfs in rohstoffintensiven Zukunftstechnologien auf die zukünftige Rohstoffnachfrage. Fraunhofer-Institut für System- und Innovationsforschung, Stuttgart 2009.

3 Erdmann, Lorenz/Behrendt, Siegfried/Feil, Moira: Kritische Rohstoffe für Deutschland. Identifikation aus Sicht deutscher Unternehmen wirtschaftlich bedeutsamer mineralischer Rohstoffe, deren Versorgungslage sich mittel- bis langfristig als kritisch erweisen könnte. Im Auftrag der KfW Bankengruppe, Berlin 2011, S. 96.

4 Riskante Abhängigkeit, in: iwd (Informationen aus dem Institut der deutschen Wirtschaft Köln) 37 (2011) 36.

5 http://www.fona.de/mediathek/forum/2012/beitrag/a2.2_gehring_carmen_01_presentation_forum_2012.pdf, Zugriff am 15.8.2013.

6 Global Policy Forum Europe/MISEREOR/Brot für die Welt (Hg.): Vom Erz zum Auto. Abbaubedingungen und Lieferketten im Rohstoffsektor und die Verantwortung der deutschen Automobilindustrie, Bonn 2012 (http://www.misereor.de/fileadmin/redaktion/Vom_Erz_zum_Auto.pdf, Zugriff am 16.8.2013).

7 Verband der Automobilindustrie: Automobilproduktion (http://www.vda.de/de/zahlen/jahreszahlen/automobilproduktion/, Zugriff am 16.8.2013).

8  DERA: Deutschland. Rohstoffsituation 2011, in: DERA-Rohstoffinformationen 13/2012, S. 22 ff. (http://www.deutsche-rohstoffagentur.
   de/DE/Gemeinsames/Produkte/Downloads/DERA_Rohstoffinfor-
   mationen/rohstoffinformationen-13.pdf;jsessionid=CA38332ACBC
   BEB3186524C91F4631AF1.1_cid284?__blob=publicationFile&v=3,
   Zugriff am 16.8.2013).

9  Angerer, Gerhard u. a.: Rohstoffe.

10 BP Statistical Review of World Energy, Juni 2013, S. 30–43 (http://
   www.bp.com/content/dam/bp/pdf/statistical-review/statistical_re-
   view_of_world_energy_2013.pdf).

11 Ebenda, S. 8 ff.

12 Vgl. DERA: Reserven, Ressourcen und Verfügbarkeit von Energierohstoffen, in: DERA-Rohstoffinformationen 8/2011 (http://www.
   deutsche-rohstoffagentur.de/DE/Themen/Energie/Downloads/
   Energiestudie-Kurzf-2011.pdf?__blob=publicationFile&v=3, Zugriff am 15.8.2013).

13 DERA: Reserven, Ressourcen und Verfügbarkeit von Energierohstoffen, in: DERA-Rohstoffinformationen 15/2012, S. 25 (http://
   www.deutsche-rohstoffagentur.de/DE/Gemeinsames/Produkte/
   Downloads/DERA_Rohstoffinformationen/rohstoffinformatio-
   nen-15.pdf?__blob=publicationFile&v=6, Zugriff am 15.8.2013).

14 Ebenda, S. 10, 66 (Zugriff am 15.8.2013).

15 U.S. Energy Information Administration (EIA): International
   Energy Statistics (http://www.eia.gov/cfapps/ipdbproject/IEDIn-
   dex3.cfm?tid=1&pid=1&aid=4, Zugriff am 16.8.2013).

16 BP Statistical Review of World Energy, Juni 2012 (http://www.
   bp.com/liveassets/bp_internet/globalbp/globalbp_uk_english/
   reports_and_publications/statistical_energy_review_2011/STA-
   GING/local_assets/pdf/statistical_review_of_world_energy_full_
   report_2012.pdf, Zugriff am 15.8.2013).

17 Bundesministerium für Wirtschaft und Technologie (http://www.
   bmwi.de/DE/Themen/Energie/Energietraeger/kohle,did=190804.
   html?view=renderPrint); http://www.lbeg.niedersachsen.de/por-
   tal/live.php?navigation_id=800&article_id=773&_psmand=4;
   http://m.bmwi.de/DE/Themen/energie,did=159668.html, Zugriff
   am 15.8.2013.

18 DERA: Deutschland. Rohstoffsituation 2010, in: DERA-Rohstoff-

informationen 7/2011 (http://www.deutsche rohstoffagentur.de/ DE/Gemeinsames/Produkte/Downloads/DERA_Rohstoffinforma- tionen/rohstoffinformationen-07.pdf?__blob=publicationFile&v=9, Zugriff am 15.8.2013).

19  International Energy Agency (IEA): Coal's share of global energy mix to continue rising, with coal closing in on oil as world's top energy source by 2017, Factsheet vom 18.12.2012 (http://www.iea.org/news- roomandevents/pressreleases/2012/december/name,34441,en.html., Zugriff am 15.8.2013).

20  DERA-Rohstoffinformationen 15/2012, Energiestudie 2012: Reser- ven, Ressourcen und Verfügbarkeit von Energierohstoffen, S. 66.

21  Sprothen, Vera: Ein riesiges Minenloch, in: Die ZEIT vom 8.1.2012 (http://www.zeit.de/2012/02/Australien-Rohstoffe, Zugriff am 15.8.2013).

22  Energy Watch Group: Coal. Resources and Future Production, EWG-Paper vom 10.7.2007 (http://www.solarcarandtractor.com/ Fast_Forward_One_Lifetime_files/Energy%20Watch%20Group. pdf, Zugriff am 15.8.2013).

23  Ebenda, S. 5.

24  DERA: Energiestudie 2012, S. 16.

25  Vgl. Jung, Alexander: Wie lange noch?, in: Der Spiegel 14/2006; Liebrich, Silvia: Fatale Abhängigkeit. Benzin und Diesel werden teurer, weil Öl immer knapper wird, in: Süddeutsche Zeitung vom 23.11.2011 (http://www.aspo.ch/assets/images/dsfeupload/6/ns_61. pdf, Zugriff am 15.8.2013).

26  BP Statistical Review, Juni 2012, S. 13.

27  Jori, Luigi: Beim Erdöl gibt es keine Sicherheiten (http://www.swiss- info.ch vom 13.5.2012, Zugriff am 15.8.2013).

28  China überholt die USA beim Ölverbrauch, in: Neue Zürcher Zei- tung vom 3.10.2011 (http://www.nzz.ch/aktuell/startseite/china-ue- berholt-usa-beim-oelverbrauch-1.12783645, Zugriff am 15.8.2013.)

29  Welt-Energiebericht. IEA fordert »weltweite Energierevolution«, in: Spiegel Online Wissenschaft vom 12.11.2008 (http://www.spiegel. de/wissenschaft/natur/welt-energiebericht-iea-fordert-weltweite- energierevolution-a-590029.html, Zugriff am 15.8.2013).

30  Das billige Erdöl ist verbraucht, in: Le Monde Diplomatique (Hg.): Atlas der Globalisierung, Berlin 2009, S. 78 f.

31  Baltzer, Sebastian/Theurer, Marcus: Der neue Ölrausch in der Nord-
    see, in: Frankfurter Allgemeine Zeitung vom 28.3.2013.

32  Schubert, Christian: Die Welt hat noch für hundert Jahre Öl. FAZ-
    Gespräch mit Christophe de Margerie (Vorstandsvorsitzender von
    Total), in: Frankfurter Allgemeine Zeitung vom 28.2.2012.

33  Hajek, Stefan/Doll, Frank: Das Ende des billigen Öls, in: Han-
    delsblatt vom 28.3.2011 (http://www.handelsblatt.com/finanzen/
    rohstoffe-devisen/rohstoffe/oelaktien-das-ende-des-billigen-
    oels/3995918.html, Zugriff am 16.8.2013).

34  International Energy Agency (IEA): World Energy Outlook 2012
    vom 12.11.2012 (http://www.iea.org/publications/freepublications/
    publication/German.pdf, Zugriff am 16.8.2013).

35  Mattauch, Christine: US-Gasbranche droht bitterer Fracking-Kater,
    in: Manager Magazin Online vom 7.9.2012 (http://www.manager-
    magazin.de/unternehmen/energie/a-784802.html, Zugriff am
    16.8.2013).

36  Vgl. Bauchmüller, Michael: Wachstum der Grenzen, in: Frankfurter
    Allgemeine Zeitung vom 17./18.11.2012.

37  Deepwater Horizon Study Group: Final Report on the Investigation
    of the Macondo Well Blowout vom 1. März 2011 (http://ccrm.berke-
    ley.edu/pdfs_papers/bea_pdfs/DHSGFinalReport-March2011-tag.
    pdf, Zugriff am 16.8.2013).

38  BP greift die amerikanische Regierung an, in: Frankfurter Allge-
    meine Zeitung vom 20.2.2013.

39  Sehr treffend beschreibt Helon Habila die chaotische Situation in
    Nigeria in seinem Buch: Öl auf Wasser, 2. Aufl., Heidelberg 2012.

40  Zoller, Christian: Shell steigert Gewinn und Umsatz, in: Godmode
    Trader. Technische Analyse und Anlagestrategien vom 31.1.2013
    (http://www.godmode-trader.de/nachricht/Shell-steigert-Gewinn-
    und-Umsatz-Royal-Dutch-A7,a3019113.html, Zugriff am 16.8.2013).

41  Shell steckt 20 Milliarden Dollar ins Geschäft, in: Handelsblatt vom
    14.11.2012. (http://www.handelsblatt.com/unternehmen/industrie/
    wegen-wachstumschancen-shell-steckt-20-milliarden-dollar-ins-
    gasgeschaeft/7389434.html, Zugriff am 16.8.2013).

42  Balser, Markus: Grüße aus Sibirien, in: Süddeutsche Zeitung vom
    24./25.11.2012.

43  Voswinkel, Johannes: Der Riese leidet, in: Die ZEIT vom 13.9.2012.

44 U.S. Energy Information Administration (EIA), http://www.eia.gov (Zugriff am 16.8.2013).

45 U.S. Energy Information Administration (EIA): Technically Recoverable Shale Oil and Shale Gas Resources. An Assessment of 137 Shale Formations in 41 Countries Outside the United States, 10.6.2013 (überarb. am 13.6.2013) (http://www.eia.gov/analysis/studies/worldshalegas/, Zugriff am 16.8.2013).

46 Ellsworth, William L.: Injection-Induced Earthquakes, in: Science 341 (2013) 6142.

47 Bojanowski, Axel: Umstrittene Erdgasförderung. Forscher wollen Fracking in Deutschland, in: Spiegel Online Wissenschaft vom 11.3.2013 (http://www.spiegel.de/wissenschaft/technik/umstrittene-erdgas-foerderung-forscher-wollen-fracking-in-deutschland-a-887652.html, Zugriff am 16.8.2013).

48 Mosaddeq Ahmed, Nafeez: Die nächste Blase. Fracking löst das Energieproblem nicht, in: Atlas der Globalisierung, Berlin 2013.

49 Ebenda.

50 Schrader, Christopher: Im Winter durchs Eismeer, in: Süddeutsche Zeitung vom 27.11.2012.

51 Irish Presidency concludes negotiations on the Offshore Safety Directive, in: Archiveeu2013 (http://eu2013.ie/news/news-items/20130 221offshoresafetydirective, Zugriff am 16.8.2013).

52 Shell announces pause in Alaska drilling programme, in: Shell Global. Artikel vom 27.2.2013 (http://www.shell.com/global/aboutshell/media/news-and-media-releases/2013/shell-announces-pause-in-alaska-drilling-programme.html, Zugriff am 16.8.2013).

53 Chazan, Guy: Total warns against oil drilling in Arctic, in: Financial Times vom 25.9.2012.

54 http://www.greenpeace.org/international/en/, Zugriff am 16.8.2013.

55 Energiekonzern warnt vor Ölförderung in der Arktis, in: Süddeutsche Zeitung vom 26.9.2012 (http://www.sueddeutsche.de/wirtschaft/trotz-lukrativer-geschaefte-energiekonzern-warnt-vor-oelfoerderung-in-der-arktis-1.1479210, Zugriff am 16.8.2013).

56 Rohstoffjagd. Russische Konzerne investieren in der Arktis Milliarden, in: Spiegel Online Wirtschaft vom 21.9.2012 (http://www.spiegel.de/wirtschaft/unternehmen/rosneft-und-gazprom-investieren-milliarden-in-der-arktis-a-857205.html, Zugriff am 16.8.2013).

57 Sietz, Henning: Einfach absaugen, in: Frankfurter Allgemeine Zeitung vom 2.10.2012.

58 Umweltverschmutzung. Das gefährliche Erbe der »Exxon Valdez«, in: Spiegel Online Wissenschaft vom 18.1.2010 (http://www.spiegel.de/wissenschaft/natur/umweltverschmutzung-das-gefaehrliche-erbe-der-exxon-valdez-a-672507.html, Zugriff am 16.8.2013). Vgl. auch U.S. Environmental Protection Agency (EPA): The Exxon Valdez oil spill. Press releases and reports (http://www2.epa.gov/aboutepa/exxon-valdez-oil-spill, Zugriff am 16.8.2013); Öl-Katastrophe vor Alaska. US-Gericht reduziert Milliardenstrafe gegen Exxon, in: Spiegel Online Panorama vom 25.6.2008 (http://www.spiegel.de/panorama/justiz/oel-katastrophe-vor-alaska-us-gericht-reduziert-milliardenstrafe-gegen-exxon-a-562112.html, Zugriff am 16.8.2013).

59 Statistisches Bundesamt: Importpreise März 2013. – 2,3 % gegenüber März 2012, Pressemitteilung vom 26.4.2013, Wiesbaden (http://www.destatis.de/DE/PresseService/Presse/Pressemitteilungen/2013/04/PD13_148_614pdf.pdf?__blob=publicationFile, Zugriff am 16.8.2013).

60 U.S. Geological Survey: Mineral Commodity Summaries 2012, Virginia 2012, S. 85 (http://minerals.usgs.gov/minerals/pubs/mcs/2012/mcs2012.pdf, Zugriff am 16.8.2013). In der Quelle wird darauf hingewiesen, dass die Zahlenangaben aus China auf Roherz basiert haben und es deshalb zu den Angaben aus den anderen Staaten, die auf Eisenerz basieren, einen erheblichen Unterschied gibt.

61 World Steel Association: Steel production 2011 (http://www.worldsteel.org/statistics/statistics-archive/2011-steel-production.html, Zugriff am 16.8.2013).

62 (http://www.finanzen.net/charttool/?stTKDaten=1493352.212.333&x=43&y=6, Zugriff am 16.8.2013).

63 Vgl. DERA: Energiestudie 2012.

64 DERA: Kupfer. Rohstoffwirtschaftliche Steckbriefe, in: DERA-Rohstoffinformationen 7/2012 (http://www.deutsche-rohstoffagentur.de/DE/Themen/Min_rohstoffe/Downloads/rohstoffsteckbrief_cu.pdf;jsessionid=DDA3E37AD1332E55C2B91E4B9577C3B6.1_cid284?__blob=publicationFile&v=6, Zugriff am 16.8.2013).

65 Deutsche verfügen über fast 8000 Tonnen Gold, in: Frankfurter Allgemeine Zeitung vom 12.12.2012.

66  Preisanstieg für Platin erwartet, in: Frankfurter Allgemeine Zeitung vom 13.12.2012 (http://www.faz.net/aktuell/finanzen/devisen-rohstoffe/rohstoffe-preisanstieg-fuer-platin-erwartet-11991378.html, Zugriff am 16.8.2013).

67  Liebrich, Silvia: Geld der Pessimisten, in: Süddeutsche Zeitung vom 15.4.2013 (http://www.sueddeutsche.de/wirtschaft/gold-als-kapitalanlage-geld-der-pessimisten-1.1649651, Zugriff am 16.8.2013).

68  Weingartner, Maximilian: Privatanleger vertrauen weiter auf Gold, in: Frankfurter Allgemeine Zeitung vom 16.4.2013, S. 19 (http://www.faz.net/aktuell/finanzen/devisen-rohstoffe/nach-preissturz-privatanleger-vertrauen-weiter-auf-gold-12151449.html, Zugriff am 16.8.2013).

69  Goldpreisrückgang reißt Südafrikas Minen mit, in: Frankfurter Allgemeine Zeitung vom 20.4.2013.

70  Goldpreis bricht ein, in: Handelsblatt Finance Today vom 24.10.2012 (http://kompakt.handelsblatt-service.com/ff/aktuelle_ausgabe.php?ent=145&cd=Hy&order=A&nl=817, Zugriff am 16.8.2013).

71  India's gold import to fall by 25 % in April, in: Business Standard Online vom 15.4.2013 (http://www.business-standard.com/article/pf/india-s-gold-import-to-fall-by-25-in-april-113041500530_1.html, Zugriff am 16.8.2013).

72  Inder profitieren doppelt vom fallenden Goldpreis, in: Frankfurter Allgemeine Zeitung vom 17.4.2013.

73  Reller, Armin: Seltene Metalle gefährden Handy-Erfolgsgeschichte, Universität Augsburg, 9.6.2009 (http://www.idw-online.de/pages/de/news319480, Zugriff am 16.8.2013).

74  Schweizerische Akademie der Technischen Wissenschaften (SATW): Seltene Metalle. Rohstoffe für Zukunftstechnologien (= SATW Schrift Nr. 41), Zürich 2010, S.11 (http://www.satw.ch/publikationen/schriften/SelteneMetalle.pdf, Zugriff am 16.8.2013).

75  ITC: Kritische Rohstoffe für Deutschland, Berlin 2011, S. 60. Die folgenden Daten beziehen sich auf diese Studie.

76  SATW: Seltene Metalle – Rohstoffe für Zukunftstechnologien, Zürich 2011, S. 7 ff.

77  U.S. Geological Survey: Platinum-Group Metals. Platin Mineral Commodity Summaries 2012 (http://minerals.usgs.gov/minerals/pubs/commodity/platinum/mcs-2012-plati.pdf, Zugriff am 16.8.2013).

78  Erdmann, Lorenz u. a.: Kritische Rohstoffe.

79  Yttrium (Y); Samarium (Sm); Europium (Eu); Gadolinium (Gd); Terbium (Tb); Dysprosium (Dy); Holmium (Ho); Erbium (Er); Thulium (Tm); Ytterbium (Yb) und Lutetium (Lu).

80  Die weltweiten Lagerstätten von Indium werden noch auf rund 2400 Tonnen geschätzt. Der jährliche Verbrauch liegt bei 600 Tonnen. Vgl. Neue Zürcher Zeitung vom 7.12.2005.

81  Süddeutsche Zeitung vom 5.7.2012.

82  Bundesverband Informationswirtschaft, Telekommunikation und neue Medien e. V. (BITKOM): Fast 86 Millionen Alt-Handys zu Hause, Presseinformation vom 9.12.2012, Berlin (http://www.bitkom.org/files/documents/bitkom_presseinfo_althandys_09_12_2012.pdf, Zugriff am 16.8.2013).

83  Bundesnetzagentur: Jahresbericht 2011, Berlin 2012, S. 84 (http://www.bundesnetzagentur.de/SharedDocs/Downloads/DE/Allgemeines/Bundesnetzagentur/Publikationen/Berichte/2012/Jahresbericht2011pdf.pdf?__blob=publicationFile&v=2, Zugriff am 16.8.2013).

84  Süddeutsche Zeitung vom 31.7.2012.

85  Bublies, T. / Matthew, A. / Meißner, S. / Oswald, I. / Reller, A. / Staudinger, T.: The Mobile Phone. Powerful Communicator and Potential Metal Dissipator, in: GAIA 18 (2009) 2, S. 127–135, München 2009, S. 129.

86  SATW 2011, S.7.

87  Elsner, Harald: Kritische Versorgungslage mit schweren Seltenen Erden. Entwicklung »Grüner Technologien« gefährdet?, in: Commodity Top News 36 (2011) (http://www.deutsche-rohstoffagentur.de/DE/Gemeinsames/Produkte/Downloads/Commodity_Top_News/Rohstoffwirtschaft/36_kritische-versorgungslage.pdf?__blob=publicationFile&v=4, Zugriff am 16.8.2013).

88  Frankfurter Allgemeine Zeitung vom 5.8.2012.

89  Zajec, Olivier: China. Herr über die seltenen Erden, in: Atlas der Globalisierung – Le Monde diplomatique Nr. 9342 vom 12.11.2010.

90  Sylvester, Brad: Why China, Japan are squaring off in Senkaku. Diaoyu island dispute, in: Examiner.com, Artikel vom 13.12.2012 (http://www.examiner.com/article/why-china-japan-are-squaring-off-senkaku-diaoyu-island-dispute, Zugriff am 16.8.2013).

91  Frankfurter Allgemeine Zeitung vom 14.3.2012.

92  Süddeutsche Zeitung vom 1.2.2012.

93  China setzt auf Schutz der Seltenen Erden, Artikel vom 26.7.2012 (http://german.china.org.cn/business/txt/2012-07/26/content_26025188.htm#China-setzt-auf-Schutz-der-Seltenen-Erden, Zugriff am 16.8.2013).

94  Rohstoffkrise, in: Spiegel Online vom 4.10.2010.

95  China: Exporte der Seltenen Erden werden »ein wenig steigen«, Artikel vom 28.2.2012 (http://german.china.org.cn/business/txt/2012-02/28/content_24753429.htm, Zugriff am 16.8.2013).

96  DERA: Welthandel bei Seltenen Erden eingeschränkt, Pressemitteilung vom 14.3.2012 (http://www.deutsche-rohstoffagentur.de/DE/Gemeinsames/Oeffentlichkeitsarbeit/Pressemitteilungen/BGR/DERA/dera-bgr-120314.html, Zugriff am 16.8.2013).

97  China. Produktion von Seltenen Erden könnte gestoppt werden, Artikel vom 4.8.2011 (http://german.china.org.cn/business/txt/2011-08/04/content_23142048.htm, Zugriff am 16.8.2013).

98  Elsner, Harald: Kritische Versorgungslage, S. 4.

99  Rare Earths and Critical Materials Revitalization Act of 2011 (H.R. 618, eingeführt am 10.2.2011) sowie Research and Development Act: To develop a rare earth materials program, to amend the National Materials and Policy (http://www.govtrack.us/congress/bills/112/hr618, Zugriff am 16.8.2013).

100  Zajec, Olivier: China.

101  Süddeutsche Zeitung vom 8.12.2011.

102  Süddeutsche Zeitung vom 16.7.2012.

103  DERA: Welthandel bei Seltenen Erden eingeschränkt, Pressemitteilung vom 14.3.2012 (http://www.deutsche-rohstoffagentur.de/DE/Gemeinsames/Oeffentlichkeitsarbeit/Pressemitteilungen/BGR/DERA/dera-bgr-120314.html, Zugriff am 16.8.2013).

104  Liedtke, Maren / Elsner, Harald: Seltene Erden, in: Commodity Top News 31 (2009) (http://www.bgr.bund.de/DE/Gemeinsames/Produkte/Downloads/Commodity_Top_News/Rohstoffwirtschaft/31_erden.pdf?__blob=publicationFile&v=2, Zugriff am 16.8.2013).

105  Neue Zürcher Zeitung vom 25.4.2012.

106  Wiedicke, Michael/Kuhn, Thomas/Rühlemann, Carsten u. a.: Marine mineralische Rohstoffe der Tiefsee. Chance und Heraus-

forderung, in: Commodity Top News 40 (2012) (http://www.bgr. bund.de/DE/Gemeinsames/Produkte/Downloads/Commodity_ Top_News/Rohstoffwirtschaft/40_marine-mineralische-rohstoffe-tiefsee.pdf?__blob=publicationFile&v=3, Zugriff am 16.8.2013).

107 Nestler, Franz: Seltene Erden erstmals in Deutschland bestätigt, in: Frankfurter Allgemeine Zeitung vom 31.1.2013 (http://www. faz.net/aktuell/wirtschaft/rohstoffe-seltene-erden-erstmals-in-deutschland-bestaetigt-12046040.html, Zugriff am 16.8.2013); Karabasz, Ina: Seltene Erden. Der Schatz im sächsischen Feld, in: Wirtschaftswoche vom 10.4.2012 (http://www.wiwo.de/tech-nologie/forschung/seltene-erden-der-schatz-im-saechsischen-feld/6492904.html, Zugriff am 16.8.2013).

108 U.S. Geological Survey: Indium, Mineral Commodity Summaries 2010, Virginia 2010, S. 75 (http://minerals.usgs.gov/minerals/pubs/ commodity/indium/mcs-2010-indiu.pdf, Zugriff am 16.8.2013); Goonan, Thomas G.: Materials Flow of Indium in the United States in 2008 and 2009, Virginia 2012 (http://pubs.usgs.gov/circ/1377/ pdf/Circ1377_508.pdf, Zugriff am 16.8.2013).

109 Vgl. auch Christen, Markus: Die stofflichen Grenzen des Wachs-tums, in: Neue Zürcher Zeitung vom 7.12.2005.

110 Ebenda.

111 (http://www.getreide.org/, Zugriff am 16.8.2013).

112 Food and Agriculture Organization of the United Nations (FAOS-TAT): Statistik, Unterseite: Produktion (http://faostat.fao.org/, Zu-griff am 12.1.2013).

113 Die Welternährungsorganisation will den Hunger ganz ausrot-ten (Interview mit José Graziano da Silva vom 21.1.2013), in: Ba-dische Zeitung (http://www.badische-zeitung.de/wirtschaft-3/ die-welternaehrungsorganisation-will-den-hunger-ganz-ausrot-ten-68389812.html, Zugriff am 16.8.2013).

114 Der Getreidemarkt unter Stress. Überschwemmungen in Russland, in: Frankfurter Allgemeine Zeitung vom 16.7.2012, 163/2012.

115 Argentinien. Soja-Anbau gefährdet Indigene, in: Entwick-lungspolitik Online vom 30.8.2012 (http://www.epo.de/index. php?option=com_content&view=article&id=8715:argentinien-soja-anbau-gefaehrdet-indigene&catid=29&Itemid=71, Zugriff am 16.8.2013).

116 Vgl. Qaim, M./Traxler, G.: Roundup ready Soybeans in Argentina. Farm level and aggregate welfare effects, in: Agricultural Economics 32 (2005), S. 73–86, S. 74f.

117 Aumenta la superficie sembrada de soja en Argentina, in: AGRO-Noticias América Latina y el Caribe vom 5.10.2012 (http:// www.fao. org/agronoticias/agro-noticias/detalle/es/?dyna_fef[uid]=161730, Zugriff am 16.8.2013).

118 Leonhard, Ralf: Aufstand im argentinischen Dschungel, in: Lateinamerika anders. Österreichs Zeitschrift für Lateinamerika 4/2005, S. 13f. (http://www.lateinamerika-anders.org/LA2005Nr4. html#LinkC, Zugriff am 16.8.2013).

119 Grossarth, Jan: Agrarhandel. Deutschland stärkt seine Stellung, in: Frankfurter Allgemeine Zeitung vom 27.11.2012 (http:// www.faz. net/aktuell/wirtschaft/agrarhandel-deutschland-staerkt-seine-stel-lung-11973822.html, Zugriff am 16.8.2013).

120 Bundesministerium für Ernährung, Landwirtschaft und Verbraucherschutz (BMELV): Agrarexport setzt Wachstumskurs fort, Pressemitteilung Nr. 373 vom 5.12.2012 (https://www.bmelv.de/ SharedDocs/Pressemitteilungen/2012/373-MUE-Agrarexporte. html, Zugriff am 16.8.2013).

121 73 % der EU-Agrarimporte stammen aus Entwicklungsländern, in: Die deutschen Bauern (http://www.die-deutschen-bauern.de/73-prozent-eu-agrarimporte-stammen-entwicklungslaendern, Zugriff am 16.8.2013).

122 Grossarth, Jan: Agrarhandel.

123 Oxfam International: Double-Edged Prices. Lessons from the food price crisis. 10 actions developing countries should take (Oxfam Briefing Paper, Oktober 2008), Oxford 2008, S. 13 (http://www. oxfam.org/sites/www.oxfam.org/files/bp121-double-edged-prices-lessons-from-food-price-crisis-0810.pdf, Zugriff am 16.8.2013).

124 Food and Agriculture Organization of the United Nations (FAO-STAT): The 2007–2008 food price swing. Impact and Policies in Eastern and Southern Africa (Commodities and trade technical paper 12 (2009), Rom 2009, Tabelle S. 11 (ftp://ftp.fao.org/docrep/ fao/012/i0984e/i0984e00.pdf, Zugriff am 16.8.2013).

125 Staritz, Cornelia: Rohstoffpreise und Finanzmärkte, in: Forum Fairer Handel (Hg.): Rohstoffmärkte unter Preisdruck. Volatile Roh-

stoffpreise, Finanzmärkte und Auswirkungen auf ProduzentInnen des Fairen Handels anhand der Beispiele Kaffee und Weizen, Wien 2012, S. 7–20.

126 Agriculture. The next green revolution, in: The Economist vom 21.2.2008 (http://www.economist.com/node/10727808, Zugriff am 16.8.2013).

127 Ebenda.

128 Continuing the Green Revolution. The corporate assault on the security of the global food supply, in: The Thistle 13 (2001) 4 (http://www.mit.edu/~thistle/v13/4/food.html, Zugriff am 16.8.2013).

129 Quaile-Kersken, Irene: Armutsbekämpfung. In den Tank oder auf den Teller?, in: Deutsche Welle vom 16.8.2012 (http://www.dw.de/in-den-tank-oder-auf-den-teller/a-15469376, Zugriff am 16.8.2013).

130 Kerr, Richard A.: Experts agree global warming is melting the world rapidly, in: Science 338 (2012) 6111, S. 1182.

131 Berger, Roland: Megatrend. Ressourcenknappheit. Wasser, in: Trend Compendium 2030, München 2012. (http://www.rolandberger.de/expertise/trend_compendium_2030/scarcity_of_resources.html, Zugriff am 16.8.2013).

132 Handelsblatt vom 11.8.2010.

133 Report of the United Nations Water Conference (Mar del Plata, 14.–25. März 1977), Teil 1, Kapitel 1, New York 1977.

134 Möller, Lutz / Gardizi, Farid: Weltwasserbericht 2012. März 2012 (http://www.unesco.de/weltwasserbericht4_kernaussagen.html, Zugriff am 16.8.2013).

135 WHO/UNICEF: JMP report, March 2012.

136 Vgl. Tvedt, Terje: Wasser. Eine Reise in die Zukunft, Berlin 2013.

137 Welthungerhilfe, Heft Nr. 21, Bonn 2011.

138 Água. Paços de Ferreira é o município que mais paga, in: TSF vom 26.9.2012 (http://www.tsf.pt/PaginaInicial/Economia/Interior.aspx?content_id=2791819, Zugriff am 16.8.2013).

139 Water and sanitation are a human right! (http://www.right2water.eu, Zugriff am 16.8.2013). Stand: 1 692 Mio. am 27.7.2013.

140 Europäische Kommission: Die Rohstoffinitiative – Sicherung der Versorgung Europas mit den für Wachstum und Beschäftigung notwendigen Gütern, Brüssel 2008.

141 Zu ihnen gehören: Bayer BASF Arubis, BMW, Chemetall, Daim-
ler, Evonik Industries, Georgsmarienhütte Holding, Bosch, Stahl-
Holding Saar, ThyssenKrupp und Wacker Chemie. IHK-Magazin
Wirtschaft für München und Oberbayern 6/2012.

142 Liebrich, Silvia: Nachschub muss her, in: Süddeutsche Zeitung vom
18.12.2012.

143 Bundesministerium für Wirtschaft und Technologie: Rohstoffstrategie der Bundesregierung. Sicherung einer nachhaltigen Rohstoffversorgung Deutschlands mit nicht-energetischen mineralischen
Rohstoffen, Berlin 2010 (http://www.bmwi.de/Dateien/BMWi/
PDF/rohstoffstrategie-der-bundesregierung, Zugriff am 16.8.2013).

144 Vince, Gaia: An epoch debate, in: Science 334 (2011) 6052,
S. 32 – 37. (http://www.sciencemag.org/content/334/6052/32, Zugriff am 16.8.2013).

### Die neuen Player an den Rohstoffmärkten: BRICS

1 Bröll, Claudia: Die Brics-Staaten rücken näher zusammen, in: Neue
Zürcher Zeitung vom 28.3.2013 (http://www.nzz.ch/aktuell/wirt-
schaft/wirtschaftsnachrichten/die-brics-staaten-ruecken-naeher-
zusammen-1.18054810, Zugriff am 16.8.2013).

2 China stärkt die Rolle des Renminbi im Handel, in: FAZ vom
27.3.2013.

3 IIW, 2012/1, S. 18 f.

4 BRIC-Staaten. Deutsche Exporte in Schwellenländer vervielfacht,
in: Manager Magazin Online vom 29.8.2012 (http://www.manager-
magazin.de/politik/artikel/a-852688.html, Zugriff am 16.8.2013).

5 IIW, 2012/2, S. 11, 35

6 Zydra, Markus: Ran an die Reserven. Wie die Schwellenländer
gegen den Währungsverfall kämpfen, in: Süddeutsche Zeitung
27.8.2013 (Zugriff am 27.8.2013).

7 Brasilien stemmt sich gegen Abwertung, in: Frankfurter Allgemeine Zeitung, 24.8.2013

8 Neue Zürcher Zeitung vom 15.9.2010.

9 Leahy, Joe: Brazil: Humbled heavyweight, in: The Financial Times
Online vom 25.3.2013 (http://www.ft.com/cms/s/0/7c9af0e4-8fc2-
11e2-9239-00144feabdc0.html, Zugriff am 16.8.2013).

10 Romero, Simon: Petrobras, once symbol of brazil's oil hopes, strives to regain lost swagger, in: The New York Times vom 12.3.2013.

11 Döhne, Oliver: Brasilien erschließt seine mineralischen Rohstoffe, in: Germany Trade and Invest (GTAI) vom 8.3.2013 (http://www.gtai.de/GTAI/Navigation/DE/Trade/maerkte,did=775156.html, Zugriff am 16.8.2013).

12 Sinkender Zuckerpreis macht Ethanol in Brasilien lukrativer. Mehrheit der Investoren wettet auf fallende Preise, in: Frankfurter Allgemeine Zeitung vom 2.3.2012.

13 Burghardt, Peter: Der Rausch ist vorbei, in: Süddeutsche Zeitung vom 29.10.2012.

14 Vgl. Döhne, Oliver: Lohn- und Lohnnebenkosten. Brasilien, in: Germany Trade and Invest (GTAI) vom 18.12.2012 (http://www.gtai.de/GTAI/Navigation/DE/Trade/maerkte,did=729760.html, Zugriff am 17.8.2013).

15 Nienhuysen, Frank: Projekt Aufbruch, in: Süddeutsche Zeitung vom 8.4.2013.

16 Bilger, Oliver: Starke Zahlen überdecken marode Basis, in: Handelsblatt vom 2.3.2012.

17 Vgl. Hones, Bernd: GTAI Wirtschaftstrends Jahreswechsel 2012/13 – Russland 12/2012, in: (https://www.gtai.de/GTAI/Navigation/DE/Trade/maerkte,did=738706.html, Zugriff am 19.8.2013).

18 http://www.zeit.de/wirtschaft/2013-03/russland-zypern-einlagen-unternehmen, Zugriff am 19.8.2013; http://russland-heute.de/in_brief/2013/04/06/putin_grossanleger_auf_zypern_sind_keine_gauner_22903.html, Zugriff am 19.8.2013; http://russland-heute.de/in_brief/2013/06/09/zypern_verspricht_russen_entschaedigung_fuer_banken-zwangsabgabe_24233.html, Zugriff am 19.8.2013.

19 The World Bank: Doing Business. Measuring Business Regulations (http://www.doingbusiness.org/rankings, Zugriff am 19.8.2013).

20 Germany Trade and Invest (GTAI): Russland in Zahlen. Aktuelle Wirtschaftsdaten für die Russische Föderation, Moskau 2013 (http://russland.ahk.de/fileadmin/ahk_russland/2013/Publikationen/Russland-in-Zahlen/Russland_Zahlen_13-1_web.pdf, Zugriff am 19.8.2013).

21 Nienhuysen, Frank: Wladimir, der Weltherrscher, in: Süddeutsche Zeitung vom 20./21.10.2012.

22 Vgl. Zim Lucas-Miningscout: Indien: Das Problem mit dem Eisen-erz; http://www.miningscout.de/blog/2012/08/15/indien-das-prob-lem-mit-dem-eisenerz/ (Zugriff am 23.8.2013).

23 India's Economy in the slow Lane, Editorials for the Times, in: The New York Times international weekly vom 15.2.2013.

24 Pasvantis, Katrin: Wirtschaft verliert an Tempo. Schwerpunkt: In-dien, in: Germany Trade and Invest (GTAI): Länder. Märkte. Chan-cen. Online News, Ausgabe Nr. 10 vom 31.5.2012. (https://www.gtai.de/GTAI/Navigation/DE/Trade/Service/newsletter,did=552030.htm l?view=renderNewsletterSingleView&newsletterId=552022&chann el=red_gtai_onlinenews, Zugriff am 19.8.2013).

25 Vgl. Pasvantis, Katrin: Wirtschaftstrends Jahreswechsel 2012/13 – Indien, in: Germany Trade and Invest (GTAI) vom 2.12.2012 (https://www.gtai.de/GTAI/Navigation/DE/Trade/maerkte,did=726408.html, Zugriff am 19.8.2013).

26 Friedman, Lisa: India's plans for coal-fired power plants, in: Clima-teWire vom 17.9.2012 (http://www.eenews.net/stories/1059970017, Zugriff am 19.8.2013).

27 http://de.statista.com/statistik/daten/studie/14560/umfrage/wachs-tum-des-bruttoinlandsprodukts-in-china/ (Zugriff 23.8.2013).

28 Rabinovitch, Simon: China to boost foreign access to markets, in: Fi-nancial Times Online vom 11.11.2012 (http://www.ft.com/intl/cms/s/0/8122e384-2c1b-11e2-a91d-00144feabdc0.html#axzz2FsKBBLx4, Zugriff am 19.8.2013).

29 Heinritz, Ingrid: Eisenerz-Fresser China, 21.11.2012; http://www.mi-ningscout.de/kolumnen/2012/11/21/eisenerz-fresser-china/ (Zugriff 25.8.2013).

30 Russland liefert Erdgas nach China. Erste Auslandsreise des neuen chinesischen Staatschefs, in: Frankfurter Allgemeine Zeitung vom 25.3.2013.

31 CNOOC übernimmt Nexen, in: CRI online vom 26.2.2013 (http://ger-man.cri.cn/1565/2013/02/26/1s192115.htm, Zugriff am 19.8.2013).

32 Vgl. hierzu: Amerika in Angst vor der China-Invasion, http://www.manager-magazin.de/politik/weltwirtschaft/a-834236-3.html (Zu-griff 24.8.2013).

33 Gärtner, Markus: Größter Energiedeal des Jahres wird zum Poli-tikum, in: Manager Magazin Online vom 18.9.2012 (http://www.

manager-magazin.de/politik/weltwirtschaft/a-856164.html, Zugriff am 19.8.2013).

34 Chinesen kaufen Ölfirma für 15 Milliarden Dollar, in: Manager Magazin Online vom 23.7.2012 (http://www.manager-magazin.de/ unternehmen/energie/a-845933.html, Zugriff am 19.8.2013).

35 Vgl. Davis, Steve; Woetzel, Jonathan: Making the most of Chinese aid to Africa, McKinsey Quarterly 2010, S.3 ff. http://www.mckinsey. com/insights/public_sector/making_the_most_of_chinese_aid_to_ africa (Zugriff 24.8.2013).

36 Vgl. Duanyong, Wang: China's Overseas Foreign District Investment Risk (Occaxional Paper No. 73, Januar 2011 (South African Institute of International Affairs), Johannesburg 2011, S. 8 ff., S. 19 f.

37 Peng, Mike W.: From China strategy to global strategy, in: Asia Pacific Journal of Management (2005) 22, S. 123 – 141, Dordrecht 2005, S. 124.

38 Geinitz, Christian: China will größter Autoexporteur der Welt werden, in: Frankfurter Allgemeine Zeitung vom 24.10.2012.

39 Hefele, Peter / Dittrich, Andreas: Die Mittelschicht in China. Triebkraft eines demokratischen Wandels oder Garant des Status quo?, in: Konrad-Adenauer-Stiftung e.V. (Hg.): Auslandsinformationen (2011) 12.

40 Commodity prices. Downhill cycling, in: The Economist vom 28.7.2012 (http://www.economist.com/node/21559647, Zugriff am 19.8.2013).

41 Friedman, India's plans.

42 Handelsblatt vom 9.2.2010.

43 BP: Statistical Review of World Energy June 2012, S. 30 – 32.

44 Bünder, Helmut/Welter, Patrick: Amerika straft chinesische Solarbranche, in: Frankfurter Allgemeine Zeitung vom 31.3.2012.

45 Thompson, Mark: EU slaps tariffs on Chinese solar panels, in: CNN Money vom 4.6.2013 (http://money.cnn.com/2013/06/04/news/economy/europe-china-solar/index.html, Zugriff am 19.8.2013).

46 Helble, Yvonne: Handelsstreit EU-China. EU und China schaden sich selber, in: Neue Zürcher Zeitung vom 6.6.2013.

47 Rosenthal, Elisabeth: China Joins Race for Arctic Wealth, in: The New York Times International Weekly vom 1.10.2012.

48 South Africa's seam of discontent, in: Financial Times vom 20.8.2012;

England, Andrew: South African miners defiant over demands, in: Financial Times vom 22.8.2012 (http://www.ft.com/intl/cms/s/0/72cb0f7c-ec7f-11e1-8e4a-00144feab49a.html#axzz2cQWjaScX, Zugriff am 19.8.2013).

49 Luca, Tim: Eisenerz. Südafrika schlägt Indien in China, in: Wallstreet Online vom 23.1.2013 (http://www.wallstreet-online.de/nachricht/5084406-rohstoffe-eisenerz-suedafrika-schlaegt-indien-china, Zugriff am 19.8.2013).

50 Heiko Stumpf: In Südafrika sollen Rohstoffe besser genutzt werden, in: Germany Trade and Invest (GTAI) online vom 30.11.2012 (http://www.gtai.de/GTAI/Navigation/DE/Trade/maerkte,did=719412.html, Zugriff am 19.8.2013).

51 Bröll, Claudia: Arbeitskämpfe in Südafrika. Streiks in Südafrika beeinflussen Gold und Platin, in: Frankfurter Allgemeine Zeitung vom 4.10.2012.

52 Scheen, Thomas: Der Weltpolitiker, in: Frankfurter Allgemeine Zeitung vom 27.3.2013.

53 Dieterich, Johannes: Südafrika baut neue Kohlekraftwerke, in: Badische Zeitung Online vom 29.11.2011 (http://www.badische-zeitung.de/ausland-1/suedafrika-baut-neue-kohlekraftwerke--52537737.html, Zugriff am 19.8.2013).

54 ITC: Kritische Rohstoffe für Deutschland, Berlin 2011, S. 29 ff.

55 DERA-Rohstoffliste 2012. Angebotskonzentration bei Metallen und Industriemineralen. Potenzielle Preis- und Lieferrisiken (DERA-Rohstoffinformationen 10), Hannover 2012 (http://www.bgr.bund.de/DE/Gemeinsames/Produkte/Downloads/DERA_Rohstoffinformationen/rohstoffinformationen-10.pdf?__blob=publicationFile&v=6, Zugriff am 19.8.2013).

56 European Commission: Tackling the challenges in commodity markets and on raw materials (communication from the commission to the European parliament, the council, the European economic and social committee and the committee of the regions, Brüssel 2011, S. 12 (http://eur-lex.europa.eu/LexUriServ/LexUriServ.do?uri=COM:2011:0025:FIN:en:PDF, Zugriff am 19.8.2013).

57 ITC: Kritische Rohstoffe für Deutschland, Berlin 2011, S 12 ff.

58 Seidler, Christoph: Deutschlands verborgene Rohstoffe. Geo-Experten fordern Bohr-Offensive, in: Spiegel Online Wissenschaft vom

27.8.2012 (http://www.spiegel.de/wissenschaft/natur/rohstoffe-geo-experten-fordern-bohr-offensive-in-deutschland-a-847743.html, Zugriff am 20.8.2013).

## Neue Wege der Rohstoffgewinnung

1 Sürig, Dieter: Odyssee im Weltraum, in: Süddeutsche Zeitung vom 26.4.2012 und www.planetaryresources.com (Zugriff am 20.8.2013).

2 Beyerle, Hubert: Heikle Rohstoffsuche auf dem Meeresgrund, in: Financial Times Deutschland vom 19.11.2011 (http://www.ftd.de/finanzen/alternativen/:schaetze-der-see-heikle-rohstoffsuche-auf-dem-meeresgrund/60129684.html, Zugriff am 20.8.2013).

3 Trösch, Thomas: Zukunft der Rohstoffe. Schürfen im Extremen, in: Handelsblatt vom 24.4.2012 (http://www.handelsblatt.com/techno-logie/forschung-medizin/forschung-innovation/zukunft-der-roh-stoffe-schuerfen-im-extremen/6547870.html, Zugriff am 20.8.2013).

4 Koch, Moritz: Im Rausch der Tiefe, in: Süddeutsche Zeitung vom 28.8.2012 und http://ramumine.wordpress.com (Zugriff am 20.8.2013).

5 (http://www.petrobras.com.br/pt/energia-e-tecnologia/fontes-de-energia/petroleo/presal/, Zugriff am 20.8.2013).

6 Häfliger, Markus: Goldminen in Südafrika. In immer tiefere Tie-fen, in: Neue Zürcher Zeitung vom 22.5.2012 (http://www.nzz.ch/aktuell/wirtschaft/uebersicht/in-immer-tiefere-tiefen-1.16991705, Zugriff am 20.8.2013).

7 Yassin Musharbash; Hasnain Kazim: US-Mineralienfunde. Afgha-nistan hofft auf Rohstoff-Boom 14.6.2010; http://www.spiegel.de/politik/ausland/us-mineralienfunde-afghanistan-hofft-auf-rohstoff-boom-a-700590.html (Zugriff am 24.8.2013).

8 Loktjuschin, Ilja: Neue Rohstoffe aus dem Permafrostboden, in: Russland heute vom 20.9.2012 (http://russland-heute.de/artic-les/2012/09/20/neue_rohstoffe_aus_dem_permafrostboden_16601.html, Zugriff am 20.8.2013).

9 Schrader, Christopher: Arktis schmilzt im Rekordtempo, in: Süd-deutsche Zeitung vom 19.9.2012 (http://www.sueddeutsche.de/wissen/klimawandel-arktis-schmilzt-im-rekordtempo-1.1471854, Zugriff am 20.8.2013).

10  Elsner, Harald: Das mineralische Rohstoffpotenzial der nordeuropäischen Arktis, in: DERA-Rohstoffinformationen, Hannover 2012.

11  Ders.: Das mineralische Rohstoffpotenzial Grönlands, in: DERA-Rohstoffinformationen, Hannover 2010 (http://www.deutsche-rohstoffagentur.de/DE/Gemeinsames/Produkte/Downloads/DERA_Rohstoffinformationen/rohstoffinformationen-01.pdf?__blob=publicationFile&v=9, Zugriff am 20.8.2013).

12  Litowkin, Dimitrij: Mit Nickel und Nahrung durchs arktische Eis, in: Russland heute vom 10.10.2012.

13  Oldag, Andreas: Öl-Monopoly, in: Süddeutsche Zeitung vom 14.3.2012.

14  Klimpel, Annett: Eisige Rohstoffe. Im Boden der Antarktis gibt es riesige Vorkommen von Gold, Öl und Uran, in: Die Welt vom 8.8.2012 (http://www.welt.de/print/die_welt/wissen/article108520622/Eisige-Rohstoffe.html, Zugriff am 20.8.2013).

15  Calonego, Bernadette: Träume von einem unbekannten Land, in: Süddeutsche Zeitung vom 12.9.2012.

16  Hein, Christoph: Bergbau. Der Lockruf des Erzes, in: Frankfurter Allgemeine Zeitung vom 13.1.2012.

17  Neue Zürcher Zeitung vom 30.1.2012.

18  Kohler, Urs-Bonifaz: Das Rohstoff-Halali. Die neue Jagd nach alten und neuen Rohstoffen, in: Lunapark 21. Zeitschrift zur Kritik der globalen Ökonomie, Heft 18, Michendorf 2012, S. 44 – 47 ff.

19  Manager Magazin vom 7.7.2011.

20  Kohler, Rohstoff-Halali; (http://www.lynascorp.com/Pages/home.aspx, Zugriff am 20.8.2013).

21  Pohl, Günter: Die Industrialisierung der Anderen. Ressourcenreichtum in Südamerika, in: Lunapark 21, Michendorf 2012, S. 50 f.

22  Ziegler, Jean: Nahrungsmittelspekulation ist ein Verbrechen gegen die Menschlichkeit, in: Süddeutsche Zeitung vom 21.9.2012 (http://www.sueddeutsche.de/wirtschaft/jean-ziegler-im-gespraech-nahrungsmittelspekulation-ist-ein-verbrechen-gegen-die-menschlichkeit-1.1469878, Zugriff am 20.8.2013).

23  Grain: Pension Funds. Key Players in the global Farmland Grap, Artikel vom 20.6.2011 (http://www.grain.org/article/entries/4287-pension-funds-key-players-in-the-global-farmland-grab, Zugriff am 20.8.2013).

24 Spritpflanzen. Ein Gespräch mit Hartmut Michel über Zukunfts-
aussichten von Biosprit, in: Frankfurter Allgemeine Zeitung vom
7.7.2012, 156/2012.

25 Nationale Akademie der Wissenschaften Leopoldina (Hg.): Bioenergie. Möglichkeiten und Grenzen. Empfehlungen, Halle (Saale) 2012.

26 Holt-Giménez, Eric: Sprit vom Acker. Fünf Mythen vom Übergang zu Biokraftstoffen, in: Le Monde diplomatique Nr. 8294 vom
8.6.2007 (http://www.monde-diplomatique.de/pm/.dossier/hunger_
artikel.id,20070608a0043, Zugriff am 20.8.2013).

27 Umfrage zu E10. Mehrheit für die Abschaffung von Biosprit, in:
Spiegel Online vom 24.8.2012 (http://www.spiegel.de/auto/aktu-
ell/umfrage-zu-e10-mehrheit-fuer-die-abschaffung-von-biosprit-
a-851918.html, Zugriff am 20.8.2013).

28 Vgl. hierzu die Forschungsansätze des IFEU Institut Heidelberg über
nachhaltige Biomasse, http://www.ifeu.de/index.php?bereich=nac&
seite=nachhaltige_biomasse (Zugriff am 24.8.2013).

29 Liberti, Stefano: Landraub. Reisen ins Reich des neuen Kolonialismus, Berlin 2011.

30 Pelazas, Myriam: United Colors in Patagonien. Die Machenschaf-
ten des Bekleidungsmultis Benetton im argentinischen Süden, in:
Lateinamerikanachrichten, Ausgabe 356, Berlin 2004; Online Dok.
http://www.lateinamerikanachrichten.de/?/artikel/220.html (Zugriff
am 23.8.2013).

31 Erklärung von Bern (EvB): 2006 Firmenbewertung Benetton
vom 23.2.2006 (http://www.evb.ch/p25010739.html, Zugriff am
20.8.2013); Lateinamerikanachrichten, Ausgabe 356, Berlin 2004.

32 New York Times (spanische Ausgabe), in: El País vom 5.4.2012.

33 Welthungerhilfe (Hg.): Land Grabbing. Den Armen wird der Boden
unter den Füßen weggezogen, Brennpunkt Nr. 8, Bonn 2009.

34 Welthungerhilfe (Hg.): Wasser – reichlich vorhanden und doch so
knapp?, Brennpunkt Wasser Nr. 21, Bonn 2011.

35 Anseeuw, Ward u. a.: Transnational Land Deals for Agriculture in
the Global South. Analytical Report based on the Land Matrix Database, Bern / Montpellier/Hamburg 2012; (http://landmatrix.org/,
Zugriff am 20.8.2013).

36 Pearce, Fred: Land Grabbing. Der globale Kampf um Grund und
Boden, München 2012.

37  Leonhard, Ralf: Landraub. Die Jagd nach Land, in: Südwind. Magazin für internationale Politik, Kultur und Entwicklung, 4/2011, S. 27 f.

38  Seidler, Christoph: Deutschlands verborgene Rohstoffe. Kupfer, Gold und Seltene Erden, München 2012.

39  Kloepfer, Inge: Wie der Müllkonzern Alba Milliarden macht, in: Frankfurter Allgemeine Zeitung vom 4.11.2012.

40  Oekom e.V. – Verein für ökologische Kommunikation (Hg.): Rohstoffquelle Abfall. Wie aus Müll Produkte von morgen werden, München 2012.

41  Kunze, Anne: Der verlorene Schatz, in: Die ZEIT vom 10.5.2012; Dies.: Rohstoffe. Der verlorene Schatz, in: Die ZEIT Online vom 11.5.2013 (http://www.zeit.de/2012/20/Rohstoffe-Recycling/seite-3, Zugriff am 20.8.2013).

42  Höges, Clemens: Elektroschrott-Export. »Eure Computer vergiften unsere Kinder«, in: Spiegel Online Panorama vom 6.12.2009 (http://www.spiegel.de/panorama/gesellschaft/elektroschrott-export-eure-computer-vergiften-unsere-kinder-a-665030.html, Zugriff am 20.8.2013).

43  Strengere Elektroschrott-Auflagen. Händler müssen 45 % der Geräte zurücknehmen, in: Frankfurter Allgemeine Zeitung vom 23.12.2012.

44  Wick, Hanna: Die Minen der Zukunft. Neue Weltkarten zeigen den Bestand von Kupfer, Aluminium, Eisen und Zink im Gebrauch, in: Neue Zürcher Zeitung vom 28.10.2009 (http://www.nzz.ch/aktuell/startseite/die-minen-der-zukunft-1.3933851, Zugriff am 20.8.2013); Rauch, Jason N.: Global mapping of Al, Cu, Fe, and Zn in-use stocks and in-ground resources, in: Proceedings of the National Academy of Sciences of the United States of America (PNAS), 106 (2009) 45, S. 18920–18925.

45  Frankfurter Allgemeine Zeitung vom 23.12.2011.

46  Gordon, R. B. / Bertram, M. / Graedel, T.E.: Metal stocks and sustainability, in: Proceedings of the National Academy of Sciences of the United States of America (PNAS), 103 (2006) 5, S. 1209–1214 (http://www.pnas.org/content/103/5/1209.full, Zugriff am 20.8.2013). So auch Jung, Alexander: Urban Treasure from the Trash. »Urban Mining« Could Reduce Reliance on Metal Imports, in: Spiegel Online International vom 15.6.2011 (http://www.spiegel.de/international/

business/treasure-from-the-trash-urban-mining-could-reduce-re-
liance-on-metal-imports-a-767178.html, Zugriff am 20.8.2013).

47 http://www.uni-giessen.de/cms/fbz/fb09/institute/ilr/abfall-und-
ressourcenmanagement, Zugriff am 20.8.2013.

## Die Hauptförderer der Rohstoffe

1 Vgl. http://www.finanzen.net/bilanz_guv/BHP_Billiton_3 (Zugriff
am 21.8.2013).

2 Oldag, Andreas: Kühle Abrechnung, in: Süddeutsche Zeitung vom
18.8.2010.

3 Rio Tinto results for the year ended 31. December 2012, London 14
February 2013 (http://www.finanzen.net/bilanz_guv/Rio_Tinto_3,
Zugriff am 21.8.2013).

4 Bergbau trotz Chinas Abschwung, in: Frankfurter Allgemeine Zeitung vom 19.1.2012.

5 UPDATE 2-Rio Tinto expects Mongolia nod for cooper exports soon,
in: Reuters Edition U.S. vom 9.5.2013 (http://www.reuters.com/ar-
ticle/2013/05/09/riotinto-copper-idUSL3N0DQ0OY20130509, Zugriff am 21.8.2013).

6 Nestler, Franz: Rohstoffunternehmen. Minenaktien in der Talsohle,
in: Frankfurter Allgemeine Zeitung vom 9.11.2012 (http://www.faz.
net/aktuell/finanzen/aktien/rohstoffunternehmen-minenaktien-in-
der-talsohle-11954908.html, Zugriff am 21.8.2013).

7 Jungclaussen, John F.: Die heimlichen Herrscher. Wie der anglo-
australische Großkonzern Rio Tinto die globalen Rohstoffpreise
bestimmt, in: Die ZEIT Online vom 31.1.2012 (http://www.zeit.
de/2012/05/Konzern-Rio-Tinto, Zugriff am 21.8.2013).

8 http://www.riotintoironore.com/ENG/operations/301_pilbara.asp,
Zugriff am 21.8.2013.

9 Palm, Regine/Busch, Alexander: Rohstoffförderung. Milliarden für
den Minenausbau, in: Handelsblatt vom 2.12.2010 (http://www.
handelsblatt.com/unternehmen/industrie/rohstofffoerderung-milli-
arden-fuer-den-minenausbau/3653746.html, Zugriff am 21.8.2013);
Gewinneinbruch. BHP Billiton stoppt Mega-Investitionen, in: Spiegel Online Wirtschaft vom 22.8.2012 (http://www.spiegel.de/wirt-
schaft/unternehmen/, Zugriff am 21.8.2013).

10 Bergbaukonzerne spüren die Abkühlung in China. Minensteuer in Australien/Ausbaupläne für mehrere Milliarden Dollar werden überprüft, in: Frankfurter Allgemeine Zeitung vom 21.3.2012.

11 Hein, Christoph: Die großen Rohstoffkonzerne rudern zurück, in: Frankfurter Allgemeine Zeitung vom 21.5.2012.

12 Australiens starkes Trio weist den Weg. Aktien von BHP Billiton, Rio Tinto und Fortescue Metals gelten als Hafen für Anleger, in: Frankfurter Allgemeine Zeitung vom 18.1.2013; Hein, Christoph: Der bange Blick nach Asien, in: Frankfurter Allgemeine Zeitung vom 18.1.2013; ders.: BHP Billiton unter neuer Führung, in: Frankfurter Allgemeine Zeitung vom 21.2.2013.

13 Global 500. Full List vom 23.7.2012, in: CNN Money vom 25.7.2012 (http://money.cnn.com/magazines/fortune/global500/2011/full_list/, Zugriff am 21.8.2013).

14 Top 150 Non-Publicly listed companies, in: Financial Times vom 14.12.2006 (http://www.ft.com/intl/cms/s/2/5de6ef96-8b95-11db-a61f-0000779e2340.html#axzz2Gd6CBBIG, Zugriff am 21.8.2013).

15 Ölriese. Rosneft schließt Übernahme von TNK-BP ab, in: Handelsblatt vom 21.3.2013 (http://www.handelsblatt.com/unternehmen/industrie/oelriese-rosneft-schliesst-uebernahme-von-tnk-bp-ab/7967000.html, Zugriff am 21.8.2013).

16 Küng, Ruedi: Kongos Schätze zu Schleuderpreisen, in: WOZ. Die Wochenzeitung vom 19.1.2012, 3/2012.

17 Scheen, Thomas: Kongo. Die Rückkehr der Räuber, in: Frankfurter Allgemeine Zeitung vom 7.8.2012.

18 Schütte, Philip u. a.: Rohstoff-Zertifizierung. Sorgfaltspflichten von Unternehmen in den Lieferketten von Konfliktmineralen, in: DERA: Commodity Top News 38 (2011), Hannover 2011, S. 3 (http://www.deutsche-rohstoffagentur.de/DE/Gemeinsames/Produkte/Downloads/Commodity_Top_News/Rohstoffwirtschaft/38_rohstoff-zertifizierung.pdf?__blob=publicationFile&v=4 Zugriff am 21.8.2013).

19 Hannen, Petra: Rohstoffe. Geochemischer Fingerabdruck gegen illegalen Erzabbau, in: VDI Nachrichten vom 20.6.2008.

20 Jungen, Oliver: Auf der dunklen Seite der digitalen Welt, in: FAZ, 21.8.2012.

21 Hütz-Adams, Friedel: Auf der Suche nach dem sauberen Gold, Bonn ICC-Brief 46, September 2012, S. 9 ff.

22  Abadie, Delphine / Deneault, Alain / Sacher, William: Tantalium und Niobium, in: Le Monde diplomatique Nr. 8759 vom 12.12.2008.

23  Morazán, Pedro/Müller, Marie: Afrika und Lateinamerika. Faires Gold, in: E+Z. Entwicklung und Zusammenarbeit 53 (2012) 6.

24  Centro Internacional de Toledo para la Paz/Toledo International Center for Peace (CITpax) (http://www.toledopax.org/, Zugriff am 21.8.2013).

25  O'Reilly, Andrew: Colombia's New Cocaine. Blood Gold, in: Fox News Latino vom 13.9.2012 (http://latino.foxnews.com/latino/news/2012/09/13/colombia-new-cocaine-blood-gold/#ixzz2 U7ljn18Q, Zugriff am 21.8.2013).

### Die Rohstoffmärkte

1  Blas, Javier: Commodity traders reap $250 bn harvest, in: The Financial Times vom 14.4.2013.

2  Koydl, Wolfgang: Alles unter Kontrolle, in: Süddeutsche Zeitung vom 2./3.10.2012.

3  Pöhner, Ralph/Teuwsen, Peer: Sie versetzen Berge …, in: Die ZEIT vom 1.10.2009.

4  Marquart, Maria: Glencore-Börsengang. Das Geheimnis des Rohstoffgiganten, in: Spiegel Online Wirtschaft vom 6.5.2011 (http://www.spiegel.de/wirtschaft/unternehmen/glencore-boersengang-das-geheimnis-des-rohstoffgiganten-a-760517.html, Zugriff am 22.8.2013).

5  Ammann, Daniel: King of Oil. Marc Rich. Vom mächtigsten Rohstoffhändler der Welt zum Gejagten der USA, Zürich, 2010.

6  Pöhner, Ralph / Teuwsen, Peer: Man bricht niemals alle Brücken ab, in: (http://kingofoil.wordpress.com/2009/10/03/%C2%ABman-bricht-niemals-alle-brucken-ab%C2%BB/, Zugriff am 22.8.2013).

7  Rohstoffgigant geschmiedet, in: Handelszeitung Schweiz vom 3.5.2013.

8  Miller, John W. / Macdonald, Alex: Glencore Xstrata CEO expect big Layoffs, in: Wallstreet Journal Online vom 3.5.2013 (http://online.wsj.com/article/SB10001424127887324766604578458910329071572.html#, Zugriff am 22.8.2013).

9  China gibt grünes Licht für Mega-Fusion von Glencore und Xstrata,

in: Handelszeitung Online vom 16.4.2013 (http://www.handelszei-tung.ch/unternehmen/china-gibt-gruenes-licht-fuer-mega-fusion-von-glencore-und-xstrata, Zugriff am 22.8.2013).

10 Blas, Javier u. a.: More investors back Xstrata's latest move, in: Finan-cial Times vom 1.10.2012.

11 China gibt grünes Licht, in: Handelszeitung Online.

12 Miller, John W. u. a.: Glencore Xstrata.

13 Peyer, Chantal/Maillard, Yvan: Verträge, Menschenrechte und Steu-ern: Wie ein Weltkonzern ein Land ausbeutet. Der Fall Glencore in der Demokratischen Republik Kongo, Lausanne 2011.

14 Erklärung von Bern (Hg.): Rohstoff. Das gefährlichste Geschäft der Schweiz, Zürich 2012.

15 Müller, Giorgio V.: Die Schweizer sollten stolz auf Glencore sein, in: Neue Zürcher Zeitung vom 29.6.2011.

16 Mine in Colquiri. Bolivien enteignet Glencore-Bergwerk, in: Han-delsblatt vom 20.6.2012.

17 Bauer, Richard: Xstrata will in den Anden Perus nichts falsch ma-chen, in: Neue Zürcher Zeitung vom 10.9.2011; Wenger, Sonja: Wieder Ausnahmezustand ausgerufen, in: Die Wochenzeitung vom 31.5.2012.

18 Erklärung von Bern, Rohstoff, S. 176.

19 Fischer, B. u. a.: Rohstoffhandelsplatz Schweiz. Ein Risiko für die Schweiz?, St. Gallen 2012, S. 22.

20 Cargill-Chef fordert Rohstoffhändler zu mehr Transparenz auf, in: Neue Zürcher Zeitung Online vom 17.4.2013 (http://www.nzz.ch/aktuell/wirtschaft/wirtschaftsnachrichten/cargill-chef-fordert-rohstoffhaendler-zu-mehr-transparenz-auf-1.18065604, Zugriff am 22.8.2013).

21 Erklärung von Bern, Rohstoff, S. 218.

22 World Trade Organisation, statistics database, Time series, mer-chandise trade by commodity 2011; stat.wto.org/StatisticalProgram/WSDBViewData.aspx?Language=E (Zugriff am 10.5.2013).

23 Der Rohstoff-Handelsplatz Schweiz in Zahlen, in: Neue Zürcher Zeitung vom 27.3.2013 (http://www.nzz.ch/aktuell/schweiz/der-rohstoff-handelsplatz-schweiz-in-zahlen-1.18054703, Zugriff am 22.8.2013).

24 Hosp, Gerald: Die Schweiz und ihre Rohwarenhändler. Der Charme

der Indiskretion, in: Neue Zürcher Zeitung vom 9.3.2013 (http://www.nzz.ch/meinung/kommentare/der-charme-der-indiskretion-1.18043449, Zugriff am 22.8.2013).

25 Fischer, B. u. a.: Rohstoffhandelsplatz Schweiz, S. 11.

26 The Boston Consulting Group (Hg.): Multinational Companies in Geneva and Vaud. Growth Engine at Risk, Geneva 2012 (http://www.amcham.ch/publications/downloads/20120612_bcg_amcham_study_en.pdf, Zugriff am 22.8.2013); Bauer, Richard: Alarm am Lac Léman. Multinationale Unternehmen fürchten Standortnachteile, in: Neue Zürcher Zeitung vom 13.6.2012.

27 Furger, Michael: Rohstoffhandel. Kauf die Welt, in: Neue Zürcher Zeitung vom 12.2.2012.

28 Eidgenössisches Departement für auswärtige Angelegenheiten/Eidgenössisches Finanzdepartement/Eidgenössisches Departement für Wirtschaft, Bildung und Forschung (Hg.): Grundlagenbericht Rohstoffe. Bericht der interdepartementalen Plattform Rohstoffe an den Bundesrat vom 27.3.2013 (http://www.news.admin.ch/NSBSubscriber/message/attachments/30133.pdf, Zugriff am 22.8.2013).

29 Häfliger, Markus: »Der ausländische Druck wird bald kommen«. Strafrechtsprofessor Mark Pieth im Interview, in: Neue Zürcher Zeitung vom 28.3.2013 (http://www.nzz.ch/aktuell/schweiz/der-auslaendische-druck-wird-bald-kommen-1.18054795, Zugriff am 22.8.2013).

30 Hosp, Gerald: Regulierung ist kein seltener Rohstoff. Rohwarenbranche unter Druck, in: Neue Zürcher Zeitung vom 15.12.2012 (http://www.nzz.ch/aktuell/wirtschaft/wirtschaftsnachrichten/regulierung-ist-kein-seltener-rohstoff-1.17892144, Zugriff am 22.8.2013).

31 Schöchli, Hansueli: Der Eiertanz des Bundesrates zur Rohstoffbranche, in: Neue Zürcher Zeitung vom 27.3.2013 (http://www.nzz.ch/aktuell/schweiz/schneider-ammann-zu-regulierungen-der-rohstoffbranche-die-schweiz-zieht-freiwillige-standards-vor-1.18054658, Zugriff am 22.8.2013).

32 Neue Zürcher Zeitung vom 19.7.2009.

33 Glüsing, Jens / Jung, Alexander / Schulz, Thomas: Rohstoffe. Spielwiese für Spekulanten, in: Der Spiegel 42/2010.

34 Liebrich, Silvia: Mais ist für Mutige, in: Süddeutsche Zeitung vom 7.8.2012.

35 Word Gold Council: Reserves, in: (http://www.gold.org/government_affairs/gold_reserves, Zugriff am 22.8.2013).

36 Lebensmittelspekulation. Zocken mit dem Menschenrecht auf Nahrung, in: vernetzte-er.de (http://www.vernetzte-er.de/dev/index.php?option=com_content&view=article&id=93&Itemid=84, Zugriff am 22.8.2013).

37 Hachfeld, David / Pohl, Christine / Wiggerthale, Marita, in: Oxfam Deutschland (Hg.): Mit Essen spielt man nicht! Die deutsche Finanzbranche und das Geschäft mit dem Hunger von, 2. Aufl., Berlin 2013 (http://www.oxfam.de/sites/www.oxfam.de/files/o_nms_2013_mb_web.pdf, Zugriff am 22.8.2013).

38 Frankfurter Allgemeine Zeitung vom 30.6.2012.

39 Hajek, Stefan / Kamp, Matthias: Rohstoffmarkt mit neuen Erzfeinden, in: Wirtschaftswoche vom 27.5.2010.

40 White, Garry: Rusal's plan for an aluminium exchange traded fund is really good – for Rusal, in: The Telegraph vom 19.4.2010 (http://www.telegraph.co.uk/finance/newsbysector/industry/mining/7604267/Rusals-plan-for-an-aluminium-exchange-traded-fund-is-really-good-for-Rusal.html, Zugriff am 22.8.2013); UPDATE 1-Rusal sees room for more cuts as aluminium price struggles, in: (http://www.reuters.com/article/2013/05/15/rusal-idUSL6N0DW3RR20130515, Zugriff am 22.8.2013).

41 Rohstoff-Crash. Hedgefonds verbrannte 100 Millionen Dollar pro Tag, in: Spiegel Online Wirtschaft vom 9.5.2011 (http://www.spiegel.de/wirtschaft/unternehmen/rohstoff-crash-hedgefonds-verbrannte-100-millionen-dollar-pro-tag-a-761413.html, Zugriff am 22.8.2013)

42 Flassbeck, Heiner: Beendet die Rohstoffspekulation!, in: Kirche im ländlichen Raum, Mai 2012.

43 Hedgefonds nur für Profis, in: Süddeutsche Zeitung vom 26.7.2012.

44 Gottschalck, Arne / Rottwilm, Christoph: Wer Aktien kauft, kauft Rohstoffe, in: Manager Magazin Online vom 29.10.2010 (http://www.manager-magazin.de/finanzen/boerse/a-725833.html, Zugriff am 22.8.2013).

45 United Nations Conference on Trade and Development and Arbeiterkammer Wien (Hg.): Price Formation in Financialized Commodity Markets: The Role of Information, New York, Genf 2011.

46 Foodwatch-Report. Die Hungermacher. Spekulieren auf Kosten der

Ärmsten, in: (http://www.foodwatch.org/de/informieren/agrarspe-kulation/mehr-zum-thema/foodwatch-report-die-hungermacher/, Zugriff am 22.8.2013).

47 Sarkozy lays out G20 agenda, targets commodities, in: http://www.euractiv.com/cap/sarkozy-lays-g20-agenda-targets-news-501535, Zugriff am 22.8.2013.

48 Schumann, Harald: Die Hungermacher, in: Blätter für deutsche und internationale Politik 2/2012, S. 101–110.

49 Mahler, Armin u. a.: Wetten auf Schlimmeres, in: Der Spiegel 11/2011.

50 Papst kritisiert Finanzspekulationen mit Lebensmitteln, in: http://www.foodwatch.org/de/informieren/agrarspekulation/aktuelle-nachrichten/papst-kritisiert-finanzspekulationen-mit-lebensmit-teln/, Zugriff am 22.8.2013.

51 CME Group: Annual Report Form 10-K for the fiscal year ending 12/31/10 (http://investor.cmegroup.com/investor-relations/secfi-ling.cfm?filingID=1193125-11-50252&CIK=1156375, Zugriff am 22.8.2013).

52 Shanghai Futures Exchange, in: MarketsWiki vom 24.6.2013. (http://www.marketswiki.com/mwiki/Shanghai_Futures_Exchange, Zugriff am 22.8.2013).

53 Kauffmann Bossart, Marco: Wirtschaftsstandort Singapur. Eine Prise Zucker für den Rohwarenhandel, in: Neue Zürcher Zeitung vom 30.3.2013. (http://www.nzz.ch/aktuell/wirtschaft/wirtschaftsnach-richten/eine-prise-zucker-fuer-den-rohwarenhandel-1.18055673#, Zugriff am 22.8.2013).

54 Faller, Heike / Otte, Max: Paul Volcker erklärt, wie es zur Weltwirt-schaftskrise kam – und ob die Gier je zu zähmen sein wird, in: ZEIT-Magazin vom 2.8.2012.

55 UBS ernennt neuen »Dark-Pool«-Chef, in: finews.ch vom 5.3.2013 (http://www.finews.ch/news/banken/11127-ubs-dark-pools-robert-barnes-richard-semark, Zugriff am 22.8.2013).

56 Philips, Mathew: Credit Suisse is making dark pool even darker, in: Bloomberg Businessweek vom 22.4.2013 (http://www.businessweek.com/articles/2013-04-22/credit-suisse-making-dark-pools-even-darker, Zugriff am 22.8.2013); Heismann, Günter: Im Dunkeln, in: Süddeutsche Zeitung vom 4./5.5.2013.

57 Thomasson, Lynn: Credit Suisse to Stop Relaying U.S. Dark-Pool Data, Tabb Says, in: Bloomberg Businessweek vom 19.4.2013 (http://www.bloomberg.com/news/2013-04-19/credit-suisse-to-stop-relaying-u-s-dark-pool-data-tabb-says.html, Zugriff am 22.8.2013); MiFID II. Was auf Berater zukommt, in: finanzen.net vom 22.3.2013 (http://www.finanzen.net/nachricht/fonds/MiFID-II-Was-auf-Berater-zukommt-2333132, Zugriff am 22.8.2013).

58 United Nations Conference on Trade and Development and Arbeiterkammer Wien: Price Formation, S. 7 ff.

59 Nestler, Franz: Wie der Ölpreis manipuliert werden kann, in: Frankfurter Allgemeine Zeitung vom 16.5.2013.

60 Bräuer, Sebastian: Die große Rohstoff-Illusion. Mit schärferen Regeln gegen Exzesse im Rohstoff-Markt, in: Neue Zürcher Zeitung vom 15.5.2011.

61 Silber und Öl. Anlegerflucht lässt Rohstoffpreise abstürzen, in: Spiegel Online Wirtschaft vom 5.5.2011 (http://www.spiegel.de/wirtschaft/unternehmen/silber-und-oel-anlegerflucht-laesst-rohstoffpreise-abstuerzen-a-760956.html, Zugriff am 22.8.2013).

62 Staritz, Cornelia: Rohstoffpreise, S. 11 ff.

63 Kuls, Norbert: Rapider Ölpreisabfall verunsichert Händler, in: Frankfurter Allgemeine Zeitung vom 18.9.2012 (http://www.faz.net/aktuell/finanzen/devisen-rohstoffe/energie-rapider-oelpreisabfall-verunsichert-haendler-11895087.html, Zugriff am 22.8.2013).

64 Bräuner, Sebastian; Buchter, Heike: Wie die Märkte manipuliert werden, in: Neue Zürcher Zeitung vom 8.6.2008.

65 Die Rohwaren-Futures im Kreuzfeuer politischer Interessen, in: Neue Zürcher Zeitung vom 26.8.2008.

66 Forum Fairer Handel (Hg.): Rohstoffmärkte unter Preisdruck. Volatile Rohstoffpreise, Finanzmärkte und Auswirkungen auf ProduzentInnen des Fairen Handels anhand der Beispiele Kaffee und Weizen, Hintergrundpapier, Wien 2012.

*Lösungsansätze für das Rohstoffproblem*

1 Dalkmann, Holger u. a.: Wege von der nachholenden zur nachhaltigen Entwicklung. Infrastrukturen und deren Transfer im Zeitalter der Globalisierung, Wuppertal 2004.

2 Laughlin, Robert B.: Der Letzte macht das Licht aus. Die Zukunft der Energie, München 2012.

3 Hauff, Volker (Hg.): Unsere gemeinsame Zukunft. Der Brundtland-Bericht der Weltkommission für Umwelt und Entwicklung, Greven 1987, S. 51, 54.

4 Bundesministerium für wirtschaftliche Zusammenarbeit: Entwicklungspolitisches Strategiepapier. Extraktive Rohstoffe, BMZ-Strategiepapier 4/2010, Bonn.

5 Schneeweiß, Antje: Spekulation im Schatten. Nachhaltigkeit und Investitionen in Rohstoffe, hg. vom Institut für Ökonomie und Ökumene, Südwind e.V., Siegburg 2011.

6 Pun Ngai u.a.: iSlaves. Ausbeutung und Widerstand in Chinas Foxconn-Fabriken, Wien 2013.

7 Huini, Gu: In China, the human costs are built into an iPad, in: The New York Times, Beilage der Süddeutschen Zeitung vom 6.2.2012.

8 International Council on Mining and Metals (ICMM) (Hg.): Human rights, social development and the mining and metals industry. Mining's contribution to sustainable development, London 2006 (http://www.icmm.com/human-rights-social-development-and-the-mining-and-metals-industry, Zugriff am 22.8.2013).

9 Unmüßig, Barbara / Sachs, Wolfgang / Fatheuer, Thomas: Kritik der grünen Ökonomie. Impulse für eine sozial und ökologisch gerechte Zukunft (= Schriften zur Ökologie, Bd. 22), hg. von der Heinrich-Böll-Stiftung, Berlin 2012.

10 Faulstich, Martin: r 3 – innovative Technologien für Ressourceneffizienz. Strategische Metalle und Mineralien. Informationspapier zum Forschungs- und Entwicklungsbedarf der gleichnamigen BMBF-Fördermaßnahme, Technische Universität München, Straubing 2010.

11 Kristof, Kora u.a.: Erfolgsfaktoren für eine erfolgreiche Ressourcenpolitik. Kostensenkung, Rohstoffsicherheit, Arbeitsplätze und Umweltschutz. Hintergrundpapier für die Innovationskonferenz II »Ressourceneffizienz«, Wuppertal 2007.

12 Müller, Michael: Aufbruch in die ökologische Moderne. Umweltpolitik von morgen, in: Politische Ökologie Nr. 115/16, München 2009.

13 Von Weizsäcker u.a.: Faktor vier. Doppelter Wohlstand – halbierter Naturverbrauch, München 1995.

14 Vgl. hierzu Tim Butcher, der die Bergbauregion des Kongo bereiste und in seinem Buch »Blood River. Ins dunkle Herz des Kongo«, München 2008, darüber berichtet.

15 www.sec.goov/news/press/2012/2012-164.htm (Zugriff am 22.10.2012)

16 Bundesanstalt für Geowissenschaften und Rohstoffe: Certified Trading Chains in Mineral Production. Project Outline and Status, Hannover 2010 (http://www.bgr.bund.de/EN/Themen/Min_rohstoffe/Downloads/CTC-update-Mai2010.pdf?__blob=publicationFile&v=1, Zugriff am 22.8.2013).

17 Vgl. Vogl, Frank: Sunshine on the horizon for the oil, gas and mining cash, in: Transparency International vom 24.8.2012 (http://blog.transparency.org/2012/08/24/sunshine-on-the-horizon-for-the-oil-gas-and-mining-cash/, Zugriff am 22.8.2013).

18 Schütte, Philip u. a.: Sorgfaltspflichten von Unternehmen.

19 Cáceres, Javier: Mehr Transparenz bei Rohstoffen, in: Süddeutsche Zeitung vom 7.11.2012.

20 (http://eiti.org/, Zugriff am 22.8.2013).

21 Dembrowski, Heinz: Es gibt noch viel zu tun, in: Entwicklung und Zusammenarbeit 53 (2012) 6.

22 Vgl. hierzu Extractive Industries Transparency Initiative (EITI): Case Study. Nigeria EITI-Making transparency count, uncovering billions (http://eiti.org/document/case-study-nigeria, Zugriff am 22.8.2013).

23 Schütte, Philip u. a.: Sorgfaltspflichten von Unternehmen.

24 Verbohrte Entwicklung. Dossier Neuer Extraktivismus, Lateinamerika Nachrichten 459/460, Oktober 2012.

25 Moses, Carl: Ausverkauf des Regenwaldes, FAZ vom 17.8.2013.

26 Nair, Chandran: Der große Verbrauch. Warum das Überleben unseres Planeten von den Wirtschaftsmächten Asiens abhängt. München 2011.

27 Nair, Chandran: Can The Planet Support More Americas, in: NYT, 6.6.2011 online; www.nytimes.com/2011/06/07/opinion/07iht-ed-nair07.html?_r=0.

28 Felix Stephan interviewt Chandran Nair: »Die Party ist vorbei«, in: SZ vom 19.3.2013.

29 Chandran Nair im Interview mit der Bosch-Stiftung, September

2011 http://www.bosch.com/de/com/sustainability/stakeholder_in_dialog/nair/nair.html.

30 Miegel, Meinhard: Das System ist am Ende, aber das Leben geht weiter, in: FAZ vom 11.8.2012.

31 Zinn, Karl Georg: Sättigung oder zwei Grenzen des Wachstums, in: LMd Nr. 8931 vom 10.7.2009.

32 Diefenbacher, Hans / Zieschank, Roland: Indikatoren des Glücks, in: LMd Nr. 9234 vom 9.7.2010.

33 Latouche, Serge: Für eine Gesellschaft der Wachstumsrücknahme, in: LMd Nr. 7208 vom 14.11.2003.

34 Radermacher, Franz J.: Mit- und Gegeneinander der Kulturen in der globalen Informationsgesellschaft – Ein »Balanced Way« als Zukunftsentwurf, Internationales Kolloquium des Forums Technik und Gesellschaft, Aachen 2002; www.Faw.uni-ulm.de.

35 Paech, Niko: Die Postwachstumsökonomie – ein Vademecum, in: Zeitschrift für Sozialökonomie 160 – 161, 2009.

36 Vgl. hierzu: Skidelsky, Robert & Edward: Wie viel ist genug? Vom Wachstumswahn zu einer Ökonomie des guten Lebens, München 2013.

37 Schloemann, Johan: Du brauchst das nicht, in: Süddeutsche Zeitung vom 12.3.2013.

38 Süddeutsche Zeitung vom 22.12.2011.

39 Randers, Jørgen: 2052: A Global Forecast for the next Forty Years, Rotterdam 2012.

40 Illinger, Patrick: Die hemmungslose Menschheit, in: Süddeutsche Zeitung vom 9.5.2012.

41 Schirrmacher, Frank: EGO. Das Spiel des Lebens, München 2013.

42 Skidelsky, Robert & Edward: Wie viel ist genug?

43 Sloterdijk, Peter: Du musst dein Leben ändern, Frankfurt am Main 2009.

# Abkürzungsverzeichnis und Glossar

**Artic Council:** Arktischer Rat; ist ein zwischenstaatliches Forum, das zum Interessenausgleich zwischen den arktischen Anrainerstaaten Norwegen, Dänemark, Russland, USA, Kanada und den indigenen Völkern im Jahr 1996 gegründet wurde. Ziele sind die Förderung der Kooperation, des Klimaschutzes und der Sicherheit in der Region.

**Barrel:** Fass, traditionelles Maß in der Ölförderung; entspricht 159 Liter

**BGR:** Bundesanstalt für Geowissenschaften und Rohstoffe; Bundesoberbehörde im Geschäftsbereich des Bundesministeriums für Wirtschaft und Technologie zur Beratung der Bundesregierung mit Sitz in Hannover

**BMELV:** Bundesministerium für Ernährung, Landwirtschaft und Verbraucherschutz

**BMZ:** Bundesministerium für wirtschaftliche Zusammenarbeit und Entwicklung

**BRICS:** Gruppe von Schwellenländern: Brasilien, Russland, Indien, China und Südafrika

**Brundtland-Bericht:** Von der Weltkommission für Umwelt und Entwicklung unter Leitung der ehemaligen norwegischen Ministerpräsidentin Gro Harlem Brundtland 1987 veröffentlicher Bericht mit dem Titel »Unsere gemeinsame Zukunft«. Darin wird eine »nachhaltige Entwicklung« gefordert, die Ökologie, Ökonomie und soziale Sicherheit verbindet.

**Bullenmärkte:** Börse mit anhaltend steigenden Kursen

**CBOT (Chicago Board of Trade):** älteste und bedeutendste Warenterminbörse

**CFTC (US Commodity Futures Trading Commission):** US-Behörde zur Regulierung der Derivatemärkte, speziell für Futures und Options

**Commodities:** engl. Rohstoffe

**Dark pools:** Interne Handelsplattformen der Banken für den anonymen Handel mit Finanzprodukten unter Umgehung der kontrollierten Börsen

**DEMEA:** Deutsche Materialeffizienzagentur beim Bundesministerium für Wirtschaft und Technologie

**DERA:** Deutsche Rohstoffagentur, zugehörig zur Bundesanstalt für Geowissenschaften und Rohstoffe, mit Sitz in Hannover

**Derivate:** Finanzinstrumente, deren Wert sich ableitet (lateinisch: derivare) von künftigen Preisen anderer Handelsgüter wie Rohstoffe oder Wertpapiere. Sie werden für Finanztermingeschäfte verwendet und dienen als Wette auf Preisveränderungen auch der Spekulation. Dazu genutzt werden u. a. Futures und Options.

**Dodd-Frank-Act (Wall Street Reform and Consumer Protection Act):** Dieses US-amerikanische Bundesgesetz von 2010, benannt nach dem damaligen Vorsitzenden des Ausschusses für Banken, Wohnungs- und Städtebau des Senats, Chris Dodd, und dem Vorsitzenden des Ausschusses für Finanzdienstleistungen des Repräsentantenhauses, Barney Frank, entstand als Reaktion auf die Finanzmarktkrise 2007/2008. Es sieht mehr Transparenz für Bank- und Rohstoffgeschäfte vor.

**EITI (Extractive Industries Transparency Initiative):** Die Initiative für Transparenz in der Rohstoffwirtschaft entstand nach dem Weltwirtschaftsgipfel von 2003, um die Korruption in Entwicklungsländern zu bekämpfen, indem Zahlungen von rohstofffördernden Unternehmen an Staaten offengelegt werden sollen.

**EU:** Europäische Union

**EvB:** Erklärung von Bern, Schweizer Nichtregierungsorganisation

**Exploration:** Erschließung von Lagerstätten und Rohstoffvorkommen

**Extraktivismus:** Akkumulationsmodell, wonach über eine massive Ausbeutung natürlicher Ressourcen Exporteinnahmen gewonnen werden; neben Bergbau und Erdölgewinnung gehören dazu auch Forst- und Landwirtschaft sowie Wasserreserven.

**FAZ:** Frankfurter Allgemeine Zeitung

**Foodwatch:** Nichtregierungsorganisation, die sich mit der Qualität von Lebensmitteln und den Rechten der Verbraucher beschäftigt

**Fracking:** Öl- und Gasfördermethode, bei der in Tiefbohrungen unter hohem Druck Chemikalien in den Boden eingepresst werden, um im Speichergestein Risse zu erzeugen, sodass Erdgas und Erdöl abgesaugt werden können.

**Future:** Börsengehandeltes Termingeschäft, bei dem der Kauf oder Verkauf einer Ware zu einem bestimmten Termin zu vorher festgelegten Preisen vereinbart wird.

**G 20:** Gruppe der 20 bedeutendsten Industrie- und Schwellenländer; informelles Forum für die internationale wirtschaftliche Zusammenarbeit

**GMI (Global Mining Initiative):** Initiative der neun führenden Bergbaugesellschaften in den Jahren 1998 bis 2002 zur Verbesserung des Ansehens der Minengesellschaften; daraus entstand die Organisation ICMM

**GUS:** Gemeinschaft Unabhängiger Staaten

**HB:** Handelsblatt, Düsseldorf

**Hedgefonds:** Finanzinstrumente, die ursprünglich zum Absichern (engl. to hedge) eines Geschäftes entwickelt wurden, um Risiken wie Wechselkursschwankungen oder Veränderungen in den Rohstoffpreisen kalkulierbarer zu machen; sie sind weitgehend unreguliert und werden daher verstärkt für Spekulationsgeschäfte genutzt.

**ICMM (International Council of Mining and Metal):** 2001 von 18 Bergbaugesellschaften gegründete Organisation zur Einführung »ethischer Standards« bei der Rohstoffgewinnung

**IEA (International Energy Agency):** Die Internationale Energieagentur wurde 1973 von 16 Industriestaaten zum gemeinsamen Vorgehen gegen die damalige Ölkrise als Unterorganisation der OECD geschaffen; sie verfügt über strategische Ölreserven, um ggf. in den Ölmarkt eingreifen zu können; inzwischen versteht sie sich auch als Kooperationsplattform im Bereich der Erforschung,

Entwicklung, Markteinführung und Anwendung neuer Energietechnologien.

**IFEU:** Institut für Energie- und Umweltforschung Heidelberg

**IIW:** Institut für Internationale Wirtschaftspolitik der Universität Bonn

**ILO (International Labour Organisation):** Die Internationale Arbeitsorganisation, eine Unterorganisation der Vereinten Nationen mit Hauptsitz in Genf, ist zuständig für die Formulierung und Durchsetzung internationaler Arbeits- und Sozialstandards; sie entstand bereits 1919 durch die Versailler Verträge.

**Indexfonds:** Diese Investmentfonds bilden bestimmte Aktiengruppen (z. B. der größten börsennotierten Unternehmen eines Landes oder einer Branche) ab; sie eignen sich für gebündelte Wetten auf steigende oder fallende Preise in einem bestimmten Marktsegment; in Deutschland sind sie seit 1998 zugelassen.

**IWF:** Internationaler Währungsfonds; Sonderorganisation der Vereinten Nationen mit Sitz in Washington zur Überwachung der Geldpolitik, zur Stabilisierung von Wechselkursen und zur Kreditvergabe; entstand 1944 zusammen mit der Weltbank

**LMd:** Le Monde diplomatique

**Leerverkauf (Blankoverkauf):** Verkauf von Waren (Rohstoffen), Wertpapieren oder Devisen, die dem Verkäufer noch nicht gehören oder nur geliehen sind, um sie bei fallenden Preisen später billiger zurückzukaufen und einen Profit aus der Differenz zu erzielen.

**LIFFE (London International Financial Futures and Options Exchange):** Londoner Terminbörse für den Derivatenhandel

**LMD:** Le Monde Diplomatique, Paris

**MSE:** Metalle der Seltenen Erden

**NATO (North Atlantic Treaty Organization):** Organisation des Nordatlantikvertrags, Verteidigungsbündnis von 28 europäischen und nordamerikanischen Staaten

**NGO:** Nichtregierungsorganisation

**NYBOT (New York Board of Trade):** New Yorker Warenterminbörse, gehört zum ICE-Börsenkonzern

**NYMEX (New York Mercantile Exchange):** Warenterminbörse von New York

**NZZ:** Neue Zürcher Zeitung

**OECD:** Organisation für wirtschaftliche Zusammenarbeit und Entwicklung mit Sitz in Paris, ihr gehören 34 Mitgliedstaaten mit hohem Pro-Kopf-Einkommen an, die sich für eine liberale, marktwirtschaftlich orientierte Wirtschaftsordnung einsetzen, wofür entsprechende Leitsätze und Konventionen erarbeitet werden.

**Option:** Termingeschäft mit dem Recht, eine bestimmte Ware zu einem festgelegten Zeitpunkt zu kaufen oder zu verkaufen. Der Käufer entscheidet dann, ob er die Option ausübt oder verfallen lässt.

**OTC (Over the counter):** Finanzgeschäfte »über den Tresen«, also Handelsvorgänge außerhalb der Börse oder anderer regulierter Handelsplattformen; sie unterliegen keinen Transparenz- oder Regulierungsanforderungen und werden zumeist mit hohem Volumen in Dark Pools abgewickelt.

**Oxfam:** britische entwicklungspolitische Nichtregierungsorganisation

**Papiermarkt:** Handel mit Kontrakten ohne Deckung durch entsprechende Warenmengen

**Peak-Oil:** Punkt, an dem die Hälfte der förderbaren Ölmenge an einem Fundort überschritten wird

**Potential:** bei Rohstoffen die gesamte noch gewinnbare Menge als Summe aus Reserven und Ressourcen

**PWYP (Publish what you pay):** Globales Netzwerk von 650 Nichtregierungsorganisationen, die sich dafür einsetzen, dass Zahlungen im Rohstoffbereich auch veröffentlicht werden und nachprüfbar sind; Sitz der zentralen Koordinierungsstelle ist London

**Rebound-Effekt:** Eine Effizienzsteigerung kann dazu führen, dass der beabsichtigte Einspareffekt teilweise oder ganz zunichtegemacht wird (abprallen = rebound), weil durch das günstigere Produkt der Konsum insgesamt ansteigt. Dieser Effekt wurde

erstmals von Stanley Jevons in seinem 1865 erschienenen Buch
»The Coal Question« am Beispiel des Kohlekonsums dargestellt.

**Reserven:** Mengen eines Rohstoffes, die konkret erfasst wurden, tatsächlich in einer bestimmten Lagerstätte verfügbar sind und mit den derzeitigen technischen Möglichkeiten wirtschaftlich gewonnen werden können

**Ressourcen:** Mengen eines Rohstoffes, die geologisch nachgewiesen sind, aber noch nicht wirtschaftlich oder technisch gewonnen werden können

**Rollgewinn/Rollverlust:** Bei Future-Geschäften, also Kontrakten mit einer festen Laufzeit, die in der Regel vor dem Ablaufdatum gewechselt werden, kann das Tauschen (Rollen) gegen einen neuen Kontrakt mit Gewinn oder Verlust erfolgen.

**Rohstoffindex:** Kennzahl, die Preis- oder Wertänderungen von Rohstoffen am Markt angibt

**SATW:** Schweizer Akademie der Technischen Wissenschaften

**Schwellenländer:** Bezeichnung für eine Gruppe relativ fortgeschrittener Entwicklungsländer, die aufgrund ihrer hohen wirtschaftlichen Eigendynamik an der Schwelle zu den Industriestaaten stehen

**Spotmarkt:** Markt für den realen Kauf und Verkauf von Rohstoffen zum aktuellen Kurs gegen Lieferung und kurzfristige Bezahlung. Spotmärkte geben einen realistischen Überblick über den aktuellen Bedarf, über Knappheit und Überangebote.

**Superzyklus:** ein über Jahre andauernder Anstieg der Rohstoffpreise

**SZ:** Süddeutsche Zeitung

**UN (United Nations):** Vereinte Nationen

**UNCTAD (UN Conference on Trade and Development):** UN-Organisation für Handel und Entwicklung

**UNEP (United Nations Environment Programme):** Umweltprogramm der Vereinten Nationen; es wurde 1972 gegründet und hat seinen Sitz in Nairobi (Kenia)

**USGS (US Geological Survey):** kartografische Behörde der USA, die dem Innenministerium untersteht und geologische Ressourcen erfasst

**Unze:** Ein Sechzehntel eines Pfundes: 31,1 Gramm; in dieser nicht-metrischen Maßeinheit werden traditionell Gold- und Silberpreise angegeben. Bei der Feinunze bezieht sich das Gewicht auf den reinen Edelmetallanteil nach Abzug aller Verunreinigungen und möglichen metallischen Beimischungen.

**Volatilität:** Schwankungsbereich der Preise von Rohstoffen oder Wertpapieren während eines bestimmten Zeitraums

**Weltbank:** Die Internationale Bank für Wiederaufbau und Entwicklung mit Sitz in Washington entstand 1944, um den Wiederaufbau zerstörter Staaten nach dem Zweiten Weltkrieg zu finanzieren; sie gewährt ihren Mitgliedstaaten finanzielle Hilfen, Beratung und technische Unterstützung.

**WHH:** Welthungerhilfe; 1962 gegründete deutsche Nothilfeorganisation, die weltweit Hilfe zur Selbsthilfe leistet, um Hunger zu beseitigen; sie gewährt akute Hilfe bei Hungersnöten, Überschwemmungen, Dürren und Erdbeben; sie ist über Spenden finanziert und konfessionell gebunden.

**WTO (World Trade Organization):** Welthandelsorganisation mit Sitz in Genf; sie wurde 1995 gegründet und behandelt neben dem Internationalen Währungsfonds und der Weltbank die Handels- und Wirtschaftspolitik mit globaler Reichweite

**WWC (World Water Council):** Weltwasserrat; er wurde 1996 gegründet und hat seinen Sitz in Marseille; ihm gehören Vertreter aus Wirtschaft, Wissenschaft und Politik an, um den Schutz, die Planung, das Management und den Gebrauch von Wasser zu beraten und entsprechende Empfehlungen zu geben; alle drei Jahre wird von ihm das Weltwasserforum ausgerichtet

# Literatur (eigenständige Publikationen)

Ammann, Daniel: King of Oil. Marc Rich – Vom mächtigsten Rohstoffhändler der Welt zum Gejagten der USA, Zürich 2010.

Angerer, Gerhard; Erdmann, Lorenz; Marscheider-Weidemann, Frank u. a. (Hg.): Rohstoffe für Zukunftstechnologien. Einfluss des branchenspezifischen Rohstoffbedarfs in rohstoffintensiven Zukunftstechnologien auf die zukünftige Rohstoffnachfrage, Stuttgart 2009.

Anseeuw, Ward; Boche, Mathieu; Breu, Thomas u. a.: Transnational Land Deals for Agriculture in the Global South. Analytical Report based on the Land Matrix Database, Bern, Montpellier, Hamburg 2012.

Bardi, Ugo: Der geplünderte Planet. Die Zukunft des Menschen im Zeitalter schwindender Ressourcen. Ein Bericht an den Club of Rome, München 2013.

Bundesministerium für wirtschaftliche Zusammenarbeit: Entwicklungspolitisches Strategiepapier Extraktive Rohstoffe, Bonn 2010.

Butcher, Tim: Blood River. Ins dunkle Herz des Kongo, München 2008.

Dalkmann, Holger; Aßmann, Dirk; Kristof, Kora u. a.: Wege von der nachholenden zur nachhaltigen Entwicklung. Infrastrukturen und deren Transfer im Zeitalter der Globalisierung, Wuppertal 2004.

Deutsche Rohstoffagentur (DERA): Energiestudie, Hannover 2012.

Deutsche Rohstoffagentur (DERA): Rohstoffinformationen, Hannover 2010, 2011, 2012

Duanyong, Wang: China's Overseas Foreign District Investment Risk, Johannesburg 2011.

Elsner, Harald: Das mineralische Rohstoffpotential der nordeuropäischen Arktis, Hannover 2012.

Engelman, Robert; Dye, Bonnie; LeRoy, Pamela: Mensch, Wasser! Report über die Entwicklung der Weltbevölkerung und die Zukunft der Wasservorräte, Stuttgart 2000.

Erdmann, Lorenz; Behrendt, Siegfried; Feil, Moira: Kritische Rohstoffe für Deutschland. Identifikation aus Sicht deutscher Unternehmen wirtschaftlich bedeutsamer mineralischer Rohstoffe, deren Versorgungslage sich mittel- bis langfristig als kritisch erweisen könnte. Berlin 2011.

Erklärung von Bern (Hg.): Rohstoff. Das gefährlichste Geschäft der Schweiz, Zürich 2012.

Faulstich, Martin: R 3 – innovative Technologien für Ressourceneffizienz. Strategische Metalle und Mineralien. Straubing 2010.

Fischer, B.; Lanaras, A.; Räber, N. u. a.: Rohstoffhandelsplatz Schweiz. Ein Risiko für die Schweiz?, St. Gallen 2012.

Forschungs- und Dokumentationszentrum Chile-Lateinamerika e. V. und Lateinamerika Nachrichten (Hg.): Verbohrte Entwicklung. (Neuer) Extraktivismus in Lateinamerika, Berlin 2012.

Forum Fairer Handel (Hg.): Rohstoffmärkte unter Preisdruck. Volatile Rohstoffpreise, Finanzmärkte und Auswirkungen auf ProduzentInnen des Fairen Handels anhand der Beispiele Kaffee und Weizen, Wien 2012.

Gehring, Carmen: Die Rohstoff-Expedition – Entdecke was in (d) einem Handy steckt!, Bonn 2012.

Germany Trade and Invest (GTAI): Russland in Zahlen. Aktuelle Wirtschaftsdaten für die Russische Föderation, Moskau 2013.

Global Policy Forum Europe; MISEREOR; Brot für die Welt (Hg.):Vom Erz zum Auto. Abbaubedingungen und Lieferketten im Rohstoffsektor und die Verantwortung der deutschen Automobilindustrie, Bonn 2012.

Habila, Helon: Öl auf Wasser, Heidelberg 2012.

Hachfeld, David; Pohl, Christine; Wiggerthale, Marita: Mit Essen spielt man nicht. Die deutsche Finanzbranche und das Geschäft mit dem Hunger von, Berlin 2013

Hauff, Volker (Hg.): Unsere gemeinsame Zukunft. Der Brundtland-Bericht der Weltkommission für Umwelt und Entwicklung, Greven 1987.

Institut für internationale Wirtschaftspolitik (IIW) der Universität Bonn: Außenwirtschaftliche Maßnahmen der BRIC-Staaten zur Rohstoffversorgung am Beispiel von Kupfer, Hannover 2012.

Dass.: Der Einfluss des Wirtschaftswachstums aufstrebender Industrienationen auf die Märkte mineralischer Rohstoffe, Hannover 2012.

International Council on Mining and Metals (Hg.): Human rights, social development and the mining and metals industry. Mining's contribution to sustainable development, London 2006

Kristof, Kora; Liedtke, Christa; Lemken, Thomas u. a.: Erfolgsfaktoren für eine erfolgreiche Ressourcenpolitik. Kostensenkung, Rohstoffsicherheit, Arbeitsplätze und Umweltschutz. Wuppertal 2007.

Laughlin, Robert B.: Der letzte macht das Licht aus. Die Zukunft der Energie, München 2012.

Liberti, Stefano: Landraub. Reisen ins Reich des neuen Kolonialismus, Berlin 2011.

Nair, Chandran: Der große Verbrauch. Warum das Überleben unseres Planeten von den Wirtschaftsmächten Asiens abhängt, München 2011.

Nationale Akademie der Wissenschaften Leopoldina (Hg.): Bioenergie. Möglichkeiten und Grenzen. Halle (Saale) 2012.

Oekom e. V. – Verein für ökologische Kommunikation (Hg.): Rohstoffquelle Abfall. Wie aus Müll Produkte von morgen werden, München 2012.

Pearce, Fred: Wenn die Flüsse versiegen. München 2007.

Ders.: Land Grabbing. Der globale Kampf um Grund und Boden, München 2012.

Peyer, Chantal; Maillard, Yvan: Verträge, Menschenrechte und Steuern: Wie ein Weltkonzern ein Land ausbeutet. Der Fall Glencore in der Demokratischen Republik Kongo, Lausanne 2011.

Pun, Ngai; Lu, Huilin; Guo, Yuhua u. a.: iSlaves. Ausbeutung und Widerstand in Chinas Foxconn-Fabriken, Wien, 2013.

Randers, Jorgen: 2052: A Global Forecast for the Next Forty Years, Rotterdam 2012.

Reisenberger, Brigitte; Seifert, Thomas: Schwarzbuch Gold. Gewinner und Verlierer im neuen Goldrausch. Wien 2011.

Reuschner, G.; Ploetz, C.; Grimm, V. u. a.: Innovationen gegen Rohstoffknappheit, Düsseldorf 2008.

Roland Berger Strategy Consultants: Trendcompendium 2030, Megatrend Ressourcenknappheit; München 2012.

Schirrmacher, Frank: EGO. Das Spiel des Lebens, München 2013.

Schneeweiß, Antje: Spekulation im Schatten. Nachhaltigkeit und Investitionen in Rohstoffe, Siegburg 2011.

Schweizerische Akademie der Technischen Wissenschaften: Seltene Metalle – Rohstoffe für Zukunftstechnologien, Zürich 2011.

Seidler, Christoph: Deutschlands verborgene Rohstoffe. Kupfer, Gold und Seltene Erden, München 2012.

Skidelsky, Robert; Skidelsky, Edward: Wie viel ist genug? Vom Wachstumswahn zu einer Ökonomie des guten Lebens, München 2013.

Sloterdijk, Peter: Du musst dein Leben ändern. Über Religion, Artistik und Anthropotechnik, Frankfurt a. M. 2009.

Staritz, Cornelia: Rohstoffmärkte unter Preisdruck, Rohstoffpreise und Finanzmärkte, Wien 2012.

The Boston Consulting Group (Hg.): Multinational Companies in Geneva and Vaud. Growth Engine at Risk, Genf 2012.

Tvedt, Terje: Wasser. Eine Reise in die Zukunft, Berlin 2013.

United Nations Conference on Trade and Development; Arbeiterkammer Wien (Hg.): Price Formation in Financialized Commodity Markets: The Role of Information, New York, Genf 2011.

United States Geological Survey: Mineral Commodity Summaries 2012, Virginia 2012.

Unmüßig, Barbara; Sachs, Wolfgang; Fatheuer, Thomas: Kritik der grünen Ökonomie. Impulse für eine sozial und ökologisch gerechte Zukunft, Berlin 2012.

Weizsäcker, Ernst U. von; Lovins, Amory B.; Lovins, Hunter L.: Faktor Vier. Doppelter Wohlstand – halbierter Naturverbrauch, München 1995.

Welthungerhilfe (Hg.): Land Grabbing. Den Armen wird der Boden unter den Füßen weggezogen, Bonn 2009.

Welthungerhilfe (Hg.): Wasser – reichlich vorhanden und doch so knapp?, Bonn 2011.

World Trade Organisation: International trade statistics, Genf 2012.

Yusi, Mao; Hong, Sheng; Fuqiang, Yang: The true cost of Coal, Hongkong 2010.

# Angaben zu den Autoren

### Dieter Eich

Dr. phil., Dipl.-Ing., Schlosser, Maschinen-
bauer, Soziologe; Tätigkeiten in der Industrie
und entwicklungspolitischen Organisationen in
verschiedenen Ländern Lateinamerikas und in
Spanien; über zwei Jahrzehnte Geschäftsführer
eines bundesweiten politischen Bildungsträgers;
2013 Forschungsprojekt über Rapid Prototyping
und Additiv Manufacturing an der Fachhoch-
schule Aachen; zahlreiche Veröffentlichungen, darunter mit K.-L.
Hübener: »Die strategischen Rohstoffe« (Wuppertal, 1988).

### Ralf Leonhard

Dr. iur. und Absolvent der Diplomatischen Akademie in Wien, von 1982 bis 1996 Korrespondent in Lateinamerika, seit 1996 als freier Autor
und Journalist in Wien, taz-Korrespondent für
Österreich und Ungarn; zahlreiche Publikatio-
nen und Radio-Features, u. a. zu den Themen
Bergbau, Land Grabbing und Menschenrechte
in Afrika und Lateinamerika.